아모스의 눈물
상

아모스의 눈물 상

발행일   2015년 8월 10일

지은이   김 광 수
펴낸이   손 형 국
펴낸곳   (주)북랩
편집인   선일영   편집   서대종, 이소현, 이은지
디자인   이현수, 윤미리내, 임혜수   제작   박기성, 황동현, 구성우, 이탄석
마케팅   김회란, 박진관, 이희정, 김아름
출판등록 2004. 12. 1(제2012-000051호)
주소   서울시 금천구 가산디지털 1로 168, 우림라이온스밸리 B동 B113, 114호
홈페이지 www.book.co.kr
전화번호 (02)2026-5777   팩스   (02)2026-5747

ISBN   979-11-5585-695-6 04230(종이책)   979-11-5585-699-4 04230(세트)
         979-11-5585-696-3 05230(전자책)

이 도서의 국립중앙도서관 출판예정도서목록(CIP)은 서지정보유통지원시스템 홈페이지(http://seoji.nl.go.kr)와
국가자료공동목록시스템(http://www.nl.go.kr/kolisnet)에서 이용하실 수 있습니다.
(CIP제어번호 : CIP2015021228)

우헌 김광수의 신앙 에세이

아모스의 눈물 상

북랩 book Lab

머리말

저는 죄인이었습니다. 옛 주소로 시흥군 군자면 장곡리가 저의 고향입니다. 고향을 떠나 인천으로 이사 온 후 청년의 곤고한 때 주님은 가난한 달동네의 작은 교회 종소리로 불러주셨습니다. 그러신 후에는 한결같은 위로와 인도하심으로 늘 함께해 주셨습니다. 받은 은혜는 많건만 뭐 하나 드린 게 없어 죄송하던 중 믿음 생활 속에서 성경을 읽으며 느꼈던 점을 예수 그리스도를 주제로 하여 신앙 에세이를 써 보면 어떨까 생각했습니다. 주님께서도 기뻐하실 것 같았습니다. 그러나 재주가 없고 불민하여 선뜻 나서지 못하고 있던 중 아내의 수술을 계기로 펜을 잡게 되었습니다. 그러나 좀 더 솔직하게 말씀드린다면, 오래전부터 해야만 될 것 같은 숙제를 더는 미룰 수 없었기 때문이라고 해야겠습니다.

하나님은 계신 걸까요? 하나님을 꼭 믿어야만 하는 걸까요? 하나님이 계신다면 왜 이리 세상은 혼탁할까요? 교회는 왜 세상으로부터 욕을 얻어먹고 있을까요? 하나님이 우리에게 요구하시는 마음은 어떤 마음일까요? 성경 역사의 일들에 대하여 하나님의 심경은 어떠하셨을까요? 지금 우리에게 말씀하고 계신 것은 무엇일까요?

이런 끊임없는 질문에 함께 고민하고 싶었습니다.

　예수님은 산상수훈에서 심령이 가난한 자, 온유한 자, 애통하는 자, 의에 주리고 목마른 자, 긍휼히 여기는 자가 복이 있다고 하셨습니다. 그것도 공생애를 시작하실 때의 가장 첫 설교입니다. 얼마나 중요한 믿음의 첫 단추이기에 이 말씀부터 하셨을까요. 또 야고보서 기자도 "슬퍼하며 애통하며 울지어다. 너희 웃음을 애통으로 너희 즐거움을 근심으로 바꿀지어다. 주 앞에서 낮추라. 그리하면 주께서 너희를 높이시리라."(약 4:9~10)라고 말씀하였습니다.

　성경은 가난하고 슬퍼해야 한다고 합니다. 그러나 현실은 그렇지 않습니다. 슬픔과 애통은커녕 최고의 인기는 단연코 성공과 축복받는 비결입니다. 강단(講壇)에선 연일 적극적 사고방식, 긍정의 힘, 경쟁에서 이기며 즐겁고 행복하게 사는 법이 강조됩니다. 상처받은 양 떼들은 교회 밖에서 갈 바를 몰라 하고, 젊은이들은 교회에 등을 돌리고 있습니다. 모두 다 가슴 아픈 일입니다.

　"너희 안에 이 마음을 품으라. 곧 그리스도 예수의 마음이니"(빌 2:5)

　성경은 자본주의 문서가 아닙니다. 그러니 자본주의식으로 세상을 가르칠 수 없습니다. 성경은 남과의 경쟁에서 승리하는 법을 가르치지 않고, 하나님과 이웃을 섬기는 법을 가르치고 있습니다. 낮아지고, 버리고, 온유하고 겸손한 마음으로 객과 고아와 과부를 보살피고, 긍휼히 여기고, 이웃을 네 몸과 같이 사랑하라고 했지,

남을 밟고 일어서라는 식의 성공주의, 출세주의, 영향력 과시주의, 물질 축복주의를 가르치지 않았습니다. 어린아이와 같지 아니하면 결단코 천국에 들어가지 못한다고 하셨습니다.(마 18:3)

이 마지막 시대, 이런저런 말에 휩쓸려 부지런히 성소 마당만 밟는 일이 믿음의 전부인 양 여기는 일이 많다고 합니다. "너희가 내 앞에 보이러 오니 그것을 누가 너희에게 요구하였느뇨. 내 마당만 밟을 뿐이니라."(사 1:12) 우리 모두는 금 쪽 같이 귀한 인생들입니다. 이제는 지성소 깊숙이 들어가 하나님을 뵈어야 하지 않을까요. 안일과 타성, 한국판 장로들의 유전遺傳에서 벗어나 신앙의 현주소를 살펴야 하지 않을까요? 경건의 모양만 있는지 경건의 능력도 갖추고 있는지 살펴야 할 때가 아닐까요?(딤후 3:5, 약 1:27)

정직한 가르침이 희귀稀貴한 때입니다. 성경을 읽으시고 무엇이 진정 하나님이 원하시는 일인지 살펴야 할 때입니다. 그리스도 안에서의 온전한 자유는 사람을 살리고 교회를 바로 세우는 일입니다. "내 백성이 지식이 없으므로 망하는 도다."(호 4:6) 하셨습니다. 찬란한 슬픔의 마음, 간고艱苦를 많이 겪으신 예수 그리스도(사 53:3), 울고 싶은 한국 교회, 신앙의 여러 사념들, 생의 추억의 편린들을 그려보되, 이미 발표한 직장 생활 중에서의 단상斷想 세 편도 끝 부분에 함께 실었습니다. 에세이라 하여 신변잡기를 늘어놓기보다는 믿음의 글을 쓰고 싶었습니다. 그래도 그저 가벼운 화로정

담火爐情談일 뿐입니다. 오직 성경만이 진리니까요. 자칫 성경을 오해한 부분이 있다면 독자님들이 읽는 순간 성령님께서 잊게 해 주시리라 믿습니다.

이런저런 수상隨想의 조각들을 얼기설기 모아보니 어느새 어설프고 무거운 글이 된 것 같습니다. 나름대로 퇴고를 거듭했습니다만 부족함만 그대로 남습니다. 글을 써가며 저야말로 얼마나 성경에 그토록 무지한지 깨닫습니다. 그저 글 쓰는 내내 인도해 주신 주님께 감사할 따름입니다.

천학비재淺學非才한 몸이 푸르른 예수의 계절을 소망하며 신앙고백의 심정으로 썼습니다만 부스러기와 같은 글입니다. 다만, 한여름에도 피어나는 산하의 이름 모를 들꽃들의 진한 향기가 부끄러움을 날려 주기만 바랄 뿐입니다. 매미 울음소리가 청랑한 계절이 되었습니다. 사랑하는 아내에게 고마움을 전하며 독자님들의 따뜻한 질책을 미리 받습니다. 예수 그리스도께 찬양과 영광을 올립니다.

2015년 여름

목 차

제1부
선진들의 자취를 찾아

에녹과 명문가

에녹은 태곳적의 분이다. 아담의 7세손으로 나와 있다. 에녹의 아버지는 야렛이고 962세를 장수했으며, 에녹의 아들은 므두셀라로 969세를 장수했다. 이는 전무후무한 이 세상 최고의 나이였다. 에녹의 손자 라멕은 777세를 장수했고, 에녹의 증손 노아는 950세를 장수하였다. 노아의 아들들이 셈과 함과 야벳이며, 그 셈의 후손 중에서 믿음의 조상 아브라함이 탄생하고 세월이 흘러 다윗 왕과 예수님의 육신의 아버지 요셉으로까지 이어지는데(눅 3:23~38), 요셉은 의로운 사람이요 순종의 사람이었고(마 1:19, 24), 아기 예수님을 잘 보육하신 분이다.

에녹의 집안은 이와 같이 대대로 장수한 집안이었다. 에녹은 65세에 므두셀라를 낳았고 므두셀라를 낳은 후 300년을 하나님과 동행하여 자녀를 낳았으며, 그가 365세를 향수하였을 때 하늘로 들림 받는 기적이 벌어진다. 에녹은 엘리야와 더불어 산 채로 하늘로 들려 올리신 두 분 중의 한 분이다.

"에녹이 하나님과 동행하더니 하나님이 그를 데려가시므로 세상에 있지 아니하였더라."(창 5:24)

에녹은 어떻게 하여 죽음을 보지 않고 하늘에 올라갔을까. 예수 그리스도의 위대함과 믿음의 중요함을 강조한 히브리서에 그 답이 나와 있으니, "믿음으로 에녹은 죽음을 보지 않고 옮기웠으니 하나님이 저를 옮기심으로 다시 보이지 아니하니라. 저는 옮기우기 전에 하나님을 기쁘시게 하는 자라 하는 증거를 받았느니라."(히 11:5)라고 기록되어 있다.

하나님을 기쁘시게 하는 자는 히브리어 원문에는 '하나님과 동행하더니'라는 의미로 되어 있다고 한다. 즉 에녹은 하나님과 동행할 정도의 믿음과 순전함을 가졌기 때문에 하늘로 올려졌다는 말이다. 추측컨대 에녹이 야렛의 아들로 태어나 성장하고, 자식을 낳으며 어떠한 일을 하였는지는 모르지만 365년을 사는 동안 하나님을 경외하는 믿음이나 성정이나 그 외 모든 것이 하나님께서 동행하실 정도로 하나님의 마음에 흡족하셨던 것으로 보인다. 다만 유다서에 의하면 에녹은 사람들에게 예언하는 일을 하였고, 특히 경건한 행동과 온유한 말을 하였던 거 같다. 왜냐하면 유다서에 에녹이 경건치 않은 행동과 강퍅한 말을 경계하는 예언을 했던 사실로 미루어 짐작할 수 있기 때문이다.

"아담의 칠세 손 에녹이 사람들에 대하여도 예언하여 이르되 보라

주께서 그 수만의 거룩한 자와 함께 임하셨나니 이는 뭇 사람을 심판하사 모든 경건치 않은 자의 경건치 않게 행한 모든 경건치 않은 일과 또 경건치 않은 죄인의 주께 거스려 한 모든 강퍅한 말을 인하여 저희를 정죄하려 하심이라 하였느니라."(유 1:14~15)

동행은 두 사람이 의합意合하여야 가능하다. 아모스 3장 3절에 "두 사람이 의합치 못하고야 어찌 동행하겠으며"라고 나온다. 하나님과 뜻이 합한다는 건 하나님의 속성과 신격에 비춰 받을 만할 정도의 경건과 온유와 사랑을 갖췄다는 말이다.

또한 에녹의 집안사람들이 전부 장수長壽한 것에 비추어 보면, 이들이 장수할 만한 조건을 갖췄고, 이것이 하늘로 들려 올림을 받게 한 이유 중의 하나일 수 있다. 즉, 장수를 하려면 평소 의인으로 하나님을 경외하고(전 8:13), 부모님을 공경하며(출 20:12, 엡 6:1~3), 여호와의 규례와 명령을 지키고(신 4:40, 30:20), 탐욕을 버리는 삶을 살아야 하는데(잠 28:16) 에녹은 그러한 삶을 살았던 것으로 추측할 수 있겠다. 에녹의 집안사람은 이와 같이 하나님의 복을 받고 대대로 장수하고 인류 역사 최초로 산 채로 들림 받는 인물까지 나타났으니 성경 최초의 명문가였다고 말할 수 있을 것이다.

아무리 그렇다 해도 나중 하늘나라에 가서 상급을 주시면 되는 일이지, 왜 굳이 중간에 먼저 올리셨을까. 그건 하나님의 전적인 자유의지시다. 누가 하나님이 하시는 일의 섭리를 알 수 있으랴. 다만 추측컨대, 마지막 날 휴거携擧의 예표로 보여주신 건 아닐까.

휴거는 마지막 때 그리스도의 공중 재림 시 주를 믿고 죽은 성도들이 먼저 부활하고 그때까지 살아 있는 성도들은 육체의 변화를 받아 공중으로 들려 올려짐으로써 주를 만나는 사건을 말하는데 (살전 4:16~17), 그 휴거의 예표로 에녹을 쓰지 않으셨나 생각이 든다.

즉, 마지막 때 정말 휴거가 있음을 분명히 미리 보여주시고자 들려 올리신 것 아닌가 싶다. 아니면 하나님이 편안하게 대화하시고 싶어 들려 올리신 것인지도 모르며, 아니면 구약의 예언서에 나오는 두 감람나무(기름 바른 자 둘)(슥 4:11~14) 또는 신약의 예언서인 요한계시록 나오는 두 증인(계 11:3)의 역할이 필요하시거나 또 다른 섭리 사역에 증거가 필요하시기에 미리 하늘나라에 올리신 건지도 모르겠다. 실제로 또 다른 들림을 받으신 분 엘리야는 승천한 후 약 880년쯤 지나 모세와 함께 변화산상에 나타나 십자가 고난을 눈앞에 두신 예수님을 제자들 앞에서 증거 하신 일이 있다(눅 9:30). 세상의 유언장의 효력도 증인이 두 명 이상이어야 한다. 하나님의 사역에 증거, 증인을 대동하는 성경 구절도 많다.

"이러므로 우리에게 구름같이 둘러싼 허다한 증인들이 있으니"(히 12:1)

명문, 명문 해도 세상의 명문가名門家보다는 신앙의 명문가가 더 가치 있고, 드높고, 더 영구永久하다. 세상의 명문가는 이 땅에 있지만, 신앙의 명문가는 하늘나라에 있다. 에녹의 집안의 많은 사람들이 가문 대대로 장수하고 다복하여 번성하더니 에녹과 같이 경건, 온유한 성품으로 예언의 사역을 하면서 하나님과 동행하다가 죽음을 보지 않고 하늘로 들려 올리는 인물도 나오고, 그 후손에서 인류를 새롭게 시작한 노아도 나오고, 마침내는 믿음의 조상 아브라함도 배출하고, 그 일가의 이름이 성경 곳곳에 기록되고, 믿음의 세세손손世世孫孫은 신앙의 선진들이 되었으니, 그들을 배출한 이 집안이 명문가가 아니면 무엇인가.

이 땅의 적지 않은 목회자들이 가난에 찌들고 고생길을 걸어가면서도 서원기도로 첫 아들을 하나님의 종으로 바치고, 자식에 자식을 이어 3대, 4대 목회자의 대를 잇게 하는 가문도 나오고 있다. 교회를 세습하는 것과는 전혀 차원이 다른 의미임은 말할 것도 없다. 우리는 이분들을 존경하고 넘어지지 않도록 기도해 주어야 한다. 그런 가문에 올곧은 목회자만 나온다면 그 가문은 미국의 어떠한 명망 있는 가문이나 유럽의 어떤 왕가 못지않은 명문 가문이다. 왜냐하면 이 땅에선 "오직 모든 일에 하나님의 일꾼으로 자천自薦하여 많이 견디는 것과 환난과 궁핍과 고난과 매 맞음과 갇힘과 난동과 수고로움과 자지 못함과 먹지 못함"(고후 6:4~5) 가운데서 고생한 것뿐이지만 저 세상에선 너무도 귀한 추수하는 일꾼들의 집안이기에(마 9:38), 하늘 영광의 면류관과 상급이 보장되어 있기 때문이다.

"나를 사랑하고 내 계명을 지키는 자에게는 천 대까지 은혜를 베푸느니라."(출 20:6)

엘리야와 세례 요한

하늘나라 역사상 엘리야처럼 멋지게 사신 분도 별로 없을 것이다. 그분은 이 세상과 저세상을 넘나들며 참으로 드라마틱한 생애를 사신 분이었다. 그분은 이방신을 상대로 통쾌한 기적의 승리를 거두고 죽음 일보 직전까지 갔다가 살아 있는 채로 하늘로 올라가시고, 850년쯤 후 세례 요한으로 다시 오시어 목 베임을 당하고, 예수님 수난 직전에는 모세와 함께 변화 산으로 찾아와 제자들 앞에서 예수님을 증거 하신 분이다.

엘리야는 북이스라엘 아합 왕 시대(재위 B.C. 874~853)에 활동하던 하나님의 위대한 선지자였다. 그는 아합과 이세벨 치하에서 갈멜 산상의 대결을 통하여 바알과 아세라의 선지자 850인을 상대로 통쾌한 승리를 거두고 여호와의 살아 계심을 만천하에 증거 하였다. 그 대결 후 자신보다 먼저 출발한 아합 왕의 마차를 큰 빗줄기 속에서 60여 킬로미터를 걸어서 쫓아가면서도 여호와의 능력으로 그 마차를 뒤따라 잡았으니 엘리야판 축지법縮地法도 쓰신 분이었다 (왕상 18:45~46). 그러나 그 위대한 분도 우리와 똑같은 성정性情을 가진 사람이었기에(약 5:17), 목숨을 건 대결에서 승리한 일로 오히려 이세벨에게 쫓기는 신세가 되자, 급격한 탈진 현상을 겪으며 로뎀 나무 아래에서 죽기를 소원하기에 이르렀다. 그러나 천사가 가져다 준 떡과 물을 마시고 일어나 사십 주 사십 야를 행하여 호렙 산에 이르고 마침내 요단강 건너 베다니에서 하나님에 의해 산 채로 들림 받는 놀라운 역사의 주인공이 되고 만다. 이때가 성경 연대로 B.C. 850년경의 일이다. 바알과 아세라의 선지자 850인과 대결하였는데, B.C. 850년경에 승천하였으니 승천 연도를 기억하기가 쉬울 것 같다.

"두 사람이 행하며 말하더니 홀연히 불 수레와 불 말들이 두 사람을 격隔하고 엘리야가 회리바람을 타고 승천하더라."(왕하 2:11)

엘리야는 이처럼 죽음을 보지 않고 하늘에 갔다가 또다시 거의 850년 만에 다시 세례 요한으로 컴백해 돌아온다. 그러나 똑같은 육신으로 환생되어 돌아온 건 아니다. 제사장들과 레위인들이 세례 요한에게 네가 엘리야냐 물었을 때 아니라고 대답한 바 있기 때문이다(요 1:21). 하지만, 엘리야의 '심령과 능력'으로 돌아오셨으니(눅 1:17), 사실상은 엘리야가 다시 돌아온 것이나 마찬가지라 할 수 있다. 구약의 마지막 말라기서와 신약 사이에는 430년 정도의 간격이 있으니 하나님께서 절대 침묵하신 기간이다. 여호와께서는 그때 말라기 선지자를 통하여 이미 오래전 하늘에 들려 올라와 있던 선지자 엘리야를 다시 너희에게 보내겠다고 말씀하신 바가 있다.

"보라, 여호와의 크고 두려운 날이 이르기 전에 내가 선지先知 엘리야를 너희에게 보내리니"(말 4:5)

그런 까닭에 예수님이 나타나셨을 때 그 앞길을 예비하던 세례 요한에게 구약에 밝은 제사장과 레위인들이 '네가 엘리야냐'고 물었던 것이다. 세례 요한이 엘리야임은 여러 구절에 나온다.

"만일 너희가 즐겨 받을진대 오리라 한 엘리야가 곧 이 사람이니라." (마 11:14)

"제자들이 묻자와 가로되 그러면 어찌하여 서기관들이 엘리야가 먼저 와야 하리라 하나이까. 예수께서 대답하여 가라사대 엘리야가 과연 먼저 와서 모든 일을 회복하리라. 내가 너희에게 말하노니 엘리야가 이미 왔으되 사람들이 알지 못하고 임의로 대우하였도다. 인자도 이와 같이 그들에게 고난을 받으리라 하시니 그제야 제자들이 예수의 말씀하신 것이 세례 요한인 줄을 깨달으니라."(마 17:10~13)

엘리야와 세례 요한이 비슷한 점은 이뿐이 아니다. 이스라엘 왕 아하시야의 사자들이 한 사람을 만났다고 왕에게 보고하는 내용에 "저희가 대답하되 그는 털이 많은 사람인데 허리에 가죽 띠를 띠었더이다. 왕이 가로되 그는 디셉 사람 엘리야로다."(왕하 1:8)라는 말이 나오는데, 그 모습이 신약의 세례 요한의 외양과 비슷하였다. "요한은 약대 털을 입고 허리에 가죽 띠를 띠고 메뚜기와 석청을 먹더라."(막 1:6) 하지 않았던가.

또한 엘리야는 요단강 건너에서 승천하였는데 그곳이 요단 동편 베다니이다. 이 베다니는 예루살렘 동쪽 5킬로미터 지점의 베다니와는 전혀 다르다. 그런데 바로 그곳 엘리야 승천 지점에서 세례 요한이 세례를 베풀었고 예수님도 세례를 받았던 것이다. 이렇게 두 분은 비슷하였다. 엘리야의 심령과 능력으로 오시고 외양과 행선지도 엘리야와 비슷하셨던 세례 요한은 그야말로 구약과 신약의 징검다리를 해 주신 분이었다. 그러니 예수님께서도 세례 요한은 선지자보다 나은 자요, 여자가 낳은 자 중에 세례 요한보다 큰 이가 없다고(마 11:9~11) 하신 것이다. 세례 요한은 긴 사역을 위해 오신 분이 아니었다. 그는 예수님의 공생애 시작 전 잠깐 이 세상에 와서 머문 '광야의 외치는 자의 소리'였다(요 1:23).

소리가 무엇인가. 외치는 순간 그리고 그 여운이 있을 동안만 존재하는, 잠시 동안의 생명이 아니던가. 물론 잠깐일망정 그 소리는 "그 소리가 온 땅에 통하고 그 말씀이 세계 끝까지 이르도다."(시 19:4)의 말씀처럼 온 만방에 퍼지지 않는 곳이 없는 위대한 소리였다. 세례 요한은 예수님을 증거 한 후 자기는 광야의 소리라는 말처럼 잠깐 이 땅에 머물다가 이내 곧 떠난다. 그러나 세례 요한은 과거 수천 년의 선지자 시대가 끝나고 예수님 시대가 열렸음을 알리신 분이요, 하나님 역사의 한 획을 그으신 분이다. 엘리야와 세례 요한의 모습을 보면 만세 전에 스케줄을 다 잡고 역사하시는 하나님의 깊으신 섭리를 읽게 된다.

그는 흥하여야 하겠고

　세례 요한은 당세의 걸출한 인물이었다. 그의 아버지는 유대 헤롯 왕 때에 아비야 반열의 제사장 사가랴였고, 어머니는 아론의 자손으로 엘리사벳이었다. 그들 부부는 늙어 자식이 없었는데, 어느 날 주의 사자가 나타나 아들을 낳아 주리니 이름을 요한이라 하라고 일러준다. 그 아버지가 믿지 아니하자 그를 잠시 벙어리로 있게 하는데, 과연 말씀대로 엘리사벳은 하나님의 능력으로 요한을 수태하게 된다. 요한이 태어나기 전 어머니 복 중에 있을 때는 친족이자 장차 예수를 낳을 마리아의 문안을 받기까지 한다.

　세례 요한은 자라나며 심령이 강하여지며 이스라엘에게 나타나는 날까지 빈들에 있었고(눅 1:5~80 중에서), 약대 털옷을 입고 허리에 가죽띠를 띠고 메뚜기와 석청을 먹으며 살았다(마 3:4, 막 1:6). 주의 길을 평탄케 하던 중 헤롯의 불의를 지적하여 옥에 갇히었다가 헤롯의 생일 잔칫날 죽임을 당하였으니(마 14:11), 잠깐 동안 불꽃같은 삶을 살다 가신 분이다. 그러나 그의 출생은 이미 700여 년 전 이사야 선지자에 의해 예고되어 있을 만큼 그는 하나님의 위대한 종이었다.

"외치는 자의 소리여 가로되 **너희는** 광야에서 여호와의 길을 예비하라. 사막에서 우리 하나님의 대로를 평탄케 하라."(사 40:3)

세례 요한은 당당히 드러내어 말하고 숨기지 아니하였으며(요 1:20), 자기 자신은 그저 "주의 길을 곧게 하라고 광야에서 외치는 자의 소리로라."(요 1:23) 단호히 선포했다. 자기를 따라다니던 두 제자가 자기를 버리고 예수님을 좇을 때도(요 1:37) 서운하고 비난하기는커녕 "나보다 능력이 많으신 이가 오시나니 나는 그 신 들메를 풀기도 감당치 못하겠노라." 하며(눅 3:16) 예수님의 절대적 존엄의 우위를 선언하였다. 그뿐인가. 예수께서 자기에게 나아오심을 보고는 "보라, 세상 죄를 지고 가는 하나님의 어린 양이로다." 말하였고, 다시 이튿날에도 똑같은 말씀을 반복하여 주님의 길을 예비하였다(요 1:29, 36).

요한은 무리들에게 옷 두 벌 있는 자는 옷 없는 자에게 나눠 줄 것이요 먹을 것이 있는 자도 그렇게 할 것이라고 가르쳤고, 세리들에겐 정한 세 외에는 늑징치 말라고 권면하였으며, 군병들에겐 사람에게 강포하지 말며 무소誣訴하지 말고 받는 급료를 족한 줄로 알라고 가르쳤고, 그 외에도 여러 가지로 권하여 백성에게 좋은 소식을 전하였다(눅 3:10~14, 18). 예수님께서도 세례 요한을 선지자보다도 나은 자라고 하신 후(마 11:9), 여자가 낳은 자 중에 요한보다 큰 이가 없다고 칭찬하셨다(눅 7:28).

세례 요한은 요단강 건너편 베다니에서 수많은 무리에게 물로 세례를 주었다. 이때에 예루살렘과 온 유대와 요단강 사방에서 다 요한에게 나아와 자기들의 죄를 자복하고 세례를 받았다(마 3:5~6). 요한은 많은 바리새인과 사두개인이 세례 베푸는 데 오는 것을 보고는 "독사의 자식들아 누가 너희를 가르쳐 임박한 진노를 피하라 하더냐." 일갈하였다(마 3:7). 지배층에 짓눌려 살던 백성들로선 모처럼 가슴속까지 시원한 폭포수 떨어지는 소리를 듣는 기분이었을 것이다.

물론 세례 요한의 물세례는 성령님이 수반되지 않는 세례요, 성삼위聖三位 아버지와 아들과 성령의 이름으로 주는 세례는 아니었지만, 모세의 성막에 놓아둔 물두멍처럼 성전에 들어가기 전 깨끗이 수족을 닦는 의식의 정결함을 상징하는 것이었다. 또한 회개悔改를 뜻하는 세례였다. 죄 사함의 길을 안내해 주는 의미였으며, 그리스도의 길을 예비하며 그의 첩경捷徑을 평탄케 하는 길이었다. 무엇보다 구약의 메시아를 앙모하는 불을 지핀 세례였다는 점에서 큰 의미가 있는 것이었다. 그랬기에 예수님도 세례 요한으로부터 세례를 받으신다(마 3:15~17). 물론 세례는 예수님 제자들이 베푼 것이지 예수님이 직접 하신 적은 없다(요 4:2).

그런 세례 요한이었다. 당당하고 거칠 것이 없고 대담하고 사명에 충실하여 불꽃 같은 삶을 살다 가신 분이었다. 충만하시고 강렬하시며 꼿꼿하시고 형형하셨다. 그런 그분이 하신 말씀 중에 한마디 말로서 정곡正鵠을 찌르는 말씀이 있으니 성경에 이만한 말씀도 드문 것 같다. 촌철살인寸鐵殺人의 말씀이라고나 할까.

"그는 흥하여야 하겠고 나는 쇠하여야 하리라."(요 3:30)

젊은 세례 요한으로서는 인기의 절정에 오른 터였다. 그는 모든 사람으로부터 선지자로 추앙을 받았다(마 21:26). 예수님으로부터도 '켜서 비취는 등불'이라 칭함을 받으며 사람들은 요한이 비추는 빛에 즐거이 있기를 원할 정도였다(요 5:35). 바리새인들이 제사장들과 레위인을 보내어 당신이 그리스도인가 엘리야인가 물어볼 정도였다면(요 1:19~21) 그의 인기가 어떠했는지 가늠할 수 있다. 세례 요한의 옥에 갇힘과 죽음도 그가 백성들로부터 엄청난 신망과 존경을 얻는 걸 두려워하는 데서 기인했다는 견해도 있다. 당시 인기 정상의 젊고 담대하고 존경받던 그가 자기는 심히 보잘것없다는 그런 충격적 선언을 한 것이다.

이스라엘은 믿음이 전부인 신앙 국가였다. 당연히 세례 요한은 떠오르는 별이자 당대 최고의 종교적 슈퍼스타였다. 세례 요한으로서는 하나님 나라를 위하여 예수님은 예수님대로, 자긴 자기대로 할 일이 있다고 생각할 수도 있는 일이었다. 자기도 젊은 피가 끓었고 인기가 급전직하急轉直下로 떨어지는 게 싫을 수도 있는 일이었다. 뭔가 자기도 하나님을 위해 더 일하고 싶었고, 명예롭게 퇴진하고 싶었을 수도 있었다. 자기도 성경적 인물로서 이사야가 오래전 예언한 대로 출생한 거창한 몸이자 하나님 사역에 귀한 역을 맡은 사람이었다. 태어나기까지의 과정이나 들에서 길러진 과정이나 그 스스로도 예사 인물이 아니었다. 어떻게 이제 막 주목을 받기 시작한 초라한 예수는 흥하여야 하고, 인기 절정의 환호성에 떠 있는 젊은 슈퍼스타인 자기는 쇠하여야 한다는 말인가. 말이 안 되는 것이었다. 특히 세례 요한은 옥중에 갇힌 후에 예수님이 정말 메시아인지 궁금하여 제자를 보내어 묻기까지 할 정도였으니 그 전까지는 아직 예수님에 대한 메시아 확신을 얻기 전이었던 때라고 말할 수 있었다. 그런 상황이었다.

"요한이 옥에서 그리스도의 하신 일을 듣고 제자들을 보내어 예수께 여짜오되 오실 그 이가 당신이오니이까 우리가 다른 이를 기다리오리이까."(마 11:2~3)

그와 같은 사정이었다. 그럼에도 불구하고, 세례 요한은 옥에 갇히기 전 자신이 예수님께 세례를 행하였을 때 성령이 비둘기같이 하늘로서 내려와 예수님 위에 머무는 것을 보고 그가 하나님의 아들이심을 증거 한 바로 그 믿음으로(마 3:16, 요 1:32~34) "그는 흥하여야 하겠고 나는 쇠하여야 하리라." 소리쳤다. 그게 세례 요한의 믿음이었다. 바로 그 믿음 하나로 예수님의 앞길을 예비하며 자기의 모든 욕망과 자존과 자고함을 헌신짝같이 던져 버렸다. 얼마나 단호한 말씀인가. 그는 "신부를 취하는 자는 신랑이나 서서 신랑의 음성을 듣는 친구가 크게 기뻐하나니 나는 이러한 기쁨이 충만하였노라."(요 3:29)라고 외쳐 오로지 신랑 되신 예수님의 친구가 된 것만으로도 기뻐하겠다고 선언했다. 예수님만이 오로지 전부라는 그의 신앙고백, 과연 세례 요한이었다. 그 흔쾌하고 분명한, 겸허와 순종과 버림의 태도는 그 신앙의 전부였다. 그는 전적으로 하늘의 사명에만 충실한 주의 사자였다.

이토록 멋진 말씀, 이토록 잘 응축된 요체要諦의 말씀도 없는 것 같다. 백성들은 세례 요한은 선지자로 여기면서도 예수는 메시아로 믿지 않았기에 급기야 십자가에 못 박으라고까지 소리쳤지 않았던가. 당시 세례 요한은 높이 추켜 올라갔고 시골 출신 예수는 초라하였다. 나사렛에서 무슨 선한 것이 날 수 있느냐(요 1:46), 그리스도가 어찌 갈릴리에서 나오겠느냐(요 7:41) 그렇게 푸대접을 받던 예수였다. 그렇건만 세례 요한은 하늘의 뜻을 따라 과감히 선언했다. 오로지 예수님만 치켜 올렸다. 자기는 그분의 신발 끈 묶는 것조차 과분한, 지극히 보잘것없는 자라고 선언한 것이다. 그런 그의 말씀은 곧 철저한 낮아짐과 비움, 겸손과 순종이라는 기독 신앙의 정수精髓 그 자체였다.

그러나 오늘날 목회 현실에 있어선 세례 요한의 말씀처럼 주님을 높이는 대신 자기는 낮아지고 비우기란 말처럼 쉽진 않을 것이다. 갖은 고생 끝에 이제야 자리 잡았는데 어떻게 쉽게 내려놓을 수가 있을까. "네 시작은 미약하였으나 네 나중은 심히 창대하리라."(욥 8:7), "여호와여, 주는 주의 일을 이 수년 내에 부흥케 하옵소서."(합 3:2), "이는 남의 터 위에 건축하지 아니하려 함이라."(롬 15:20), "할 수 있거든이 무슨 말이냐 믿는 자에게는 능치 못할 일이 없느니라."(막 9:23) 그런 심정으로 한평생 주님의 기업企業을 일구느라 얼마나 신고辛苦가 심했던가. 자긍함이 넘쳐 자고의식自高意識이 부풀어 오를 건 사실이지만 그렇다고 쉽게 비울 수 없고 내려놓을 수 없을 것이다. 인간적으론 이해할 수 있는 일이다.

그러나 그건 인간의 생각이다. 나의 뜻과 성령님의 뜻이 일치하지 않으면 그 순간 나를 십자가 앞에 내려놓으라고 성경은 가르친다. 일치하지 않는 순간 나는 걸림돌이 되고 있기 때문이다. 예수님을 따르는 신앙생활은 자기를 부인否認하고 자기 십자가를 지고 예수님을 좇는 생활이다(마 16:24). 자기를 부인해야만 한다. 내가 가진 자아自我의 혈기와 목표와 열망과 자기애自己愛와 자기의自己義를 십자가 앞에 다 내려놓고 주님의 계획으로 주님이 사역하시게끔 하여야 한다. 그게 내 안의 그리스도께서 사시는 것이다(갈 2:20). 만약 성령님과 대적한다면 그런 자아는 근본 마귀일 수 있다(요 8:44). 사실 모든 것의 주인은 주님이시니 주인 되신 주님께서 내놓으라 하시면 언제고 내놓아야 하는 게 옳을 것이다. 예수님께서도 "나의 원대로 마시옵고 아버지의 원대로 하옵소서."라고 기도하셨다(마 26:39). 내가 비워야 성령님께서 채우실 수 있다. 세례 요한은 그걸 단호하게 가르치신 것이다.

비워야 살아난다는 것은 조선의 서화書畵나 도자기를 보면 알 수 있다. 조선의 그림은 난을 그린다 하지 않고 난을 친다 하듯이 여백을 그리는 그림이었다. 여백을 남기는 게 아니라 여백을 그리는 것이 조선 회화의 진수眞髓였다. 서양의 그림붓은 면을 꽉 채우며 색칠하지만 동양의 세미한 붓끝은 여백을 많이 남겨 넉넉하고 아름답다. 중국의 꽉 찬 자기瓷器에 비해 비움의 여백이 살아 있는 조선의 자기가 격이 높은 것과 마찬가지다. 도자기를 잘 아시는 분들은 화려한 채색에 온갖 문양으로 채워져 있는 도자기보다는 무지無地 즉, 맑은 우윳빛 달 항아리와 같이 일체의 문양도 채색도 없는 그저 단순한 '무지 달 항아리'야말로 보고 또 봐도 싫증이 없는 최고의 도자기로 여긴다. 그윽하고 깊은 여백의 여유가 이만한 게 있는가. 수수하게 머리를 틀어 올리고 뒤로 살짝 보일 듯 말 듯 비녀 하나 꽂은 단아한 시골 여인의 쪽진 머리가 온갖 화려한 노리개로 치장한 배정자裵貞子의 머리보다 아름다운 이유가 거기 있을 것이다.

비움은 양보나 도덕의 문제가 아니요 영혼의 생존의 문제다. 연약한 우리 육신은 어느 누구도 사탄의 공격을 당해낼 재간이 없다. 사탄을 쫓기 위해선 사탄보다 더 강한 것을 우리 몸에 받아야 하는데 그게 바로 성령님이다. 성령님이 내 안에 들어와 계실 때 우린 승리할 수 있다. 그러니 내 욕심을 버리고 비워야 성령님이 들어와 채우는 것이니, 비움이야말로 나를 살리는 것이다. 그래서 비우라 하고 낮추라 하는 것이니 이는 모두 우리의 영혼을 잘되게 하기 위함이다. 예수님께서 먼저 본을 보여주셨다.

"너희 안에 이 마음을 품으라. 곧 그리스도 예수의 마음이니 그는 근본 하나님의 본체시나 하나님과 동등 됨을 취할 것으로 여기지 아니하시고 오히려 자기를 비어 종의 형체를 가져 사람들과 같이 되었고 사람의 모양으로 나타나셨으매 자기를 낮추시고 죽기까지 복종하셨으니 곧 십자가에 죽으심이라."(빌 2:5~8)

비움과 내려놓음이 그가 흥하고 내가 쇠하는 길이다. '나만이 모든 걸 할 수 있다, 나 아니면 안 된다, 오직 내가 해야 한다'는 생각에 갇혀 있다면 그건 인본주의人本主義에 다름 아니요, 예수님의 이름을 내건 탐심貪心일 수 있다. 예수님께서는 삼가 모든 탐심을 물리치라고 가르치셨다(눅 12:15). 탐심은 우상숭배다. 하나님께서는 나보다 앞서서 일하시며, 내가 이루어 낸 결과보다는 그 이루기까지의 마음과 중심을 더 받으시고 기뻐하시니 그저 순전히 어린아이와 같이 하나님께 다 맡기면 된다. 하나님 자체만으로 만족하는 마음, 그게 비움과 내려놓음과 버림을 실행할 수 있는 마음이다.

물론 쇠한다는 것, 버린다는 것은 매우 어려운 일이다. 그러나 실제로 하나님의 종 가운데서 모든 걸 다 내려놓고 성령님께 다 맡긴 채 홀연히 떠나신 분도 적지 않다. 자식은 근처에도 얼씬거리지 못하게 하고 엄청난 교회 재산과 무형의 자산과 부지하세월不知何歲月의 높은 지명도知名度를 다 주님 앞에 내려놓고 훌쩍 떠나다니 실로 존경하지 않을 수 없다. 끝내 내가 움켜쥐면서 흥하려고만 한다면 주님은 어떻게 생각하실까. 교회가 안팎곱사등이가 되는 건 시간문제일 것이다.

강단의 설교도 예수님만 보여야 한다. 설교가 끝났을 때 교인 입에서 '그 목사님 설교 잘하셔'라기보다는 '아, 예수님은 정말 멋진 분이구나' 할 수 있어야 한다. 그게 예수님은 흥하고 나는 쇠하는 길이다. 그러나 주님은 잘 보이질 않고 인간적 영광만이 화려하게 겉으로 드리워진 세상이다. 교회 담장과 실내외 벽과 주보에 울긋불긋 포스터와 플래카드와 광고로 인화된 이런저런 인간의 얼굴들만 잔뜩 달라붙은 시대다. 하나님의 구하시는 제사는 상한 심령이라는 말씀(시 51:17)이 잘 기억되지 않는 이 시대, 사람들이 자기를 사랑하며 돈을 사랑하며 자긍하며 교만하며 무정하며 자고한 이 시대(딤후 3:2~5)에 꼭 새겨야 할 말씀이 바로 세례 요한의 말씀 아닐까.

"그는 흥하여야 하겠고 나는 쇠하여야 하리라."

되새기면 되새길수록 실로 세례 요한의 그 한마디는 우리의 교만과 허세를 일시에 꺾는 쾌거였고, 머릿속까지 청량淸凉해지는 옥음玉音이었으며, 초강력 메시지였다. 과연 그 말씀은 불꽃같은 삶을 살다 간 세례 요한만이 할 수 있는 말씀이었다. 그의 말씀은 곧 철저한 낮아짐과 비움, 겸손과 순종이라는 기독 신앙의 정수精髓 그 자체였으니 어찌 찬탄하지 아니하랴. 세례 요한이 그립다.

야베스의 기도

보통의 신앙인들이 할 수 있는 멋진 기도가 뭘까. 글쎄, 야베스의 기도는 어떨까. 야베스의 기도는 2000년대 초에 브루스 윌킨스라는 성경학자가 성경에서 발굴하여 선전한 후, 기독교계의 이목을 집중시켰던 기도라고 한다. 관련 책도 나왔다 하는데 복음성가 노래 속에도 나오고, 그 기도문이 표구로 만들어져 많은 집 거실에도 걸리곤 한다.

"야베스는 그 형제보다 존귀한 자라 그 어미가 이름하여 야베스라 하였으니 이는 내가 수고로이 낳았다 함이었더라. 야베스가 이스라엘 하나님께 아뢰어 가로되 원컨대 주께서 내게 복에 복을 더 하사 나의 지경을 넓히시고 주의 손으로 나를 도우사 나로 환난을 벗어나 근심이 없게 하옵소서 하였더니 하나님이 그 구하는 것을 허락하셨더라."(대상 4:9~10)

야베스에 대하여는 잘 알려져 있지 않다. 다만 성경에 나와 있는 것으로는 유다지파 사람이요, 형제들이 있었으며, 그 어머니가 힘겨운 출산으로 낳은 사람이라는 것, 그리고 야베스의 기도를 적어 놓은 역대상 기록이 B.C. 450년경이니 그 이전 사람일 거라는 정도다. 또한 큰 사역을 감당했거나 출세한 인물 또는 여호와의 큰 종 등은 아니었던 거 같다. 왜냐하면 그랬다면 성경에 뭔가 한마디 언급이 있었을 텐데 전혀 없기 때문이다. 바꿔 말하면 보통의 역량이나 지위에 있던 신앙인이었던 것 같다. 그럼에도 불구하고 이분의 기도가 왜 역대상에 실렸으며 응답을 받았다고 기록되어 있을까. 그래서 수천 년이 지난 지금까지 전해져 오고 있을까 궁금하지 않을 수 없다. 왜 이 기도문을 좋아할까.

첫째는 야베스와 같이 큰 인물이 아니어도 하나님께서 그 기도를 듣고 계시며 응답해 주신다는 게 사람들의 마음에 들었기 때문일 것이다. 신앙의 큰 인물이 되기가 어디 그리 쉬운가. 대개들 평범한 신앙인들이다. 그런 평범한 신앙인의 하나인 야베스 같은 사람도 좋은 기도를 하고 응답을 받았으니 나도 기도해 볼 만하고, 응답받을 수 있다는 자신감을 갖게 해 주기 때문인 것 같다.

둘째는 그 기도문의 내용이 이 시대를 살아가는 보통 사람들의 원하는 바를 담고 있기 때문인 거 같다. 복에 복을 더하여 주시고, 지경地境을 넓혀 달라는 것처럼 직장과 사업장에서 승승장구해서 더 크게 확장하고 승진시켜 주시며, 하나님의 손이 도우셔서 어려움과 환난을 극복하게 해 주시고, 그래서 온갖 근심을 없게 하옵소서 하는 내용이니, 보통 사람들이 할 수 있는 평범한 기도다. 그런데 그 구하는 것을 하나님께서 허락하셨다는 것이다. 기꺼이 응답해 주셨다는 것이다. 그러니 어찌 보통의 신앙인들이 이 기도를 좋아하지 않을 수 있겠는가. 더욱이 기도문도 간략하고 매끄럽지 않은가.

특히 "주의 손으로 나를 도우사 환난을 벗어나 근심이 없게 하옵소서."라는 말은 환난 많은 이 세상에서 모든 일이 순조롭고 순탄하게 진행되게 해 달라는 기도다. 이 기도는 믿음의 조상 아브라함의 충실한 늙은 종이 아브라함의 명을 좇아 며느릿감을 구하러 갈 때에 드린 기도나 고백의 말과도 비슷하다(창 24:12, 21, 40). 순조롭고 평탄한 인생을 걷는 것은 이 어려운 시대를 걱정하며 살아가는 보통의 신앙인들이면 늘 간구하는 것이니 자신도 모르게 야베스의 기도가 마음에 와 닿았을 것이다.

그러나 여기서 놓치지 말아야 할 것이 있다. 그건 왜 야베스의 기도를 하나님이 응답해 주셨느냐는 것이다. 어찌 보면 자기 욕심만 드러낸 기도인데, 왜 들어주셨을까 하는 점이다. 기도문을 보면 하나님의 나라 또는 자기 조국과 자기 민족, 이웃에 대한 사랑, 자기를 주의 도구로 써달라는 등의 내용은 하나도 없는데 말이다.

그러나 이유가 있다. 야베스는 형제들보다 존귀한 자라고 했으니 말과 행동과 인격과 신앙이 존귀함 소리를 들을 정도로 훌륭했던 것 같다. 믿음을 잘 지키려고 노력한 분임이 틀림없다. 또한 하나님을 사랑하였고, 하나님이 자기에게 어떤 분인지를 잘 알고 있었고, 잘 알았기에 그만큼 하나님께 전심으로 간구하였다는 것이다.

하나님을 전폭적이고 무한 신뢰로 믿었음이 틀림없다. 그러니 응답을 받은 게 아니었을까. 야베스의 기도는 마치 이런 심정의 기도였을 것 같다.

"여호와여, 내가 전심으로 부르짖었사오니 내게 응답하소서. 내가 주의 율례를 지키리이다."(시 119:145)

우리 같은 평범한 신앙인으로서는 부담 없는 야베스가 가까이 느껴진다. 야베스의 기도문 내용도 좋지만, 그것보다는 응답을 받을 수밖에 없는 야베스의 전폭적인 믿음, 무한 신뢰의 믿음을 더 본받아야 할 것 같다. 한 걸음 더 나아가 생각하면, 이런 기도문을 실어 그저 평범할 수밖에 없는 백성들의 마음을 미리 다독거리시고 희망을 주시는 하나님의 인자하심이 고마울 뿐이다.

모세의 죽음

　모세만큼 역사상 극적이고 위대한 종도 드물 것이다. 그 조상은
보잘것없이 유리하는 아람(수리아) 사람이었다(신 26:5). 애굽에서 태어
나 나일 강 하숫가 갈대 사이에서 기이하게 건져지고, 애굽의 왕실
에서 고귀하게 길러져 당대 최고의 화려한 궁정생활을 보내고, 자
기 동족의 불행 앞에서 의협심의 발로로 살인을 하고, 40세에 정
처 없이 도망 길에 나서 40년간 황량한 광야에서 장인의 양 무리
를 치고, 80세에 부르심을 받고, 바로와 애굽의 주술사들과도 당당
히 맞서 싸워 이기고, 430년간 종살이를 하던 이스라엘 백성, 곧
그 숫자가 장정만 60여만 명에 대략 총 250만 명쯤으로 추산되는
거대한 무리와 양과 소와 심히 많은 가축들을 이끌고 출애굽의 험
난한 길에 나서고, 그 철없는 백성을 끊임없이 달래고 어루만지고
재판하고, 호렙 산 떨기나무 불꽃 가운데서 하나님을 만나고, 하나
님과 직통하며 계시를 받고, 그 얼굴의 광채가 너무 빛나 수건으
로 얼굴을 가리고, 이스라엘 민족을 이끌고 수많은 난관을 극복하
며 드디어 목적지 코앞에까지 이르고, 생사를 넘나드는 사십 일 금

식기도를 두 번이나 하고(신 9:9,18), 십계명 돌판을 받고, 궁정에서 자랄 때 배운 당대 최고의 학문을 기반으로 하나님으로부터 받은 방대한 말씀들을 모세 오경으로 기록한 후 백성들에게 이를 풀어 가르치고, 첫 예배 장소인 성막을 말씀에 따라 세우고, 광야 생활 중 하나님께서 이스라엘 백성의 패역함에 진노하사 다 죽이고자 했을 때 그러시려면 차라리 기록하신 책에서 내 이름을 지워버려 달라고 할 정도로 자기 민족을 사랑하고, 그 성품이 지면의 모든 사람보다 승할 정도로 온유하고, 바로 그런 인물이 모세였다. 그의 강력한 지도력과 추진력, 카리스마와 지혜, 통찰력과 경륜, 사명감 과 충성심은 일반인의 상상을 훨씬 뛰어넘는 일이었으니, 모세야말로 전무후무한 최고의 파워풀한 종이었다.

"내 종 모세와는 그렇지 아니하니 그는 나의 온 집에 충성됨이라. 그와는 내가 대면하여 명백히 말하고 은밀한 말로 아니하며 그는 또 여호와의 형상을 보겠거늘"(민 12:7~8)

그런 모세가 마지막 단계에서 요단을 건너 가나안 땅에 들어가기를 간절히 소원하였으나 하나님은 매몰차게도 결단코 가나안 땅에 들어가지 못하게 하셨다. 40년간 죽을 고생을 다하며 가까이 온 그 땅은 얼마나 꿈에도 그리던 가나안 땅이었는가. 그러나 모세는 들어가지 못한다.

"구하옵나니 나로 건너가게 하사 요단 저편에 있는 아름다운 땅 아름다운 산과 레바논을 보게 하옵소서 하되 여호와께서 너희의 연고로 내게 진노하사 내 말을 듣지 아니하시고 내게 이르시기를 그만해도 족하니 이 일로 다시 내게 말하지 말라"(신 3:25~26)

모세가 가나안 땅에 들어가지 못한 이유는 자신의 고백처럼 '너희의 연고로'이다. 즉, 므리바 물 사건 때 하나님이 모세에게 지시하시길, 반석에게 명하여 '물을 내라'고 말만 하라고 하셨는데, 모세가 백성에게 너무도 화가 난 나머지 "패역한 너희여 들으라. 우리가 너희를 위하여 이 반석에서 물을 내랴" 하고 지팡이를 들어 반석을 두 번 내리침으로써 하나님의 명령을 어겼다는 것이다(민 20:10~11). 명령을 어겼다는 것은 하나님 나라의 통치 섭리의 질서를 어겼다는 말이니 그냥은 넘어갈 수 없는 문제였다. 짚고 넘어가야만 하셨다. "사람의 성내는 것이 하나님의 의를 이루지 못함이니라."(약 1:20)라는 말씀으로 비춰 이해될 수도 있다. 물론 여호와께서도 직접 그 사건에 대해 말씀하신 게 있다.

"여호와께서 모세와 아론에게 이르시되 너희가 나를 믿지 아니하고 이스라엘 자손의 목전에 나의 거룩함을 나타내지 아니한 고로 너희는 이 총회를 내가 그들에게 준 땅으로 인도하여 들이지 못하리라 하시니라."(민 20:12)

어쨌든 잠깐의 실수 한 번에 모세의 40년 고생이 끝장나는 순간이었다. 이 글을 처음 읽었을 때 웬만하시면 그토록 부려먹으셨는데, 그 소원 좀 들어주시지 하는 생각을 했다. 사실 잠깐의 실수는 누구나 할 수 있는 것인 데다, 그 당시 상황이 정말 모세가 화를 낼만한 상황이기도 했었고, 또 모세가 그 땅에 들어가겠다는 게 자기 개인의 욕망과 유익을 구하고자 한 것도 아니며, 십계명을 위반한 것도 아니며, 어찌 보면 마지막 최후의 순간까지 남은 기력을 다해 최종 목적지에 도착시키는 일을 완결하고 싶다는 건데 그런 면에서 본다면 하나님의 처사가 너무 가혹하지 않으신가 생각되는 것이었다. 물론 따지고 보면, 말씀을 어긴 것, 지존하신 여호와가 옆에 계신데 화를 낸 것, 그것도 여호와가 사랑하시는 백성을 자기 백성인 양 멋대로 꾸짖은 것, 백성 앞에서 여호와의 거룩함을 나타내지 아니한 것, '우리가 물을 내랴' 하면서 마치 자기 능력으로 물을 낼 것처럼 교만의 말을 한 것 등은 잘못된 일이다. 그렇지만 그래도 그렇지 한 번쯤은 가나안 땅에 들여보내시고 얼마 있다 목숨을 거두어 가시면 되지 않았나 하는 생각이 드는 것이었다.

모세는 특별한 종이었다. 예수님께서 수난을 받으시기 직전에는 변화 산에 나타나 예수님과 대화하셨을 정도이다. 또 여호와께서는 모세에게 이제 네 목숨을 거두어 가겠다고 사전에 미리 고지까지 하실 정도로 모세에게 자상하셨다.

"문득 두 사람이 예수와 함께 말하니 이는 모세와 엘리야라 영광 중

에 나타나서 장차 예수께서 예루살렘에서 별세하실 것을 말씀할 새"(눅 9:30~31)

"여호와께서 모세에게 이르시되 너의 죽을 기한이 가까웠으니 여호수아를 불러서 함께 회막으로 나아오라"(신 31:14)

그런 모세를 하나님은 거두어 가신다. 그것도 아직 정정한데 말이다. 나이는 120세가 되었지만 모세는 정정했다. 아브라함이 죽을 때와는 딴판이다. "아브라함의 향년이 일백칠십오 세라. 그가 수가 높고 나이 많아 기운이 진하여 죽어 자기 열조에게로 돌아가매"(창 25:7~8)라고 했다. 그러니 모세가 아직도 정정할 때 하나님이 데려 가신 것과는 너무나 대비가 된다. "모세의 죽을 때 나이 일백이십 세나 그 눈이 흐리지 아니하였고 기력이 쇠하지 아니하였더라."(신 34:7)라고 되어 있기 때문이다.

그러나 모세의 목숨을 거두신 건 모세를 너무도 사랑하셨기 때문이라고 생각된다. 이건 그냥 추측일 뿐이다. 모세가 요단강을 건너 가나안 땅에 들어갔으면 어떻게 되었을까. 모세는 위대하다 못해 거의 신과 같은 지위에 올랐을 것이다. 모든 걸 다 이룬 모세, 그 추종자들의 찬사는 하늘에 닿았을 것이고 일부 극성론자는 모세의 상像과 모세의 기념관이나 신전神殿을 세우자고 했을는지 모른다. 모세는 살아 계신 하나님의 대리자로서 여겨졌을 것이며, 그의 말 한마디는 곧 법이었을 것이요, 이스라엘의 국부國父가 되었을 것이고, 누구도 건드릴 수 없는 새로운 권력 집안이 탄생했을 것이다. 왕가보다도 더 권세를 갖춘 초특급의 세력가가 등장했을 것이다. 모세가 사는 집은 신성시되었을 것이며, 모세의 사돈의 팔촌들도 위세를 누렸을 것이며, 마침내는 주변부에서부터 부패가 시작되었을 것이다. 또는 모세 자신이 어느덧 교만해졌을지도 모른다. 모세도 사람이기 때문이다. 만약 그렇게 된다면, 그 모든 것은 모세에게는 참을 수 없는 부담이요 하나님께 누를 끼치는 일이요 생을 마무리하는 단계에서 회복할 수 없는 과오가 되는 일이었을 것이다.

또 하나는 전쟁 사역이었다. 여호수아가 가나안 땅에 들어가 많은 전쟁을 치른 것과 같이 이제 이스라엘 백성들 앞에는 이민족異民族과의 전쟁이 기다리고 있었다. 평화로운 입성이 아니었다. 전쟁의 선두에 서서 지휘해야 했던 당시 상황에 비추어 120세의 기력으로는 벅차고 힘들었을 것이다. 전장에서 기력이 떨어져 자리에 눕게 되거나, 행여 잘못하여 적의 화살이라도 맞아 부상을 입거나 죽는다면, 그리고 한 번이라도 이스라엘 백성들의 패역함으로 인해 패하게 된다면 그건 불세출의 영웅 모세에게 치명적인 불명예가 되었을 것이니, 모세의 한평생 위신은 추락하고 말았을 것이다. 특히 적에 의해 다치거나 죽는다는 건 하나님의 특별한 종 모세에겐 절대 일어나서는 안 되는 일이었다. 더욱이 모세는 온유함이 지면의 모든 사람보다 승한 분으로서(민 12:3) 피 흘리는 전투 스타일이 아니었다.

그러기에 하나님은 이쯤에서 모세를 데려가셨다고 생각한다. 인자하신 하나님, 많은 실수를 용서하시는 하나님께서 장차 일어날지도 모를 그런 것까지 감안해서 모세를 생각하여 데려가신 것 아닌가 생각해 본다. 하나님이 모세를 얼마나 극진히 아끼셨는지는 모세 죽음 이후의 일을 보면 극명하다. 모세가 죽었을 때 그가 "벧브올 맞은편 모압 땅에 있는 골짜기에 장사되었고 오늘까지 그 묘를 아는 자 없으니라"(신 34:6)는 말씀을 기억하면 알 수 있다. 하나님께서 모세의 평생 노고를 생각하사 감추신 것 아닌가 싶다. 그 모세의 시신을 두고 한 때 천사장 미가엘이 마귀와 다투기도 한 적이 있는 것을 보면(유 1:9) 모세의 죽음은 육신의 죽음 자체보다 더 귀한 영적인 의미가 있음을 추리케 한다. 그런 모세를 일찍 하늘로 올리셨다가 예수님 수난 당하시기 직전 엘리야와 함께 내려 보내셔서 변화 산에서 예수님을 만나 뵙고 위로하고 증거 하도록 하셨으니(마 17:3), 모세를 얼마나 아끼셨는지 잘 알 수 있는 것이다.

더욱이 모세는 죽기 전에 자기가 못 들어가는 것을 알면서도 삐치거나 서운해 하지 않고 끝까지 이스라엘 백성을 다독일 정도로 최선을 다하는 모습을 보여주고 있었으니, 이스라엘 백성이 가나안 땅에 들어간 후 하나님을 잊고 배신할 것을 예견한 듯 아주 간곡히 여호와를 섬길 것을 마지막까지 신신당부한다(신 4:21~40). 여기서 모세의 위대함이 더 잘 드러난다. 그러니 하나님으로서는 이런 모세를 더더욱 데려가셔야 했다. 그렇다면 결국 모세의 죽음조차도 하나님의 인자하신 배려의 결과인 것이다. 그 인자하신 배려는 한결 같아 지금도 세상을 살피시고, 각 개인을 돌보시리라 믿는다.

열두 제자

예수님은 공생애를 시작하시면서 처음 열두 제자를 두셨다. 열두 제자를 택하여 그들을 '사도'라 직접 칭하셨다는 대목이 나온다(눅 6:13). 사도使徒란 누군가가 보낸 사람, 즉 신神이 보낸 사람이란 뜻이다. 다만 그 이후 칠십 인의 제자를 세워 사마리아 지방으로 둘씩 짝을 지어 파송하셨다는 기록이 누가복음에만 나온다.(눅 10:1) 열두 제자의 명단에 대하여는 마태복음 10:2~4, 마가복음 3:16~19, 누가복음 6:14~16, 사도행전 1:13에 나오나, 요한복음에는 따로 명단이 묶여서 나온 적은 없다.

열두 제자는 구약의 열두 지파에 대응하는 것이다. 예수님께서는 제자들에게 "내가 진실로 너희에게 이르노니 세상이 새롭게 되어 인자가 자기 영광의 보좌에 앉을 때에 나를 좇는 너희도 열두 보좌에 앉아 이스라엘 열두 지파를 심판하리라."(마 19:28)라고 말씀하신 적이 있다. 또한 계시록에도 "새 예루살렘 성의 성곽은 열두 기초석이 있고 그 위에 어린 양의 십이 사도의 열두 이름이 있더라."(계 21:14)라고 되어 있으니 열두 제자가 후에 받을 영광은 그 살아생전 당했던 고난과는 비교할 수 없을 만큼 크다고 말할 수가 있겠다. 열두 제자는 이름이 달리 불리기도 하고 동명이인도 있어 헷갈리는 때가 많아 정리해 본 적이 있다.

첫째는, 베드로라 하는 시몬이다. 영어로는 Peter라고 쓰인다. 요한복음에서는 아람어 '게바'로 사용되었다(요 1:42). 베드로는 서기 67년경 로마에서 십자가에 거꾸로 못 박혀 처형당하였다고 전해진다. 베드로가 수제자首弟子라는 성경의 정식 기록은 없다. 다만, '베드로라 하는 시몬을 비롯하여'라는 말씀(마 10:2)의 '비롯하여'에 첫째임이 나타나 있다는 주장이 나온다. 그 외에도 예수님께서 열두 제자 중 유독 베드로에게 "내가 네게 이르노니 너는 베드로라. 내가 이 반석 위에 내 교회를 세우리니 음부의 권세가 이기지 못하리라. 내가 천국 열쇠를 네게 주리니 네가 땅에서 무엇이든지 매면 하늘에서도 매일 것이요, 네가 땅에서 무엇이든지 풀면 하늘에서도 풀리리라." 하는 구절로 미뤄(마 16:18~19) 수제자라 한다는 것이다. 어찌했든 그는 제자들의 이름에 첫 번째로 올리는 영광을 얻었다. 그는 많은 사역을 행하였고, 한때는 굴욕의 시기도 있긴 하였으나, 마침내 예수님 승천 후 성령 충만을 받고 예루살렘 교회의 기둥이 되었고, 욥바에서는 죽은 여 제자 다비다를 살려내는 이적을 베풀 정도가 되었다(행 9:36~41). 베드로 전서, 베드로 후서의 저자이다.

둘째는, 베드로의 형제 안드레이다. 처음엔 세례 요한의 제자였으나 나중에 예수님의 제자가 된다.

셋째는, 세베대의 아들 야고보다. 영어로는 James라고 쓰인다. 같은 열두 제자인 알패오의 아들 야고보와 구별하기 위하여 '큰 야고보'라 불린다. A.D. 44년경 유월절 전에 헤롯 아그립파 1세에게 참수당하여 열두 제자 중 제일 먼저 순교한다. 이 야고보와 넷째 제자 요한은 형제간인데, 그들의 아버지 세베대가 배를 갖고 품꾼들을 부릴 정도였으므로(막 1:19~20) 부유한 집안 출신이라 할 수 있다.

넷째는, 요한이다. 영어로는 John이라고 쓰인다. 야고보의 형제다. 세례 요한과 구별하기 위해 통상 사도 요한으로 불린다. 안드레와 함께 세례 요한을 좇다가 예수님의 제자가 된 사람인데, 열두 제자 중 최후의 생존자로 알려져 있다. 요한복음, 요한일서, 요한이서, 요한삼서를 썼고, A.D. 95년 밧모 섬으로 유배를 당하여(계 1:9) 요한계시록을 썼다. 전승에 의하면 말년에 밧모 섬에서 풀려나와 에베소에서 생을 마쳤다고 하는데 예수님이 가장 사랑하시던 제자로 알려져 있다. 특히 베드로와 야고보와 요한은 열두 제자 중 특별히 변화 산에도 데리고 가셨고, 겟세마네 동산에 가실 때도 데리고 가셨다. 예수님이 운명하실 때 "보라. 네 어머니라."(요 19:27)라며 요한에게 어머니 마리아를 부탁하실 정도였다. 셋째 야고보와 넷째 요한은 질투심, 명예욕이 강했고 불같은 다혈질이었다고 전해지는데, 이 둘에게는 보아너게 곧 우레의 아들이라는 이름이 더해졌다(막 3:17).

이 두 형제의 어머니는 살로메로서 예수님의 육신의 이모이다(요 19:25). 즉, 살로메는 예수의 어머니 마리아와 자매지간이니 야고보와 요한은 육신적으로는 예수님과 이종 간이다. 둘 다 갈릴리 호수에서 어업에 종사하였다. 살로메는 갈릴리 여인으로서 예수의 운명하심을 지켜보았고, 주의 나라 좌우편에 자기 아들들을 앉게 명 하소서 라고 부탁하였던(마 20:21) 여자다. 그녀의 아들 중 야고보는 열두 제자 중 제일 먼저 순교한 최초의 순교자가 되었고, 다른 아들 요한은 그 후 50년도 더 살면서 최후의 생존자로 남았으니 아이러니컬한 일이다. 마가복음을 쓴 마가 요한과는 구별되는 사람이다.

다섯째는, 빌립이다. 영어로는 Philip이라고 쓰인다. 빌립은 베드로와 안드레 형제와 한 동네인 벳새다 사람이다. 안드레와 함께 세례 요한의 제자로 있다가 예수님의 제자가 되었다. 율법과 말씀에 관심이 많았던 것 같고 바돌로매를 주님께 인도하였으며(요 1:44~45), 오병이어의 기적에서 보듯이 계산이 빠른 사람이었던 것 같다(요 6:7). 히에라볼리에서 순교했다고 전해진다.

여섯째는, 바돌로매이다. 빌립의 소개로 예수님 제자가 된 갈릴리 가나 사람이다(요 1:45, 21:2). 요한복음에서는 나다나엘로 불리어지고 있다. 처음엔 "나사렛에서 무슨 선한 것이 날 수 있느냐"고 말했던 사람이다(요 1:46). 예수님께서 나다나엘이 자기에게 오는 것을 보시고 그를 가리켜 가라사대 "보라, 이는 참 이스라엘 사람이라 그 속에 간사한 것이 없도다."라고 하실 정도로(요 1:47), 정직한 본성을 가진 사람이었다. 나다나엘이 깜짝 놀라 어떻게 자기를 아시나이까? 하고 물을 때 예수님께서 빌립이 너를 부르기 전, 즉 지금보다 훨씬 전에 한여름 무화과나무 그늘이 무성할 때 그 그늘 아래 있던 너를 보았다고 말씀하시자, 그 영적인 예지력에 너무도 놀라 곧장 예수님이 하나님의 아들이시라고 고백한 적이 있다(요 1:48~50). 인도에까지 가서 복음을 전하고 아르메니아에서 전도 중 순교했다고 전해진다.

일곱째는, 도마다. 영어로는 Thomas라고 쓰인다. 쌍둥이였는데, 쌍둥이를 헬라어로 디두모라고 하여 디두모 도마라고도 불린다. 다른 제자들에게 "우리도 주와 함께 죽으러 가자"(요 11:16)라고 말할 정도로 복음에 열정이 있었다. 예수님이 부활하셨을 때 쉽게 믿지 못하고 그 손의 못 자국을 보며 손가락을 그 못 자국에 넣고, 손을 그 옆구리에 넣어 보지 않고는 믿지 않겠노라고 말할 정도로 의심이 많기도 했으나(요 20:24~29), 정직하고 의리 있고 담대했던 것으로 평가된다. 그렇게 예수님의 손과 옆구리를 만진 후 털어놓은 "나의 주시며 나의 하나님이시니이다."(요 20:28)라는 고백은 이미 마음속에서 예수님과 인격적 주관적 만남과 교통交通이 있었음이 느껴진다. 이는 베드로가 "주는 그리스도시오, 살아계신 하나님의 아들이시니이다."(마 16:16)라는 조금은 객관적 느낌의 고백과 매우 대비되는 것이다. 1988년엔 우리나라의 도마박물관 측에서 경북 영풍군에서 발견된 도마의 석상 등을 근거로 도마가 A.D. 42년경 바다의 실크로드를 통해 가야국 김해에까지 왔었다는 주장을 펼쳐 관심을 끈 적도 있었다. 인도에서 순교한 것으로 알려졌다.

여덟째는, 세리 마태이다. 레위 지파의 후손이어서 레위 마태라고도 불리었고, 마가복음에서는 알패오의 아들 레위로 불리었다(막 2:14). 레위 지파였으니 성전에서 일을 하고 있어야 함에도 로마의 앞잡이로 세리 노릇을 했으니 그 스스로 자괴심이 있었을 것인데, 그런 자신을 예수님이 불러주시자 감격하였을 것 같다. 예수님의 부르심에 모든 것을 버려두고 좇았다(눅 5:27~28). 마태복음을 썼고, 에티오피아에서 순교했다고 전해진다.

아홉째는, 알패오의 아들 야고보다. 작은 야고보라고 불린다. 12 제자 중 항상 아홉 번째로 등장한다. 애굽에서 순교하였다고 전해진다.

열 번째는, 다대오다. 많이 헷갈리는 이름인데, 마태복음과 마가복음에서는 다대오로 나오나(마 10:3, 막 3:18), 누가복음과 사도행전에서는 '야고보의 아들 유다'로 나오며(눅 6:16, 행 1:13), 요한복음에서는 '가룟인 아닌 유다'로 나온다(요 14:22). 그래서 '유다 다대오'라고도 불린다. 성경에 활동 내역이 거의 나와 있지 않다. 수리아 지역에서 선교하다 순교했다고 전해진다.

열한 번째는, 가나안 사람 시몬이다. 셀롯인 시몬, 열심당원 시몬으로도 불린다. 개역판에서는 가나안인 시몬으로, 개역개정판에서는 가나나인 시몬으로 불린다. 셀롯Zealot인이란 단도를 숨겨가지고 다니면서 로마인이나 로마 앞잡이 노릇을 하는 유대인을 암살하는 극단적 국수주의자를 가리킨다. 시몬은 원래 셀롯인이었다가 예수님의 제자가 되었다. 셀롯인의 반대가 되는 당이 헤롯당이다.

헤롯당이란 기원전 4년부터 기원후 39년까지 갈릴리 지방을 다스린 헤롯 안티바와 가까운 사람들로서 친 로마적이었다. 셀롯인들은 로마 앞잡이를 극단적으로 싫어했는데, 로마 앞잡이라 할 수 있는 세리稅吏 출신의 같은 제자 마태와는 어떻게 지냈는지 자못 궁금하다.

열두 번째는, 가룟 유다이다. 예수님을 팔아먹고 자살한 제자이다. 가룟 유다의 후임자로는 요셉과 맛디아를 추천받아 제비뽑기로 맛디아를 뽑았다(행 1:23~26). 맛디아도 에티오피아에서 전도하다 순교했다고 한다.

열두 제자 중 베드로와 야고보와 요한은 예수님께서 특별히 아끼셨다(마 17:1, 26:37, 막 5:37). 그중에서도 요한은 예수의 품에 의지하여 눕기도 할 정도였고(요 13:23), '예수의 사랑하시는 제자'라는 별명으로도 불렸다(요 13:23, 21:7, 21:20).

특별히 주의할 인물은 다음과 같다. 예수님의 육신의 첫째 동생인 야고보는 온유한 성격으로 야고보서의 저자이고 나중에 예루살렘총회 의장이 되었다. 그 외에도 예수님의 육신의 남동생들로 요셉, 시몬, 유다가 있었는데(마 13:55), 이 중 유다는 유다서의 저자이다. 또한 마가복음의 저자인 마가 요한, 누가복음과 사도행전의 저자인 의사 누가도 있다. 그러나 이분들은 모두 예수님의 열두 제자는 아니다. 레위 마태는 그의 아버지가 알패오임에 비추어 알패오의 아들 야고보와 형제라는 설이 있다고 한다.

성경의 족보

족보族譜의 사전적 의미는 '부계父系를 중심으로 혈연관계를 도표식으로 나타낸 한 종족의 계보系譜'라고 되어 있다. 족보는 귀한 것이다. 대홍수 때 살아남은 노아의 족보는 창세기 5장에 나오고, 믿음의 조상 아브라함의 족보는 창세기 11장에 나온다. 예수님의 족보는 마태복음 1장 1절 이하에도 나오고, 누가복음 3장 23절 이하에도 나온다. 예수님 족보에 대하여는 이런저런 말씀거리가 많다.

마태복음 1장 1절은 "아브라함과 다윗의 자손 예수 그리스도의 세계世系"라는 말씀부터 펼쳐진다. 이는 하나님께서 아브라함에게 "네 씨로 말미암아 천하 만민이 복을 얻으리니"라고 약속하셨는데 (창 22:18), 예수님께서 바로 이 약속을 성취하러 오신 아브라함의 자손이라는 걸 증거 하는 말씀이다. 또한 하나님께서 다윗에게 "네 집과 네 나라가 내 앞에서 영원히 보전되고 네 위가 영원히 견고하리라." 언약하셨는데(삼하 7:16), 예수님이 바로 그 언약을 성취하러 오신 다윗의 자손 메시아란 것을 증거 하는 것이다. 즉 유대인의 왕통에서 출생하였음을 보여주는 것이다. 실질적으로는 더 많은 조상들이 있으나 유대인들이 14대씩 세 번에 걸쳐 구분하여 외우느라 일부 조상은 생략하였으며, 구전에 의해 14대에 맞추다 보니, 다윗이 두 번 들어가 있다.

이에 반하여 누가복음 3장의 족보는 77대에 걸쳐 예수님의 실질적 족보를 쓴 것인데, 다윗 이하 세대의 사람들의 이름이 마태복음과는 많이 다르다. 어떤 학자는 마태복음의 족보는 아버지 요셉의 족보를 나타내고 누가복음의 족보는 어머니 마리아의 족보를 나타낸다고도 한다. 왜냐하면 누가복음 3장 23절에 "사람들의 아는 대로는 요셉의 아들이니"라는 의미심장한 말이 들어 있어 아버지 계통이 아닌 어머니 마리아 계통의 족보임을 나타낸다는 것이다. 요셉의 족보라면 굳이 그런 말을 쓸 필요가 없고 또 써서는 안 되는 것이기 때문이다.

다윗은 우리아의 아내였던 밧세바와의 사이에 네 명의 아들을 두었다. 시므아 소밥 나단 솔로몬이다(대상 3:5, 14:4). 다윗의 뒤를 잇는 사람이 마태복음의 족보에선 솔로몬으로 나오나, 누가복음에서는 나단으로 나오는 게 눈에 띈다. 어머니 마리아 계통의 족보라는 주장이 맞는 말일까. 지금도 이스라엘은 어머니가 유대인이면 이스라엘 국적을 주는 모계사회다. 어쨌든 부계든 모계든 어느 쪽으로든 예수님은 다윗의 자손이다.

누가복음의 족보는 그 끝이 "그 이상은 아담이요 그 이상은 하나님이시니라."라고 되어 있는데(눅 3:38), 하나님께서 직접 아담을 생산해 낳으실 수는 없으니 이 계보의 아담 부분에서는 영적인 의미로 조명하여야 한다. 즉, 이 말은 예수님이 세상에 죄를 가져온 첫째 아담의 후손으로서, 그 죄를 사하려고 두 번째 아담으로 오셨다는 걸 족보상으로 나타내 주는 것이라 하겠다(롬 5:12~21). 두 번째 아담은 하늘에서 나셨으니 우리가 두 번째 아담을 믿을 때 믿음의 자녀가 되어 하늘에 속한 자가 되고 하늘에 속한 이의 형상을 입는다고 하였으니(고전 15:47~49), 하늘나라 자손, 즉 천손天孫이 되는 것이다. 예수님을 믿을 때 그 족보는 곧 나의 족보가 되는 것이니 이 얼마나 영광스러운 일인가.

족보는 예나 지금이나 재미난 주제 중의 하나인 모양이다. 초대 교회 시절, 바울은 자기의 영적인 아들들 디모데와 디도에게 편지를 쓰면서 지나친 족보 이야기를 삼가게 했다. 그 당시 족보 이야기는 신화와 어리석은 변론과 함께 교인들을 달구었던 모양이다. 당시 유대인들은 자신을 이스라엘의 유명한 조상님들과 억지로 연결시킨 가공의 족보를 길게 만들어 냈다고 하는데, 이런 것들은 인간의 죄성罪性과 회개, 십자가의 보혈과 부활이라는 본질에 충실하기보다는 예수님의 성육신이나 몸의 부활을 부정하는 대신 하늘의 영적인 것의 신비성을 강조하며 신화와 족보를 중시했던 당시의 영지주의靈知主義의 영향 때문이었을 것이다.

"신화와 끝없는 족보에 착념치 말게 하려 함이라"(딤전 1:4)
"어리석은 변론과 족보 이야기와 분쟁과 율법에 대한 다툼을 피하라"(딛 3:9)

세상 족보도 귀하지만 믿는 이의 가정에 있어 진정한 족보는 세상의 혈육의 족보가 아닌 하늘나라 믿음의 족보다. 구한말 이 땅에 복음이 들어온 후, 진정한 명문 가문은 신앙의 명문 가문이기 때문이다. 자손을 믿음으로 잘 키운 집안은 손자와 아비가 하나같이 영화롭다. "손자는 노인의 면류관이요, 아비는 자식의 영화니라."(잠 17:6) 했듯이, 신앙이 이어지지 못할 때 명문가는 문을 닫는다.

여호수아의 죽음 후가 그러했다. 눈의 아들 여호수아는 에브라임 지파 사람이었다(민 13:8). 그는 모세와 함께 시내 산에 올라가 십계명 돌판을 받아 왔으며(출 24:13), 구약 여호수아의 상당 부분을 저술할 정도로 탁월하고 위대한 하나님의 종이었다. 죽음을 앞두고 이스라엘 모든 지파를 세겜에 모으고 이스라엘 장로들과 그 두령들과 재판장들과 유사(有司)들을 불러 여호와를 경외하라고 하면서 "오직 나와 내 집은 여호와를 섬기겠노라"는 유명한 선언을 단행한다.

"그러므로 이제는 여호와를 경외하며 성실과 진정으로 그를 섬길 것이라. 너희의 열조가 강 저편과 애굽에서 섬기던 신들을 제하여 버리고 여호와만 섬기라. 만일 여호와를 섬기는 것이 너희에게 좋지 않게 보이거든 너희 열조가 강 저편에서 섬기던 신이든지 혹 너희의 거하는 땅 아모리 사람의 신이든지 너희 섬길 자를 오늘날 택하라. 오직 나와 내 집은 여호와를 섬기겠노라."(수 24:14~15)

그러나 안타깝게도 그의 후손들은 이방신에 빠져들고 만다. 여호와의 종 눈의 아들 여호수아가 일백십 세에 죽으매 무리가 그의 기업의 경내 에브라임 산지 가아스 산 북 딤낫 헤레스에 장사하고 그 세대 사람도 다 그 열조에게로 돌아갔는데, 그 후 일어난 세대는 여호와를 알지 못하며 여호와께서 이스라엘을 위하여 행하신 일도 알지 못하고, 여호와의 목전에 악을 행하여 바알들을 섬기게 된다(삿 2:8~11). 물론 여호수아 사후 곧바로 그리된 건 아닐 터이다. 어느 정도는 여호와를 잘 섬기었을 것이라 추측된다. 그러나 세월이 흘렀을 때, 에브라임 지파 사람들은 여로보암을 주축으로 에브라임 산지에 세겜을 건축하고 두 금송아지를 만들어 하나는 벧엘에 하나는 단에 두며 제사를 지내다가(왕상 12:25~33) 나중에는 산당도 세움으로써 북이스라엘을 크게 기울어지게 한다. 여호와께선 그 일이 얼마나 가슴 아프셨는지 열왕기 상·하 기록에서 "이스라엘로 범죄케 한 느밧의 아들 여로보암의 죄"를 반복하셨다(왕상 22:52, 왕하 10:29, 13:2, 11, 14:24, 15:9, 18, 24, 28). 여로보암이 북이스라엘 역대 왕들의 죄의 모델로 거론되는 셈이었다. 그러니 한마디로 여호수아가 그토록 공들인 '오직 나와 내 집은 여호와를 섬기겠노라'던 드높은 가풍家風은 엉망이 되고 만 것이니 어찌 안타까운 일이 아닌가. 그 의기 있고 담대하게 하나님께 충성했던 여호수아로서는 자다가도 벌떡 일어날 일이다.

제사장 엘리와 선지자 사무엘의 가문은 어떠했을까. 이들은 마지막 사사士師였다. 사사士師는 이스라엘 백성을 가나안 땅으로 이

끈 여호수아 사후 B.C. 1390년경부터 이스라엘 초대 왕 사울이 등극한 B.C. 1050년경까지 약 340년간 이스라엘 백성의 군사 지도자 겸 백성을 지도하고 재판하는 최고의 권위자였다. 보통은 옷니엘부터 삼손까지 12명의 사사를 지칭하나 마지막 엘리와 사무엘까지도 사사로 보기도 한다.

엘리는 사십 년간 제사장직을 수행하며 애썼지만, 그의 두 아들 홉니와 비느하스는 불량자였다. 여호와 앞의 제물을 탈취하기도 했고, 회막 문에서 수종을 드는 여인과 동침하기도 했다. 하나님은 진노하셨고, 블레셋에게 하나님의 궤를 빼앗기는 날 그들의 목숨을 거두어가셨다(삼상 4:11).

"보라, 내가 네 팔과 네 조상의 집 팔을 끊어 네 집에 노인이 하나도 없게 하는 날이 이를지라."(삼상 2:31)

사무엘의 집안은 어찌 되었을까. 얼마나 위대한 선지자 사무엘이었던가. 그러나 그의 두 아들 요엘과 아비야는 브엘세바에서 사사가 되었음에도 아비의 행위를 따르지 아니하고 뇌물을 취하고 판결을 굽게 하였다(삼상 8:1~3). 급기야 이스라엘 모든 장로는 라마에 있는 사무엘에 나아가 사사가 된 당신의 두 아들의 통치는 못 받겠으니 열방과 같이 왕을 세워 다스려 달라고 항의 시위를 일으키고 만다(삼상 8:4~5) 한마디로 사무엘의 집안도 그 청렴하고 유능한 사무엘 후에는 끝나 버리고 만 것이다. 엘리나 사무엘의 노고를 생각하면 참으로 아쉬운 일이었지만 하나님의 법칙은 신앙의 책임과 결과는 각자에게 속한다는 것이다.

"범죄 하는 그 영혼은 죽을지라. 아들은 아비의 죄악을 담당치 아니 할 것이요, 아비는 아들의 죄악을 담당치 아니하리니 의인의 의도 자기 에게로 돌아가고 악인의 악도 자기에게로 돌아가리라."(겔 18:20, 同旨 마 16:27, 롬 2:6)

반면, 신앙의 명문가로 선 집안이 있으니 이방異邦 레갑 사람들의 집안이다. 레갑 족속은 아라비아나 미디안 광야에 살던 족속으로 원래 이스라엘 민족이 아니었다. 성경학자들은 그들은 모세의 장인 이드로가 겐 사람이고(삿 1:16), 장인 이드로의 아들 호밥이 떠나려는 걸 모세가 만류하여 함께 동행 하였던 점이나(민 10:31~33), 이스라엘 백성의 무리 가운데 겐 족속이 남아 있던 점(삼상 15:6, 30:29), 및 그 겐 사람이 레갑의 집에서 나왔다는 말씀(대상 2:55)에 의거하여 레갑 사람들은 이방인 출신이라고 단언한다. 이들은 본시 유목민으로서 목축에 종사하였는데, 서기관 족속들 중에 겐 족속 출신이 있었다는 점(대상 2:55)에 비추어 이방인임에도 여호와에 대한 신앙이 깊었던 거 같다.

이들 레갑 족은 열왕기상에 다시 등장한다. B.C. 841년경 예후가 범죄 한 아합의 집 사람들과 바알의 선지자들을 진멸할 때 레갑의 아들 여호나답은 예후를 도운 전장의 일등공신이었다. 예후가 사마리아로 떠날 때 함께 손을 잡고 병거에 오르는 영광도 누리게 된다(왕하 10:15~17). 이 여호나답이 요나답이다(왕하 10:15,렘 35:6 참조). 그러나 요나답은 보장된 출세의 길을 마다하고 물러나 그 자손들에게 포도주를 마시지 말라는 등 하나님 앞에 바르게 살 것만 당부하는 말을 남기게 되는데 그 당부는 무려 200여 년 넘게 자손들에 의해 지켜지고 있었다. 그걸 하나님께선 유다 여호야김 왕(재위 B.C. 609~B.C. 598) 때 선지자 예레미야를 통해 시험하셨으니 그들을 불러 포도주를 마시게 하라는 것이었다. 그러나 그들은 선조의 유산遺産 말씀을 들어 단연코 거부한다.

"내가 레갑 족속 사람들 앞에 포도주가 가득한 사발과 잔을 놓고 마시라 권하매 그들이 가로되 우리는 포도주를 마시지 아니하겠노라. 레갑의 아들 우리 선조 요나답이 우리에게 명하여 이르기를 너희와 너희 자손은 영영히 포도주를 마시지 말며 집도 짓지 말며 파종播種도 하지 말며 포도원도 재배치 말며 두지도 말고 너희 평생에 장막帳幕에 거처하라. 그리하면 너희의 우거寓居하는 땅에서 너희 생명이 길리라 하였으므로 우리가 레갑의 아들 우리 선조 요나답의 우리에게 명한 모든 말을 순종하여 우리와 우리 아내와 자녀가 평생에 포도주를 마시지 아니하며 거처할 집도 짓지 아니하며 포도원이나 밭이나 종자도 두지 아니하고 장막에 거처하여 우리 선조 요나답의 우리에게 명한 대로 다 준행하였노라."(렘 35:5~10)

어느 신학자의 말처럼, 레갑 자손들이 포도주를 마시지 않는 건 세속에 물들지 않는 경건의 삶을 살아가라는 것이요, 거처할 집을 짓지 않는 건 언제고 떠나 영원한 하늘나라만 사모하라는 것이요, 파종하지 말라는 건 이 땅의 재물에 욕심을 부리지 말라는 당부였다고 생각된다. 하나님께의 충성忠誠을 위해 경건敬虔과 절제節制와 성별聖別을 기치로 내건 레갑 가문이었다. 이런 가문의 믿음의 유산을 200여 년 넘게 지켜온 저들을 하나님께선 크게 복을 주셨다.

"그러므로 나 만군의 여호와 이스라엘의 하나님이 이같이 말하노라. 레갑의 아들 요나답에게서 내 앞에 설 사람이 영영히 끊어지지 아니하리라."(렘 35:19)

족보로 표징表徵되는 명문가는 이루기 쉽지 않다. 오랜 세월 많은 후손들의 부단한 노력 끝에 이루어지는 것이며, 지키기는 더욱 어려운 법이다. 세상의 명문도 지키기 어렵지만 세상 족보와는 비교할 수 없이 귀한 것은 신앙의 족보다. 오로지 하나님 중심의 가훈 가법家訓家法 하나로 신앙의 뼈대 있는 명문가名門家를 세우고 3대, 4대, 5대, 자자손손 천대까지 지켜가는 것, 그건 예수님 믿는 분들의 소명이자 축복이라 하겠다.

베드로의 도망 심리

시몬 베드로는 예수님의 수제자이다. 갈릴리 어부로 생활하다가 예수님이 부르시자 모든 것을 버려두고 예수님을 좇았고, 열정적인 제자와 사도의 삶을 살다가 A.D. 67년경 로마 네로 황제 때 십자가에 거꾸로 매달려 순교하신 분이다. 예수님이 제자들에게 너희는 나를 누구라 하느냐 물으셨을 때 "주는 그리스도시요 살아계신 하나님의 아들이시니이다."(마 16:16)라고 대답하여 예수님께서 복이 있다고 칭찬하신 사람이 바로 베드로다. 거친 풍랑 위를 걷고 오시는 예수님을 보고 자기도 걷게 해달라고 한 후, 풍덩 바다로 뛰어들어 걸을 정도로 예수님에게 푹 빠진 열혈한熱血漢이었다. 그분을 보노라면, 마치 카잔차키스의 유명한 소설 『그리스인 조르바』에 나오는 호쾌하고 거침없는 조르바 같은 분이라는 느낌을 받는다. 믿음 하나에 온 몸을 걸고 충성하며, 적극적으로 부딪히며 살아가는 정력과 의지가 과연 수제자다운 분이다.

그러나 예수님이 수난을 위해 붙잡히신 후 대제사장의 집 뜰로 끌려가셨을 때 그때 날씨가 추워 종과 하속下屬들이 뜰 가운데 숯불을 피우고 쬐고 있었는데, 이때 베드로도 함께 불을 쬐었다. 그런데 누가복음에서는 앉아서 쬐었다고 두 번씩이나 기록되어 있고, 요한복음에서는 서서 쬐었다고 역시 두 번씩이나 기록되어 있다.

"사람들이 뜰 가운데 불을 피우고 함께 앉았는지라 베드로도 그 가운데 앉았더니 한 비자婢子가 베드로의 불빛을 향하여 앉은 것을 보고 주목하여 가로되 이 사람도 그와 함께 있었느니라 하니"(눅 22:55~56)
"그때가 추운고로 종과 하속들이 숯불을 피우고 서서 쬐니 베드로도 함께 서서 쬐더라."(요 18:18)

그러면 과연 베드로는 앉아서 불을 쬐었나 서서 쬐었나. 마태복음, 마가복음에서는 앉아서 쬐었는지 서서 쬐었는지가 기재되어 있지 않다. 누가복음은 평소 세심하게 관찰하는 습관을 가진 의사 누가가 기록한 것이고, 요한복음은 전통적 학설에 의하면 그때 베드로와 함께 대제사장 뜰에 들어간 또 다른 제자가 바로 요한이라 하니, 요한 자신이 바로 베드로 곁에서 함께 불을 쬐면서 기록한 것이라 할 수 있다. 그러니 누구의 기록이 틀렸다고 말하기가 어려운 지경이다. 통상 사람들은 불을 쬘 때 처음엔 서서 쬐다가 다리가 아프거나 오래 있어야 할 것 같으면 주저앉게 되어 있다. 그러나 여차해서 도망가야 할지도 모른다고 생각하면 마음이 불안하여 다시 일어설 것이고, 그래도 도망갈 상황이 아니라고 판단하면 다시 앉을 것이다. 이렇게 앉고 서고를 반복할 것이다.

베드로도 이와 같지 않았을까. 예수님을 안 따라 가자니 죄송하고, 따라 가자니 함께 붙들려 처벌받을까 두려웠을 것이다. 그러니 엉거주춤 바지 끈이 풀린 것처럼 따라가는 건지 마는 건지, 따라가긴 하되 저만치 멀리 떨어져 따라가는 것이다. 성경이 이를 보여주고 있다.

"베드로가 멀찍이 따라 가니라."(눅 22:54)

베드로는 대제사장 집에 갔어도 처음엔 아래 뜰바깥뜰에 있었다. 좌불안석이었을 것이다. 그러다 요한이 품꾼을 둘 정도의 부유한 아버지 세베대(막 1:20)와 대제사장 아론의 자손인 어머니 살로메(마 20:20, 눅 1:5,36, 요 19:25)의 아들이라는 것 때문에 대제사장과는 평소 아는 사람이었으므로(요 18:15), 그 집 문 지키는 여자에게 말을 해주어 앞뜰로 나아가게 되었다(요 18:16). 도망가기가 더 어려워진 셈이다. 특히 예수님을 모른다고 처음 부인한 건 아래 뜰에서였고, 두 번째 부인한 건 앞뜰에서였다. 붙잡혀 들어가신 예수님 걱정은 저 멀리 달아나 있었을 것이다.

얼마나 불안하였을까. 그 당당하고 산전수전 다 겪고 나이도 들었을 베드로가 어린 계집종 앞에서 모른다고 발을 뺐으니, 얼마나 불안하고 겁먹었는지 충분히 짐작할 수 있다. 여차하면 도망가려는 베드로의 불안한 심리를 알 수 있을 것 같다. 특히 마가복음에서는 다른 복음과는 달리 "닭이 두 번 울기 전에 네가 세 번 나를 부인하리라."고 말씀하신 것과 "닭이 곧 두 번째 울더라."(막 14:30,72)라고 자세히 기록할 정도인데도, 베드로가 앉아서 쬐었는지 서서 쬐었는지를 기록하지 않을 걸 보면 앉았다 섰다를 반복했거나, 불 주위를 조금 서성이며 배회했거나, 아니면 큰 의미가 없어서 그랬던 것처럼 보인다.

서서 쬐든 앉아서 쬐든 무슨 의미가 있을까. 중요한 건 베드로의 마음이다. 베드로는 여차하면 도망갈 생각을 하고 있었다. 그러다 마침내 닭이 울자, 베드로는 예수님이 하신 말씀이 기억났고, 어린 계집종 앞에서 부인한 자신이 서글펐고, 예수님을 버려두고 자기 살 길을 찾아 도망갈 궁리만 하던 자신이 부끄러웠을 것이고, 세 번째 부인할 때는 저주하며 맹세까지 하면서 부인한 자신이 한없이 미워졌을 것이다. 마태복음과 누가복음에서는 '밖에 나가 심히 통곡 하니라'로 되어 있다. 베드로의 회심悔心이 깊어지는 순간이었다.

우리들은 어떨까. '좁은 문으로 들어가라, 자기 십자가를 지라.'고 매일 배우지만, 늘 마음은 바깥뜰에서 서성이는 건 아닐까. 한 발은 뜰 안쪽에 예수님과 함께 서 있고, 한 발은 뜰 바깥쪽에 세상과 함께 서 있는 건 아닐까. 베드로의 도망 심리, 베드로의 통곡이 우리에게 시사 해주는 바 적지 않은 것이다.

그러나 한편으론 베드로의 행태를 보면서 역설적으로 위안을 얻게 된다. 베드로는 그렇듯 흔들리고 있었다. 모든 것을 버려두고 예수님을 좇았던 베드로, '주는 그리스도시요 살아계신 하나님의 아들'이라고 자신 있게 고백했던 베드로, 한밤중 풍랑 이는 바닷물에 풍덩 뛰어들어 예수님께 걸어갔던 베드로, 3년이나 예수님을 따라다니며 숱한 기적을 체험하고 말씀을 들었던 베드로, 사탄이 밀 까부르듯 청구할 때 예수님의 중보기도까지 받았던 베드로, 그 위대한 베드로도 한때는 이렇듯 도망갈 궁리나 하고 있었는데, 하물며 우리같이 연약하고 보잘것없는 믿음을 가진 사람도 전혀 희망이 없는 건 아니라고 변명하고 싶은 것이다.

그렇게 흔들렸던 그가 성령의 충만함을 받은 후 설교에 나서 한 번에 삼천 명, 오천 명씩 회심케 하는 놀라운 역사를 일으키고(행 2:38, 4:4), 죽은 다비다도 살려냈으니(행 9:40) 우리도 성령님만 받으면 강한 믿음을 가질 수 있겠다는 소망을 갖게 되는 것이다. 이천 년 전 베드로의 흔들림은 곧 지금 우리의 흔들림이지만 그 후 베드로의 믿음 승리의 역사 또한 우리 장래의 믿음 승리의 가능성을 보여주는 것이니, 열정의 베드로는 이제나 저제나 우리에게 용기를 주고 있다.

득도달관과 사도 바울

도를 깨치고 세속의 것에 아무 구애됨이 없이 혼연히 세상의 것들을 바라볼 수 있는 경지를 득도달관得道達觀이라 할 수 있을 것이다. 그게 가능한 것일까. 세월이 흐르면 누구나 소욕所欲도 많이 누그러져 어쭙잖은 달관의 경지에 약간은 다가설 수 있을 것이나 그래도 부귀영화와 수복강녕壽福康寧의 미련은 남아 있을 것이다. 다만 중년이나 노년에 이르면 출신 성분도, 생김새도, 재주도, 부모님 덕도 별로 달라질 게 없고, 배움도 지식도 재복도 다 드러나 이제는 크게 요동칠 일도 없겠으니 보통은 팔자타령이나 운수소관을 이야기하며 그럭저럭 남은 인생 건강하게 살다가 평안히 가는 것 정도를 평범한 사람들의 득도달관이라 말할 것 같다.

달관達觀의 사전적 의미는 사소한 사물이나 일에 얽매이지 않고 세속을 벗어난 활달한 식견이나 인생관에 이르는 것이니 높은 정신적 경지를 말하는 것이라 하겠다. 달관은 초월하는 것이다. 비슷한 말로 관조觀照라는 말이 있는데 이는 서정적 자아로 초연한 심정이 되어 사물을 고요하고 그윽하게 바라보는 것이니 달관과는 거울의 안과 밖이라고 해야 할지 모르겠다. 박목월 선생님의 '청노루'나 '나그네'가 대표적 관조의 시가 아닌가 싶다. 달관이든 초월이든 관조든 하나같이 인생의 깊이와 품격을 높이는 격상格尙의 말들이다.

과연 인생을 달관할 수 있을까. 하늘에서 내리는 한 조각 눈도 자기가 앉을 자리를 찾아서 앉는다고 하는데 초연한 마음으로 세상을 바라볼 수 있을까. 평생을 욕심내며 허우적거리고 치열하게 살았는데 이제 갑자기 수그러져 안분지족의 마음이 되어 평강을 찾는다는 게 쉬운 일일까. 그러나 시간의 무상함은 사람도 바꿔놓는 것이요 온갖 세상의 것에 대해 듣고 경험하고 느낀 것들을 도청도설道聽塗說하지 않고, 묵이지지黙而識之를 계속한다면 세상 보는 눈이 달라져 득도달관의 경지에 발을 살짝 디뎌 놓을 수 있을 것인가.

득도달관에 가까울 수 있는 사람은 부유한 사람보다는 오히려 시름 걱정으로 고달프게 한세상 살아온 사람일 것이다. 그런 사람일수록 세상을 보는 눈이 어둡고 비관적일 수도 있지만, 그런 처지로 작게 든 크게 든 끝내 세상을 이겨 보거나 일찍 욕심을 포기해 본 사람은 세상에 대해 혜안慧眼을 얻게 되니, 이른바 찬란한 슬픔을 겪은 분들이기 때문이다. 이런 분들은 세상을 보는 시야와 식견이 다르며 통달의 마음과 대범함을 얻을 수 있다. 특히 어려서부터 이런 고초와 간난을 겪은 사람들은 적수공권赤手空拳으로 세상에 왔으니 언제고 초연히 죽장망혜竹杖芒鞋의 차림으로 세상을 뜰 수도 있다고 생각한다. 달관의 심경일 거다.

득도를 하되 누구의 것을 득도할 것인가도 중요하다. 세상의 것을 득도하면 세상득도에 그치지만, 하늘의 것을 득도하면 천도天道를 득도하는 셈이 된다. 기왕이면 하늘의 것이 낫지 않겠는가. 세상득도는 득도라고 해도 낮은 득도인 것이요 천도 득도天道得道가 참 득도라 할 수 있다. 사람은 누구를 상대하느냐에 따라 그 크기가 달라지는 법이다. 대통령이나 장관, 재벌가, 대학 총장도 좋겠지만 하나님을 상대하면 어떨까. 그러면 하늘만큼 커지지 않겠는가. 하나님의 세계를 득도하면 어떠할까. 이 땅에 태어나 예수님을 만나 그리스도의 구원의 도를 깨닫고 온전히 바쳐지는 삶을 살게 되었다면 이를 가리켜 '천국의 도를 깨닫고 달관하게 되었다'라고 말하면 어떠할까. 이른바 천도의 득도달관得道達觀이다. 하늘나라가 무엇이며 왜 이 인생이 시작되었고 인생을 살아가며 겪는 고난과 슬픔의 의미는 무엇이며 인생의 행복과 보람과 가치는 무엇인가를 깨닫는 게 득도달관이 아닐까 생각해 본다.

"우리가 담대하여 원하는 바는 차라리 몸을 떠나 주와 함께 거하는 그것이라. 그런즉 우리는 거하든지 떠나든지 주를 기쁘시게 하는 자 되기를 힘쓰노라."(고후 5:8~9)

하늘의 득도는 무엇일까. 득도라 해도 세상의 득도보다는 천도의 득도가 지고至高한 것이다. 나그네와 같은 인생을 표표히 살아가겠다는 건 세속의 욕심에 찌든 거에 비해서는 고매한 것이지만,

그래도 천도의 득도에 비견될 수는 없는 일이다. 하늘의 득도는 한 마디로 하나님의 나라가 무엇인지를 알고, 하나님의 나라에 가는 삶을 추구하다가 마침내 하나님의 나라에 가는 것이다. "하나님의 나라는 너희 안에 있느니라."(눅 17:21)라고 했으니 하나님의 나라는 너희 안, 즉 너희 가운데(NASB성경으론 in your midst, NIV 및 GNT성경으론 within you, NLT성경으론 among you) 있다는 것이다. 즉 하나님의 나라의 본체이신 예수님이 너희 가운데 있으니 이를 믿고 그 사랑을 너희 가운데서 나누며 서로 사랑하면 사랑의 하늘나라가 너희 가운데 있게 되고, 그러면 하나님의 나라가 너희 안에 있다는 말이다. 그렇게 사랑의 예수님과 나 자신과 믿음의 공동체가 함께 어우러지면 그게 바로 천국天國이요, 의와 평강과 희락이 넘칠 것이며(롬 14:17), 뜻이 땅에서도 이루어지는 게 될 것이다(마 6:10). 그러고는 약속대로 예수님 가신 하늘나라에 올리우는 것이다. "주 예수께서 말씀을 마치신 후에 하늘로 올리우사 하나님 우편에 앉으시니라."(막 16:19). 이는 곧 세상만물이 주님에게서 나오고 주님으로 말미암고 주님에게로 돌아간다는 말씀에도 합치된다(롬 11:36).

그런 천도의 득도를 위해서는 첫째는 육체의 소욕과 물질과 세상의 욕망과 같은 이 땅의 것들을 뛰어넘고(골 3:2,5), 둘째는 세상의 지성인이 추구하는 정신과 자아와 이상과 이데아의 세계 같은 높은 정신적 경지도 뛰어넘고(눅 9:23, 갈 2:20), 셋째는 심지어 마귀 사탄과 방언과 천사의 말과 예언과 영계의 비밀 같은 영적인 것들도 뛰어넘어야 한다(고전 13:8). 그 너머 정상에 영원한 하늘나라와 사랑이

기다리고 있으며 하나님만이 영원불변 무궁하시기 때문에(시 90:2, 102:12, 히 13:8) 거기에 이르러야 마침내 인생의 목적을 득한 것이다. 그러므로 첫째의 땅에 있는 것이나 둘째의 정신세계에 있는 것이 인생의 전부인 양 살아가는 건 아직도 낮은 차원의 세계에 있는 것이다. 영혼을 거슬러 싸우는 육체의 정욕을 제어하라고 했으니(벧전 2:11) 첫째보다는 둘째가 차원이 높은 건 사실일 것이다.

둘째의 정신세계에 계신 분들은 저차원이란 말을 수긍치 못할 수도 있다. 자신들은 속된 물질의 것들을 뛰어넘고 형이상학의 높은 차원에서 심신을 수련하며 고매한 경지인 부동심不動心, 안심입명安心立命, 관상觀想 등에까지 이르렀다는 자부심도 가졌을 것이다. 온갖 사회 문화 현상을 이해함에 있어 자신들은 물질과 기술을 넘어 가치와 규범, 관념과 예술과 정신에서 달통하였다는 자긍심을 가졌을 것이다. 물론 범인凡人은 이룰 수 없는 드높은 경지에 들어선 것만은 틀림없고 대단한 일이다. 그러나 그건 자기 노력으로 이룬 자기 의義일 뿐, 그것으로 생명生命을 얻을 순 없다. 생명은 하나님께서 성령의 호흡을 불어 넣으시면서 시작된 영계의 일이기 때문에 정신세계의 것으론 어떤 경우에도 생명의 득도와 유지가 원초적으로 불가능하다는 것이다.

또한 셋째의 영적 세계도 초월해야 한다. 인간이 갖는 한계적限界的 상황의 영적 세계는 종국점이 아니기 때문이다. 초월해야 한다는 말은 거기에 매여 자랑하거나 거기에 못미처 우매하지 않아야 한다는 말이다. 영적인 세계의 판단에 있어 좌로나 우로나 치우치지 말아야 한다(수 1:7, 왕하 22:2, 잠 4:27). 영의 세계는 신비하게 감춰진 것이 많으며 신령하지 않으면 잘 알기 어려운 법인데 조금 안다고 찰랑거리며 자랑하는 건 교만한 일이요, 반면에 영적으로 무지하다고 겁을 먹고 도피하거나 남의 말에 미혹되는 건 위험한 일이다. 영적 우월주의나 영적 우매에 빠지게 되면 곧 사탄의 장난질로 신비주의나 이단의 교훈에 흘러 자칫 잘못되기 십상이니(딤전 4:1), 초대교회 시절 영지주의 등 많은 이단사설異端邪說이 신자들을 혼미케 한 것을 생각하면 쉽게 이해할 수 있다. 그래서 예언 등의 은사도 부분적으로만 주시며(고전 13:9), 삼층천을 보여준 사도 바울에게는 너무 자고하지 않도록 가시를 주셨다(고후 12:7~9). 충만하신 성령님 앞에서 겸허하게 낮아져야 신령한 분별력을 갖게 되고(고전 2:13~15) 초극超克할 수 있다.

예컨대, 고린도 교회의 경우를 보면 방언, 예언, 통역, 신유, 구제, 가르침, 지식 등 많은 은사를 받은 사람들이 오히려 분열 경쟁하며 시끄럽게 분쟁하는 등 꽤 잡음이 일었음을 알 수 있는데(고전 12장~14장) 이런 차원을 벗어나야 한다는 말이다. 이런 영적 은사 자체도 온전치 않은 부분적이고 희미한 것이며(고전 13:9, 10, 12), 종국엔 다 폐하고 그치는 것이다(고전 13:8). 은사로 얼마나 시끄러웠으면 사도 바울이 사랑의 위대함을 길게 강조하면서 무슨 은사든 사랑으로 하지 않으면 소용없다고 말씀하면서(고전 13:1~8), 은사들을 적당하게 하고 질서대로 하라고 타일렀겠는가(고전 14:40). 그러니 사랑으로 모든 영적인 문제를 다 뛰어넘으라는 말이다. 사랑은 겸손하여 온유하며 자랑하지 않기 때문이다.

또한 첫째의 땅에 있는 것이나 둘째의 정신세계에 있는 걸 뛰어넘어야 함은 그것 자체가 나쁘기 때문이 아니라 그것들이 원죄의 결과로 사망을 들여왔고 악의 행태가 남아 있기에 극복하여야 하기 때문이다. 사도 바울이 2차 전도여행 중인 A.D. 51년경 최고의 지성과 철학의 도시 아테네에 가서 복음을 선포하였음에도 말쟁이 소리를 듣고 기롱譏弄을 받았던 것을 보면(행 17:16~33) 뛰어난 정신세계의 것도 예수 생명과는 전혀 무관함을 알 수 있지 않은가. 땅에 있는 지체를 죽이고 자기를 부인하며, 위엣 것을 생각하고 땅엣 것을 생각하지 말라는 말씀도 다 그런 이유에서이다(골 3:5,2, 눅 9:23).

그렇다고 육신이나 자아의 생각이 모두 죄 덩어리라는 생각은 잘못된 것이다. 아마 이는 육체와 욕망을 죄악시한 헬라철학의 영향도 있었을 것이다. 육체며 자아의 생각은 원래 하나님께서 지으실 때는 고귀한 것이고 아름다운 것이었다. 창조주께서 졸작拙作을 내놓으실리 없으신 것이다. 얼마나 육신이 아름다우면 숱한 미술가 조각가 사진사 행위예술가들이 이를 수천 년 이상 지금까지 그려내고 있는가. 그 육체며 자아의 생각하는 마음도 다 하나님께서 원래 지으신 것이다. 하나님께선 사람을 자신의 형상에 따라 지으시고 복을 주시고(창 1:28), 보시기에 심히 좋았더라고 감탄하셨다(창 1:31).

육체의 부활도 지금 가진 육체의 부활인 것이니 나중 어떻게 변화되는 것인지 구체적으론 몰라도 분명한 것은 육의 몸이 있은즉 영의 몸도 있으며, 썩지 아니할 것, 영광스러운 것, 강한 것, 신령한 몸으로 부활한다고 하셨고(고전 15:42~44), 또한 말세에 하나님께서 거룩하신 성령을 모든 육체에 부어주시겠다고 하셨을 정도니(욜 2:28, 행 2:17) 지금의 육체가 더럽다고 치부하는 건 잘못된 일이다. 바울도 "몸을 상해하는 일을 삼가라."(빌 3:2)라고 교훈하였으며, 엘리야시대 바알과 아세라의 선지자들이 칼과 창으로 피가 흐르기까지 자기들의 몸을 자해한 것을 보면(왕상 18:28), 육신을 학대하는 건 몹쓸 일이다. 자살은 더욱 나쁜 것임은 말할 필요가 없다. 육체를 소중히 아낄 줄 알아야 성경에 맞는 것이다.

또한 마음과 뜻과 정성을 다하여 하나님을 섬기라고 하셨으니(막 12:30), 원래의 자아의 의식과 생각 자체도 나쁜 게 아니다. 다만 원죄로 물들기 시작한 이후 마귀의 자식이 되었고(요 8:44), 마음의 생각이 항상 악하게 되었기에(창 6:5, 8:21), 이후로 사람들은 육신의 정욕과 안목의 정욕과 이생의 자랑 속에서 살기를 원하였던 것이다. 하나님께선 그 죄로 물든 육신과 함께 자아의 생각도 다 씻으시고 회복시키고자 하시는 것이다. 회복의 복음을 주신 것이다. 그래서 "보라, 내가 만물을 새롭게 하노라."(계 21:5) 선언하셨고, 우리에겐 "너희는 이 세대를 본받지 말고 오직 마음을 새롭게 함으로 변화를 받아"(롬 12:2)라고 당부하셨다. 그러니 원죄로 인한 것들을 버리고 새것으로 거듭나는 게 필요한 것이다.

"이는 세상에 있는 모든 것이 육신의 정욕과 안목의 정욕과 이생의 자랑이니 다 아버지께로 좇아 온 것이 아니요, 세상으로 좇아 온 것이라. 이 세상도 그 정욕도 지나가되 오직 하나님의 뜻을 행하는 이는 영원히 거하느니라."(요일 2:16)

그러기에 중세 한때 그 난해한 철학조차도 신학의 시녀로 여겨졌을 만큼 신학神學은 학문의 최고봉이었다. 아무리 심오한 철학적 사유思惟도 생명의 구원을 얻을 순 없는 것이니 그런 것들을 벗어나 예수 사랑의 삶, 즉 사랑으로 체화되어 예수님처럼 하늘로 올리우는 삶을 숭상崇尙하는 것이 천도를 득도하는 삶인 것이다. 그 도는 오로지 성령님의 도움으로만 이룰 수 있으니(살전 1:6, 히 6:1~2), 사람의 지혜로는 얻을 수 없다(고전 2:4~5). "너희는 많은 환난 가운데서 성령의 기쁨으로 도道를 받아 우리와 주를 본받은 자가 되었으니"(살전 1:6), "그리스도 도道의 초보를 버리고…완전한 데 나아가라."(히 6:1~2)라는 말씀이 있지 않은가.

하늘의 도를 득하고 달관하신 분은 솔로몬이 으뜸일 것 같다. 솔로몬은 젊을 때 사랑의 아가雅歌서를 지었고, 중년에 지혜의 잠언箴言을 썼으며 노년에 인생의 전도서傳道書를 썼다고 한다. 전무후무한 지혜자로 세상의 온갖 부귀영화와 권세를 누린 솔로몬(대하 1:12)이 나이 들어서 쓴 전도서에는 주옥같은 인생의 교훈들이 담겨져 있으니 이것만 잘 읽어도 득도달관을 하는 데 큰 도움이 된다.

"바람의 길이 어떠함과 아이 밴 자의 태에서 뼈가 어떻게 자라는 것을 네가 알지 못함같이 만사를 성취하시는 하나님의 일을 네가 알지 못하느니라."(전 11:5)

"일의 결국을 다 들었으니 하나님을 경외하고 그 명령을 지킬지어다. 이것이 사람의 본분이니라."(전 12:13)

득도달관의 경지를 나타낸 말 중에선 사도 바울의 고백이 백미白眉일 것이다. 그의 일생은 파란만장하였다. 바울은 A.D. 1년경 유대인으로 길리기아(지금의 터키 동남쪽) 다소에서 태어났다(행 22:3). 학자들에 따라선 그의 출생년도가 A.D. 5년 또는 A.D. 9년이라 하기도 하고, 천주교에서는 A.D. 8년이라며 2008년이 그의 탄생 2,000주년이라고 했다지만 아무도 정확한 연도를 모른다. 다만 스데반 집사가 A.D. 32년경 돌에 맞아 순교할 때 증인들이 옷을 벗어 사울이라 하는 청년의 발 앞에 두었다는 기록을 보면(행 7:58) 그때 증인들의 옷을 자신의 발 앞에 두게 했던 만큼의 비중을 생각해 보면 결코 작은 나이는 아니었을 것 같다. 베냐민 지파인 그는 태어난 지 8일 만에 할례를 받고 정통 유대 바리새인으로서 율법의 의로도 흠이 없었으며, 명문 가말리엘 문하에서 엄하게 교육 받았고, 로마 시민권도 가졌다(빌 3:5~6, 행 22:3, 행 22:25).

예수 믿는 사람을 극도로 핍박하다가 다메섹 도상에서 예수님을 만나 변화된 후 이제는 도리어 박해를 받는 입장이 되어 고향 다소로 피신을 가 거의 10년 가까이, 즉 A.D. 36~44년 동안 예수님의 도를 공부하였던 것 같다. 그 몇 년간 바울은 시내 산이 있는 아라비아에도 갔었고(갈 1:17, 4:25) 수리아와 길리기야 지방에도 있었지만(갈 1:21) 자세한 행적은 알 길이 없다. 이 동안에 바울은 직접 계시를 받고(갈 1:12) 자신이 훤하였던 구약에 비추어 가며 신약 복음의 체계를 세우는 공부를 독학한 것으로 보이며, 이때 삼층천三層天 경험도 하게 된다.

그런 이후 자신을 데리러 온 바나바와 함께 A.D. 45년 안디옥 교회에서 공동 목회의 사역을 시작하고(행 11:26), 제1차(A.D. 46~48), 제2차(A.D. 50~52), 제3차(A.D. 52~57) 전도여행 후 가이사랴의 옥중 생활을 거쳐 로마행 압송까지 이르면서 사방으로 우겨쌈을 당하고 핍박을 받고 거꾸러뜨림을 당하였으며(고후 4:8~9), 유대인들에게 사십에 하나 감한 매를 다섯 번이나 맞고, 세 번 태장으로 맞고, 한 번 돌로 맞고, 세 번 파선당하여 일주야를 깊음에서 지냈으며 여러 번 전도여행에 강과 강도와 동족과 이방인과 시내와 광야와 바다와 거짓 형제의 위험을 당하고 수고하며 애쓰고 여러 번 자지 못하고 주리며 목마르고 여러 번 굶고 춥고 헐벗게 지내는 극한 고난을 겪었다(고후 11:24~27). 또한 그는 천막 장사로 스스로 먹을 것을 충당했으며(행 18:3), 옥에 오랫동안 간히면서도 추운 겨울 입을 옷이 없어 드로아 가보의 집에 둔 겉옷을 가져오라고 당부했던(딤후 4:13), 그 바울이었다.

그뿐이 아니다. 바울은 독신으로 지냈으니 육신의 운우지정雲雨之情의 낙이나 혈연적 가족의 기쁨도 없었다. 디모데와 디도라는 영적인 참 아들만 두었을 뿐이다(딤전 1:2, 딛 1:4). 바울은 또한 육체에 가시가 있어 예수님께 세 번이나 간구할 정도로 늘 고통을 받고 있었으며(고후 12:7~8), 몸은 약하고 말은 시원치 않아 볼품이 없고 말 재주가 없었으며 겉으론 졸렬한 인상이었다(고후 10:10, 고후 11:6). 외경 인 '바울과 테크라 행전'에 바울의 외모가 나오고 있는데 그는 키 가 작고 대머리였으며 다리가 굽고 골격이 다부지고 눈썹이 서로 맞붙고 콧날은 약간 굽고 표정은 온아함이 넘쳐 때로는 인간 같고 때로는 천사 같아 보였다라고 한다. 요즘 시쳇말로 루저loser라고 할 지 모르겠다.

그런 약점에 사람을 대면하면 겁쟁이고 비겁하였으며(고후 10:1, 현대 인의 성경), "내가 너희 가운데 거할 때에 약하며 두려워하며 심히 떨 었노라"(고전 2:3)라고 말할 정도였으니 어찌 보면 그는 대인공포증對 人恐怖症 같은 건 없으셨나 모르겠다. 그러나 공포증이라고 하기보 다는 과연 자신의 나약함으로 인해 십자가 복음을 잘 전달할 수 있을까 하는 노심초사의 마음이었다고 말하는 게 더 정확한 말일 것이다. 이는 그가 에베소 교인들에게 자기를 위하여 복음의 비밀 과 당연히 해야 할 말들을 담대하게 말할 수 있도록 기도를 부탁 한 것으로 미뤄 짐작할 수 있다(엡 6:19~20). 물론 그는 성령의 나타 나심과 능력과 담대함으로 이를 잘 극복하였다(고전 2:4, 고후 5:8, 10:1).

그런 그는 A.D. 42년경(A.D. 56~57년경 고린도 후서를 썼는데 고후 12:2에서 14 년 전의 일이라고 기록하고 있어 이로 미루어 추정함) 즉, 그의 나이 42세 또는 30 대 중후반쯤 셋째 하늘에 이끌려 가는 영적 신비를 체험하게 된다

(고후 12:2). 그 영적 신비 체험 후 그의 신앙은 더욱 완벽해졌을 것이다. 여기서 혹 안 믿는 분들 중, 셋째 하늘이라 하여 이를 허황된 말이나 황당한 것으로 이해하시는 분이 계실지 몰라 첨언한다면, 셋째 하늘은 삼층천을 가리킴이니 하늘과 하늘들의 하늘을 말하는 것이다(왕상 8:27, 대하 2:6). 세 겹 층의 하늘이라는 것인데, 이는 이미 솔로몬이 하나님의 성전을 지을 때 예시하신 것이니 셋째 하늘에 올라가 하나님의 영적 세계를 체험하였다는 건 전혀 이상한 일이 아니다.

"중층 골방의 문은 전殿 오른편에 있는데 나사 모양 사닥다리로 말미암아 하층에서 중층에 오르고 중층에서 제삼 층에 오르게 하였더라."(왕상 6:8)

그러나 바울의 위대성은 바리새 귀족 집안의 출신으로 교육을 많이 받은 것이나 신체적 약점의 극복 또는 고난을 많이 받고 영적 신비를 체험한 데 있는 게 아니다. 그의 진정한 위대성은 예수 그리스도에의 전폭적 몰입에 있다. 그는 전심전력의 열정으로 오직 예수 그리스도만을 위하여 모든 걸 배설물처럼 여긴 분이었다(빌 3:8). 그는 그리스도의 남은 고난을 그의 몸 된 교회를 위하여 자기 육체에 채운다고 했고(골 1:24), 항상 예수의 죽으심을 몸에 짊어지고 산다는 분이었다(고후 4:10).

"내가 너희 중에서 예수 그리스도와 그의 십자가에 못 박히신 것 외에는 아무것도 알지 아니하기로 작정하였음이라."(고전 2:2)

"내가 그리스도와 함께 십자가에 못 박혔나니 그런즉 이제는 내가 산 것이 아니요, 오직 내 안에 그리스도께서 사신 것이라."(갈 2:20)

얼마나 위대한 열정의 몰입인가. 그의 전 인생이 예수님께 몰입되었다. 삼층천의 영적 신비에서 말할 수 없는 말을 들었으나 일절 드러내지 아니하면서 10년 가까이 공부와 사역에 몰입하였고, 하늘의 도道와 신앙적 연륜이 깊어지게 되자, A.D. 49년경 비로소 13권의 성경을 써 내려가기 시작한다. 갈라디아서를 시작으로 데살로니가 전·후서, 고린도 전·후서, 로마서, 골로새서, 빌레몬서, 에베소서, 빌립보서, 디모데전서, 디도서 그리고 최후로 쓴 디모데후서가 그것이다. 히브리서도 디도서 후에 쓴 바울의 저작이라는 설이 있다.

특히 로마서는 제3차 전도여행이 끝날 무렵인 A.D. 57년 봄, 고린도에서 3개월을 머무르면서 로마교회(A.D. 44년경 베드로에 의해 세워졌다고 함)의 이방인 그리스도인들을 위해 쓴 글로서, 약속의 선민이 아닌 이방인들에게 어떻게 이신칭의以信稱義가 적용될 수 있는지를 설명한 것으로 보석 중의 보석이요, 성경의 다이아몬드라고 불릴 만큼 복음의 진리를 체계적으로 서술한 조직신학 교과서라 할 수 있다.

교리의 핵심을 짚고 뼈대를 세운 로마서를 쓴 후에는 체포되어

로마에 이르고 가택 연금이 되면서 몇 년간은 저서의 공백 기간이 있었으니 이는 모든 영적 노고를 감안하시는 주님의 은혜라고 하겠다. 그 후 다시 골로새서·빌레몬서·에베소서·빌립보서 등을 써 내려간 것인데, 그의 인생 후년에 쓴 빌립보서와 디모데전서에서 고백하는 말은 가히 천도달관天道達觀의 경지였다고 말할 수 있을 것이다. 그리고 드디어 67년경 박해 때 도끼로 참수되어 순교하셨다고 전해지는 그런 바울이었다.

"내가 궁핍하므로 말하는 것이 아니라 어떠한 형편에든지 내가 자족하기를 배웠노니 내가 비천에 처할 줄도 알고 풍부에 처할 줄도 알아 모든 일에 배부르며 배고픔과 풍부와 궁핍에도 일체의 비결을 배웠노라. 내게 능력주시는 자 안에서 내가 모든 것을 할 수 있느니라."(빌 4:11~13)

필자는 빌립보서의 위 말씀이 너무 좋아 입에 달고 다닌 적이 있다. 바울처럼 하늘의 도를 터득하고 천의무봉天衣無縫의 달필로 유려流麗하게 설파할 수 있다면 얼마나 좋을까. 대단한 경지였다. 또한 바울은 말하기를, "지족知足하는 마음이 있으면 경건이 큰 이익이 되느니라. 우리가 세상에 아무 것도 가지고 온 것이 없으매 또한 아무것도 가지고 가지 못하리니 우리가 먹을 것과 입을 것이 있은즉 족한 줄로 알 것이니라."(딤전 6:6~8) 하셨으니 도에 달관하신 모습이다.

그러나 솔로몬이나 바울과 같은 분만 천도 달관할 수 있는 건 아닐 것이다. 깊이의 차이만 있을 뿐 성실한 교인이라면 누구나 가능하다고 여겨진다. 왜냐하면 하늘의 도는 심오하기 짝이 없지만, 단순하기도 짝이 없기 때문이다. 즉, 인생은 첫째, 본디 하나님을 찬송하기 위해 만들어졌으며 둘째, 주어진 수고를 다하면서 낙을 누리다가 셋째, 나중 주님에게로 돌아가는 것이니, 이 세 가지를 터득하는 것이 득도요 달관인 것이다. 믿음에 따라 깊이의 차이만 있을 뿐이지 누구나 가능한 일이다. 그러니 남은 삶을 부유浮游하는 인생으로 살 것인지 득도得道하는 인생으로 살 것인지를 결정하는 건 각자의 몫일 터이다. 사도 바울은 살아도 주를 위해 살고 죽어도 주를 위해 죽으며(롬 14:8), 먹든지 마시든지 무엇을 하든지 하나님의 영광을 위해서 하라고 가르쳤으니(고전 10:31), 그렇게 하는 분은 누구나 천도에 득도달관 하는 경지에 들어섰다고 말할 수 있을 것이다.

"이 백성은 내가 나를 위하여 지었나니 나의 찬송을 부르게 하려 함이니라."(사 43:21)

"사람이 하나님의 주신 바 그 일평생에 먹고 마시며 해 아래서 수고하는 모든 수고 중에서 낙을 누리는 것이 선하고 아름다움을 내가 보았나니"(전 5:18)

"이는 만물이 주에게서 나오고 주로 말미암고 주에게로 돌아감이라."(롬 11:36)

바나바

성경에 등장하는 인물의 수는 2,197명이라고 한다. 그 가운데 가장 친근감을 느끼게 되는 분은 누구일까. 믿음의 조상 아브라함을 비롯하여 위대한 모세와 눈물의 선지자 예레미야와 다윗, 솔로몬 같은 왕들과 바울, 베드로, 요한과 같은 분들이 떠오를 것이다. 그러나 친근감으로만 따져본다면 바나바는 어떠할까. 사람은 그 인자함으로 남에게 사모함을 받는다고 하는데(잠 19:22), 바나바가 바로 그런 분 아니셨나 생각이 든다. 바나바의 첫 등장은 사도행전 4장에서다.

"구브로에서 난 레위족인이 있으니 이름은 요셉이라 사도들이 일컬어 바나바(번역하면 권위자)라 하니 그가 밭이 있으매 팔아 값을 가지고 사도들의 발 앞에 두니라."(행 4:36~37)

구브로는 지금의 키프로스Cyprus를 말한다. 키프로스는 남한의 십분의 일 정도 되는 작은 섬이지만, 지중해 동쪽, 팔레스타인의 서북쪽에 위치하고 있어 그 지정학적 이유로 고대로부터 일찍 문명이 발전한 나라다. B.C. 1,600년경부터 B.C. 1,100년경 사이에 존재했던 지중해 미노스 문명文明의 유물이 구브로에서 발견되었다고 할 정도로 고대 에게해 문명의 영향권 아래 있었고, A.D. 1세기 바나바 시대엔 로마 원로원의 관할 아래 있었다고 하니 그 융성함을 미루어 짐작할 수 있겠다.

바나바는 레위족속이니 정통 유대인이었다. 본명은 흔한 이름 요셉이었으나 사도들이 붙어준 별명이 권위자勸慰者라고 하니 이는 권면하고 위로한다는 뜻으로 바나바의 높은 덕성과 영성을 나타내는 말이라고 볼 수 있겠다. 또한 그가 밭을 팔아 헌금하였으니 원래는 재산도 있는 분으로 믿음과 행함을 실천하고 있었음을 알 수 있고 특히 다른 사람도 아닌 사도들이 그런 별명을 붙여 줄 만큼 예루살렘과 사도들에게 신망이 높았음을 알 수 있다.

그 무렵 사울은 주의 제자들에 대하여 위협威脅과 살기殺氣가 등등하였다가(행 9:1) 다메섹 도상에서 예수님을 만나 고꾸라진다. 그 후 회심하여 예루살렘으로 돌아와 제자들을 사귀고자 하나 다들 두려워하여 그를 꺼릴 뿐 아니라 극적인 반전反轉만큼이나 그의 회심을 반신반의하고 있었다. 이때 바나바는 사울을 데리고 예루살렘 사도들에게 가서 그를 적극 변호한다.

"사울이 예루살렘에 가서 제자들을 사귀고자 하나 다 두려워하여 그의 제자 됨을 믿지 아니하니 바나바가 데리고 사도들에게 가서 그가 길에서 어떻게 주를 본 것과 주께서 그에게 말씀하신 일과 다메섹에서 그가 어떻게 예수의 이름으로 담대히 말하던 것을 말하니라."(행 9:26~27)

바나바 덕분에 다행히 사울은 의심이 풀렸으나 헬라파 유대인들이 계속 그를 죽이려 하자, 결국 고향 다소로 내려가고 만다. 그 후 예루살렘 교회는 바나바를 안디옥 교회로 파송하고 바나바는 그곳에 이르러 하나님의 은혜를 보고 기뻐하여 모든 사람에게 "굳은 마음으로 주께 붙어 있으라."고 권하며 목회에 진력하는데 성경은 이런 바나바를 이와 같이 평하고 있다.

"바나바는 착한 사람이요, 성령과 믿음이 충만한 자라. 이에 큰 무리가 주께 더하더라."(행 11:24)

바나바는 오랫동안 처박혀 있던 사울을 잊지 않았다. 그를 찾으러 일부러 다소로 내려가 안디옥 교회로 데리고 온 후 그 둘은 일 년간 함께 있으면서 안디옥 교회를 공동 목회하며 큰 무리를 가르쳤고, 그때에 비로소 '그리스도인'이라는 일컬음을 받기에 이르렀으니 목회도 잘하신 것 같다. 그 후 로마 제4대 글라우디오 황제 때 천하에 흉년이 들자, 안디옥 교회는 부조扶助를 모아 예루살렘 교회로 보내게 되는데 이때 바나바는 사울과 함께 구제헌금을 전달하는 일을 하게 되고(행 11:30), 돌아오는 길에 마가라 하는 요한을 데리고 오게 된다. 마가 요한은 바나바의 조카였다(골 4:10).

그러던 중 바나바와 사울에게 성령님의 부르심이 있었고(행 13:2), 그 둘은 실루기아에 내려가 거기서 배를 타고 구브로에 가서 살라미에 이르러 하나님의 말씀을 유대인의 여러 회당에서 전할 새 마가 요한을 수행자로 둔다. 소위 사도 바울의 제1차 전도여행이 시작되었던 것이다. 그런데 바보를 거쳐 배를 타고 밤빌리아에 있는 버가에 이를 때 마가 요한은 그들을 떠나 예루살렘으로 돌아가 버리고 만다(행 13:13). 이고니온에서 두 사람이 전도할 때는 기적의 역사가 일어났다. 당시 이고니온은 철저히 로마 식민지화 되어 버려 번성한 곳으로 여러 인종들이 섞여 살고 있었던 도시였으니 그 완악한 곳에서의 전도에는 표적과 기사가 필요했을 것이다.

"두 사도가 오래 있어 주를 힘입어 담대히 말하니 주께서 저희 손으로 표적과 기사를 행하게 하여 주사 자기 은혜의 말씀을 증거 하시니" (행 14:3)

그다음 루스드라 전도에서는 바울이 앉은뱅이를 일어서게 하는 기적을 보이자, 바나바는 제우스 신으로, 바울은 헤르메스 신으로 모시려고 하는 황당한 일이 벌어졌다(행 14:12). 제우스는 신 중의 신이니 최고의 신이요, 헤르메스는 그 대변자, 곧 전령傳令과 사자使者의 신, 웅변의 신이니 그들에게는 바나바가 바울보다도 더 받들어졌음을 알 수가 있다. 겨우 말려 못 하게 할 즈음, 빗시디아 안디옥과 이고니온에서 온 유대인들이 돌로 바울을 쳐서 거의 죽인 후 성 밖으로 끌어 내치는 사건이 벌어졌으며, 이튿날 다시 정신을 차린 바울과 함께 더베로 가서 복음을 전하여 많은 사람을 제자로 삼은 후 귀환길에 오르고 안디옥 교회로 돌아와 선교 보고를 하고(행 14:27), 예루살렘 공의회에 가서도 보고를 하게 된다(행 15:4).

A.D. 49년경, 그렇게 제1차 전도여행의 보고까지 마친 후 바울의 제의로 제2차 전도여행을 계획할 때 바나바는 마가 요한도 데리고 가자고 하나, 바울은 중도에 자기들을 떠나 멋대로 가버린 그를 데리고 가는 것이 옳지 않다 하여 서로 심히 다투어 피차 갈라서게 되자, 바나바는 마가 요한을 데리고 배를 타고 구브로로 가고, 바울은 실라를 택하여 제2차 선교여행을 떠나게 되는데(행 15:36~41), 이때 역사학자 토인비에 의하면 '세계 역사의 대전환 포인트'가 된 유럽 전도의 문이 열려지게 되는 것이다(행 16:6~10).

이상의 긴 서술이 바나바의 행적이다. 그 후로 바나바는 바울의 갈라디아서 2장에서의 언급 외 성경에 그 행적이 나타나지 않는다. 바나바는 왜 갑자기 사라졌을까. 전승에 의하면 바나바는 예수님의 70인의 제자 중 하나라고도 하며(눅 10:1), 십자가 죽음을 목도하기도 했다고 하며, 구브로의 살라미스에서 순교했다고도 하며, 조카인 마가 요한으로 하여금 마가복음도 쓰게 하였다고 하고, 어느 학자는 히브리서가 바나바의 저작이라고 주장하기도 한다고 한다. 그러나 모두 설說뿐이요 확인할 수는 없는 일이다.

처음으로 돌아가 보자. 바나바는 왜 사울을 데리러 다소로 갔었을까. 한번 사울을 변호해 주었으면 그것만으로도 큰 은혜를 입게 해 준 것인데, 무슨 이유로 왜 내려갔을까. 성령님의 지시가 있었을까. 사울에 대한 연민이었을까. 안디옥 교인들에 대한 말씀 공급의 필요 때문이었을까. 교회가 너무 커 혼자 힘으론 감당하기 어려워서였을까. 당시 안디옥은 동방의 로마라고 불릴 만큼 매우 융성한 상업도시였다고 하니 안디옥 교회도 무진 컸을 것이다. 어쨌든 자기 영역의 반쪽을 갈라 누구에게 준다는 건 인간적인 욕심으로는 쉽지 않은 일이었다.

바나바는 사도행전 초기 사울과는 전혀 비교가 되지 않는 위치의 인물이었다. 그런 그가 자신의 욕망과 명예와 이익을 내동댕이치고 사울을 데리러 가고, 그를 데려와 공동 목회자로 세워 1년간 함께 있으면서 안디옥 교회를 세계적 교회로 우뚝 서게 하였으니 얼마나 넉넉한 신앙을 가졌는지 알 수 있는 일이다. 더구나 안디옥 교회는 박해를 피해 흩어진 유대인들을 통해서 복음을 들은 구브로 구레네 등지의 헬라계 유대인 신도들에 의해 세워진 큰 교회였으니, 바나바로 말하자면 자기 고향 구브로 출신도 많았을 것이었고 그렇다면 바나바의 감독 자리는 탄탄한 반석과 같이 결코 놓치지 않을 수 있는 자리였던 것이다. 그런데도 고향에 처박혀 있던 사울을 직접 내려가 초빙해온 그의 결단은 정말 큰 용기라 하지 않을 수 없다.

왜 데리러 갔을까. 바나바는 착한 사람이었다. 사울의 회심 직후 예루살렘의 당시 분위기를 생각해 보면, 다들 기피하는 분위기 속에서도 극구 그를 변호했던 바나바가 얼마나 인정이 많은 분인가. 그런 바나바를 생각하면 사울을 위로하고 권면하려는 뜻도 있었을 것이고, 사울이란 그릇의 크기를 벌써 알아본 혜안도 있었을 것이며, 사울이 수년간 예수님을 구약에 비춰 해석하여 신학적 체계를 잡았으리라 믿고 그런 그가 주님의 사역에 꼭 필요하다는 생각을 가졌을 것이다. 그걸 바로 실행에 옮겼으니 바나바의 인품과 영성의 깊이를 알 수 있는 일이었다. 실로 바나바의 온유한 아름다움이었다. 이미 몇 년이 지나 모든 사람이 다 잊고 있었던 바울을 끌어 올려 위대한 사도로 설 수 있게 해준 사람이 바로 바나바였던 것이다. 속된 말로 진짜 인재를 알아보고 첫 능력 발휘의 기회를 준 사람이 바나바였고, 그것도 안디옥 교회의 공동 담임목사라는 엄청난 자리였던 것이다. 실로 바나바 없이는 바울도 없었다고 말할 수 있을 것 같다. 바울을 바울 되게 한 것은 바나바 때문이었다고나 할까.

　바나바의 위대성은 그의 재산을 다 팔아 봉헌한 것이나 안디옥 교회에서의 성공적인 목회 또는 성령 충만하여 전도여행 중의 표적과 기사를 행한 사실이나 구제사역에의 참여에만 있는 게 아니다. 그의 진정한 위대함은 자신의 별명처럼 권면하고 위로하는 일을 잘하는 따뜻한 인간미와 아울러 바울이란 사람의 손을 잡아 사역의 현장에 끌어냄으로써 교리의 기틀을 세우고 만방에 전도하는 등 주님 나라의 일에 절대적인 영향을 끼치도록 한데 있는 것이다. 당시 바나바만이 그런 고리 역할을 할 수가 있었다고 보인다.

　그것은 그가 예루살렘 교회의 사도들과 성도들의 신뢰와 사랑을 한 몸에 받고 있었기에 가능한 일이었다. 출신 성분이 레위 지파였던 사실이 더욱 그를 돋보이게 했을 것이고 모든 재산을 팔아 헌신했던 그의 실천력도 깊은 존경을 받았을 것이다. 그는 장차 예루살렘 교회로부터 안디옥 교회로 파송을 받아 목회를 담당하게 될 정도로 당시 신망을 한 몸에 받는 지도자였다. 얼마나 존경을 받았으면 회심을 했다고는 하나, 한때 사람을 죽이는 데 앞장서 살기殺氣등등한 이미지가 콱 박혀 있는 사울을, 그 믿을 수 없는 기피 대상 인물이자 의심의 눈초리의 대상이자, 아무 데도 오갈 데 없었던 그 궁지에 몰린 그 사울을 적극 변호하여 그 의심을 풀게 해줄 수 있었을까. 그리고 안디옥 교회를 목회하던 중 다시 수년간 칩거하던 바울을 일부러 찾아 데리고 와 주의 일을 할 수 있도록 길을 열어 주었을까.

　그런 바나바와 바울은 제2차 전도여행에 앞서 마가 요한의 동행 문제로 심히 다투었다니 누구의 잘못이 큰 것인가. 마가 요한은 부잣집 귀염둥이로 자랐을 것이다. 그 어머니 마리아는 큰 집을 소유하고 예수님의 최후의 만찬 장소로 제공하였는가 하면(눅 22:12), 많은 사람들이 모여 기도하는 집으로 개방할 정도로(행 1:13, 12:12) 신앙심도 깊었고 재산도 마음도 넉넉했다. 그러니 마가 요한은 우대받으며 자란 탓에 겁이 많고 인내심은 부족했을 수 있다. 그러기에 귀한 모시와 같이 값나가는 베 홑이불을 두르고 예수님을 따라가

다가 무리에게 잡히자 베 홑이불을 버리고 벗은 몸으로 그냥 도망간 적이 있었다(막 14:52). 그런 그가 다시 버가에서 바나바와 바울을 떠나가 버렸으니 연거푸 실수한 셈이다. 왜 떠나갔을까. 어머니 마리아의 기도와 신앙 모습을 보고는 자랐지만, 부잣집 도련님으로 자란 그에게 여행길은 힘들었을 것이고 바울의 무슨 질병과 관련된 것인지 또는 바울의 수행자로서 뭔가 질책을 받아 견디기가 어려웠던 것인지 또는 전도 과정에서의 험악한 일에 겁을 먹었던 것인지는 모를 일이다. 어쨌든 그는 가 버렸다.

바나바로서는 누나의 아들인 마가 요한을 잘 훈련시켜 굳건한 신앙의 제자로 키우고 싶었을 것이다. 누나의 부탁이 있었을지도 모르고, 마가 요한의 신실한 믿음을 잘 알기에 조금만 더 붙잡아 주면 큰 신앙의 인물로 클 수 있다고 확신했을지도 모른다. 그래서 그의 동행을 강력 주장했지만 단호히 거절당하고 만다. 어쨌든 바나바로서는 초창기 자기가 데리고 왔던 초라한 바울이 공동 목회를 하고 제1차 전도여행을 성공리에 끝내면서 엄청나게 성장해 버리더니 어느 날 자신의 제안을 거절해 버렸을 때 마음이 크게 상했을 것으로 보인다. 오죽하면 다툰 후에는 안디옥 교회로 돌아가거나 예루살렘으로 가지 않고, 자기 고향 구브로로 마가 요한과 함께 가버렸을까(행 15:39). 성경에 그들이 '피차 갈라서니'라고 표현한 것으로 봐서 완전히 마음이 돌아섰던 것 같다. 바나바로서는 마가 요한이 큰 잘못을 한 것도 아닌데 바울이 편협하고 옹졸하다고 생각했을지도 모르고, 바울로서는 막중한 주의 사역에 책임감

없는 마가 요한을 다시 데리고 가는 건 사명 수행에 지장을 받을 거라고 생각했는지도 모른다. 어쨌든 바나바로서는 그동안 인간적으로 애써 배려하고 신경 써 주었는데 배신당했다는 느낌이 들었을는지 모르겠다.

그 후 두 분의 관계는 어찌 되었을까. A.D. 49년경 즉, 두 분이 갈라진 바로 그해에 작성되어 신약성경 중 가장 먼저 작성되었다는 설이 있는 갈라디아서에 바나바가 잠깐 언급되니, 바나바가 이방인들과 함께 식사하는 문제로 시험을 받아 유혹되었다는 것이다(갈 2:11~14). 교리를 바르게 정립하기 위해 대선배격인 베드로를 면책(面責, 얼굴을 마주 대하여 책망함)하였으면 되었지 그 대목에서 굳이 바나바까지 언급해야 할 필요가 있었을까 의문이 든다. 이때만 해도 바울은 바나바를 곱게 여기지는 않았던 것 같다. 만약 일설과 같이 A.D. 56년경 갈라디아서가 써졌다면 다툰 지 이미 7년이 지날 정도로 세월이 흘렀고 더욱 인품이 관용해졌을 것이니 바나바 대목은 서술 안 되었을 것 같은 추정도 해 본다. 어쨌든 두 분의 관계는 그 외는 나오지 않으니 다만 조카인 마가 요한의 행동으로 두 분 사이를 간접 추리할 수 있을 뿐이다.

마가 요한은 베드로의 사역을 도와 '내 아들 마가'라는 호칭을 받을 정도였는데(벧전 5:13), 바울에 의해서는 A.D. 62년경 기록된 빌레몬서에서 '나의 동역자 마가'라고 언급(몬 1:24)되었으니, 이때쯤은 바울과 바나바와 마가의 관계가 회복되었던 것으로 생각된다. 하기야 그때는 이미 두 분이 다툰 후 13년의 세월이 지난 다음이었으니 감정이 누그러졌을 법도 하다. 또한 바울이 A.D. 62년경 골로새 교회에 편지하면서는 "나와 함께 갇힌 아리스다고와 바나바의 생질 마가와"(골 4:10)라고 함으로써 바울이 옥에 갇히었을 때 마가가 도왔음을 알 수 있고, A.D. 66~67년경 기록된 디모데후서에서는 "마가를 데리고 오라. 저가 나의 일에 유익하니라."는 언급(딤후 4:11)을 하였으니 이때는 완전히 관계가 회복된 것으로 보인다.

그런 마가 요한은 4대 복음서 중 가장 먼저 마가복음을 썼으며, 전승에 의하면 알렉산드리아에서 순교했다고 전해진다. 실로 마가 요한은 처음에는 실수를 했으나, 사실은 훌륭한 인물이었음이 입증되었고, 바나바의 사람 보는 눈이 틀리지 않았음을 보여주는 것이었다. 이처럼 바나바와 바울의 관계는 시간이 지나며 자연 회복되었던 것으로 보인다.

바나바는 심히 다툰 후 고향으로 내려가 묵묵히 구브로의 복음화를 위해 사역하였다. 구브로는 아시아 유럽 아프리카로 뻗어나가는 지중해의 요충지였고, 수많은 사람들이 오가며 들르는 곳이었으니 그 복음의 사역은 직접 다니는 전도여행만큼이나 중한 것이었다. 성령님은 바나바에게 이를 맡기신 것이었다. 바나바는 바울과 다투었다고 해서 옹졸하게 맞서 싸우거나 감정풀이를 하시는 분이 아니었다. 바울과의 전도 사역은 거기까지라는 것과 이제 자신과 바울은 각각의 사역이 따로 있음을 감지했을 것이다. 그는 성령 충만의 사람이었기 때문이다.

그는 나아감을 알았듯 조용히 물러섬도 아셨던 분이다. 조카인 마가 요한에 대하여 바울을 험담하고 배신자 운운했다면 마가 요한이 그처럼 바울을 돕지는 않았을 것이다. 왜냐하면 자기 때문에 바나바가 그 좋은 사역지를 그만두고 섬 지방 구브로에 내려왔으니 늘 미안한 마음이 있었을 것이고, 양심상 바나바의 심기를 건드리긴 어려웠을 것이기 때문이다. 마가 요한이 바울을 도왔다는 사실은 원수까지도 사랑했던 착하고 믿음이 좋은 바나바의 권면이 있었거나, 아니면 최소한 방해는 하지 않았음을 말해 주는 것이다. 그러니 바나바는 온유한 분이었음이 틀림없다.

바나바는 그 인성과 덕성으로 인해 추종자가 많았다. 그가 안디옥 교회에 시무했을 때 수많은 인파가 몰려왔던 사실이 이를 입증한다(행 11:24). 그런 바나바가 계속 안디옥에 남았으면 바울과 자연히 부딪치게 되었을 것이다. 안에서 싸우면 진이 다 빠져 밖의 일에 몰두할 수 없는 법이니 그렇게 되면 바나바도 바울도 다 힘들어졌을 것이고 주님의 사역은 지장을 받았을 것이다. 또 바울이 교회 내 아볼로파와 게바파를 달래느라고 여러 번 신경 써야 했듯이(고전 1:12, 3:4), 바나바와의 관계도 그렇게 되었을 수 있고, 그러면 이 역시 주님의 사역에 지장이 되었을 것이다.

이때는 성령행전聖靈行傳의 시대였다. 바울의 전도 사역은 계속되어야 했는데, 바나바가 그냥 머물러 대립하고 바울과 견주기를 선택했다면 전도는 막혀 버리고 그 흐름이 원활하지 못했을 것이다. 성경은 떠남에서부터 시작된다. 아브라함이 갈대아 우르를 떠나야 했듯이 떠남은 곧 새로운 사명 사역의 시작이기 때문이다. 바나바는 떠나야 함을 알았다. 그런 면에서 바나바의 떠남은 주님 앞에서의 흔연한 발걸음이었던 것이다.

또는 바울과 심히 다툰 직후 성령님께서 바나바에게 떠나라고 지시하셨을 수도 있다. 그때는 그리스도교 역사의 수레바퀴에 비추어 한시가 급하고 중요했던 복음 개척의 시기였으니 성령님께서 적극 간섭하셨을 수가 있을 것이고, 그래서 바나바가 성령님의 지시에 순응하여 바로 순종하셨을 수 있다. 만약 성령님의 지시로 순종의 자세로 그리했다면 바나바야말로 성령 충만의 사람이었음을 알 수 있는 셈이다. 그건 하늘의 상급을 받는 일이었다.

바나바가 떠남으로 사도 바울도 깊이 생각하는 바가 많았을 것이다. 그토록 자신을 아껴주던 바나바가 상처받고 떠났으니 두고두고 마음이 좋았을 리가 없었을 것이다. 결국은 자기 뜻대로 마가 요한을 버리지 않았던가. 바나바가 모성적 사랑의 사람이었다면 바울은 부성적 사랑의 사람이었다. 그러기에 디모데와 디도를 자식처럼 아끼기도 했다. 바울은 바나바가 떠난 후 자신의 언행과 마음을 돌아보는 시간을 많이 가졌을 것이다. 그동안 정신없이 목숨까지 내놓는 전도 사역에 몰두하고 오직 목표에만 전념한 나머지 주위 사람들에 대하여 자신이 어떻게 배려하고 얼마 만한 사랑과 따스함을 가졌었는지 생각해봤을 것이다. 바울처럼 치밀하고 꼼꼼하고 자상한 분이 그렇게 아니하셨을 리가 없다. 바울은 이 사건으로 인해 한층 마음이 커졌을 것이다. 하나님의 사랑을 전한다는 자신에게 사랑과 용서와 온유와 배려가 무엇인지 스스로 되묻는 일이었을 것이다.

이건 그냥 필자의 추측이지만, 그런 사건이 있었기에 몇 년 후 3차 전도여행 중 에베소에 머물렀을 때 쓴 고린도전서의 13장에 그토록 아름다운 사랑에 대해 쓸 수 있었을지도 모른다. 특히, "내 몸을 불사르게 내어 줄지라도 사랑이 없으면 내게 아무 유익이 없느니라. 사랑은 오래 참고 사랑은 온유하며 무례히 행치 아니하며 성내지 아니하며"(고전 13:3~5)라는 말씀은 일정 부분 바나바에 향한 자신의 경험적 성찰과 고백의 헌사가 아니었는지 모르겠다. 그런 진정성 있는 마음으로 쓴 글이기에 이천 년을 두고 진정성 있게 만인의 가슴을 울리는 것이 아닐까. 그러기에 훗날 마가 요한을 따스하게 수용하여 동역자로서 옆에 두었을 것이다.

마가 요한도 그렇다. 참지 못하는 조급한 실수가 무슨 뜻이며 그게 어떤 결과를 가져왔는지 뼈저리게 이해하는 계기가 되었을 것이다. 젊은 시절 그런 실수와 잘못을 범했기에 그의 인품은 한층 더 성숙해졌을 것이며, 그의 신앙도 많이 자랐을 것이다. 그러기에 그는 마음을 다 잡고 처음에는 사도 베드로의 사역을 도우면서 베드로 곁에서 예수님의 생전 활동하심에 대하여 많은 말씀을 전해 들었을 것이고 그러기에 마침내는 4대 복음서 중 가장 먼저 마가복음을 쓸 수 있었다. 마가복음은 예수님 부활 승천하신 후 수십 년간 구전口傳으로만 전해오던 예수님의 활동과 가르침 등이 처음으로 문서화되어 알려졌다는 데 큰 의미를 갖는 복음서이지 않은가.

이후 마가 요한은 시간이 흐르며 차차 감정의 벽을 헐게 된 바울의 사역도 돕게 되었을 것이다. 만약 바나바와 바울이 헤어지지 아니하고 사이가 좋았다면 마가 요한은 곧바로 바울을 도왔을는지 모르고, 그러면 베드로의 사역을 도우면서 실감 나게 들었던 예수님의 살아 행적을 전해 듣지 못했을 것이므로 마가복음을 짓지 못하였을 것이다. 이렇듯 바나바와 바울의 결별 사건은 바울에게도 바나바에게도 마가 요한에게도 가슴 아픈 사건이었지만, 모두에게 좋은 결과를 가져왔으니 성령님의 사역으로 봐서는 모든 것이 협력해서 선을 이룬 셈이었다.

"우리가 알거니와 하나님을 사랑하는 자 곧 그의 뜻대로 부르심을 입은 자들에게는 모든 것이 합력하여 선을 이루느니라."(롬 8:28)

신앙의 길을 걸음에 있어 겉으로 화려하게 드러나지 않고 뒤에 숨어 묵묵히 헌신하고 봉사하는 건 쉬운 일이 아니다. 서운한 일을 삭이는 것 역시 쉽지 않다. 불평 과 불만은 인간의 내재적 근성일 수 있으니, 출애굽의 이스라엘 백성이 광야에서 원망하다가 전부 죽었던 일을 생각하면 쉽게 이해가 된다. 그러나 바나바는 큰 교회 담임이라는 거창한 직함도 조용히 내려놓고 심히 다툰 후의 마음의 심상心傷함을 아마도 성령님의 다독임으로 위로받은 채 묵묵히 나타내지 않고 자기의 길을 올곧게 걸어가신 분이다. 그게 바나바의 훌륭한 면이 아닌가 생각된다.

오갈 데 없던 사울을 앞장서 변호하고 다시 데리고 와 강단에 서게 했던 바나바, 두 번이나 실수했던 마가 요한을 다시 또 끌어안아 신앙의 사람으로 만들고 싶어 했던 바나바, 겉으로 드러내지 않고 뒤에 자리하면서 사람들을 위로하고 권면하길 좋아했던 따뜻한 마음의 바나바, 바울과의 의견 차이로 물러나면서도 뒷말을 일절 남기지 않은 바나바, 묵묵히 고향에서 주님의 길을 걸으며 조용히 그러나 끝까지 헌신했던 바나바, 바울의 성공을 시기하지 않고 지켜봐 주었던 바나바, 화려한 웅변술도 카리스마적인 지도력도 없었기에 더욱 인간미가 느껴지는 바나바, 마가 요한으로 하여금 바울을 도울 수 있도록 했던 바나바, 착하고 욕심이 없었던 바나바, 나아갈 때와 물러설 때를 알았던 바나바, 한때 성령 충만하고 이적과 기사를 행했으면서도 교만함과 번창함과 화려함을 꿈꾸지 않았던 바나바, 조용한 순종과 낮아짐으로 결과적으로 그 모두에게 선을 이루게 했던 바나바, 바울의 역량을 알아보고 변방에 있던 그를 끌어내어 능력 발휘의 기회를 마련해 주고 그래서 바울을 바울 되게 한 바나바, 그로 인해 무엇보다도 성령님의 사역에 크게 기여했던 바나바, 그런 바나바가 그립기만 하다. 오늘날처럼 물러설 줄 모르고, 다투고 겨루기를 좋아하고, 드러내기 좋아하고, 화려하고 거창한 것을 꿈꾸는 사람들이 많은 이때에 바나바가 그리워지는 것은 필자만의 마음일까.

믿음의 선진들

우리들이 어려서 자라날 때 자주 읽던 것이 세계명작동화世界名作童話와 세계위인전기世界偉人傳記였다. 여러 출판사에서 문고판 또는 정판으로 100권, 200권씩을 한 질로 하여 찍어냈고, 많은 부모님들은 집에 먹을 것은 없어도 빚을 내어 그 전집全集들을 사서 아이들의 서가에 꽂아 주었고, 아이들은 그 책을 읽고 꿈과 용기를 키워왔다. 위인들의 전기엔 항상 고난과 어려움이 있었고 슬기롭게 이를 극복해 마침내 세상을 유익하게 하고, 자기의 방명芳名을 후세에 남겼다. 어릴 때 위인전을 읽으면 나도 저처럼 훌륭하게 자라야지 스스로 다짐하고 더 열심히 배우고 익히게 된다. 제대로 성장하고 튼실해지는 것이다.

그러나 교회에서는 교회사의 위인들에 대해 별로 배울 기회가 없는 것 같다. 교회에 오래 다녀 봐도 믿음의 선진들 이야기는 많이 들어보지 못하는 게 현실이다. 선진先進이라 함은 어느 한 분야에서 연령, 지위, 기량 따위가 앞서는 사람을 가리킨다. 믿음의 선진이라 함은 믿음에서 뛰어난 분들을 말하는 것이겠다. 히브리서

11장에 그런 분들이 나와 있으니 아벨, 에녹, 노아, 아브라함으로 시작되는 분들이다. 그러나 이분들만이 믿음의 선진이 아니라 고문, 조롱, 채찍, 사슬, 돌, 시험, 톱, 칼날, 가난, 고통, 학대를 받은 많은 분들이 있다고 말씀하고 있다.(히 11:35~37)

초대교회 때부터 중세, 근세를 거쳐 현대에 이르기까지 훌륭한 믿음의 선진에는 어떤 분들이 계실까. 신학교에서 교회사教會史 등 강학 상에서는 가르치겠지만, 현실의 교회 강단에서 잘 들어보지 못한다. 이는 마치 어린아이 때 위인전을 모르고 자라는 것과 같은 것이다. 기독교 역사에 나타난 믿음의 선진들에 대하여 들어보기는커녕 어떤 분이 계셨는지조차 잘 모르는 게 현실이다. 다만 자주 듣는 분들이 있으니 십일조 많이 내고 복 많이 받았다는 미국의 록펠러 등 돈과 관계된 사업가들의 이야기였다. 물론 목사님들이 설교를 준비할 땐 최선을 다한다. 그러나 어찌되었든 가끔은 예화로 듣긴 하지만 가뭄에 콩 나는 듯하여 믿음의 위인전을 듣는 일이 쉽지 않다. 위대한 성경 교훈을 실천하며 성령의 감동으로 일생을 살아가신 믿음의 선진들이 얼마나 많은가.

초대 그리스도 교회의 성자로 불리며『고백록』을 쓴 성 아우구스티누스, 이탈리아 아시시의 부유한 상인의 아들로 태어나 기사騎士를 꿈꾸며 방탕하다가 회심한 후 자신은 가난이란 여인과 결혼하였다면서 청빈, 겸손, 순결, 이웃 사랑을 실천하고, 사십 일 금식기도 후에는 양손과 발과 옆구리에 예수님의 성혼聖痕을 받기까지 한

성 프란체스코 수도회의 설립자인 프란체스코, 영국 앵글로 색슨 왕조의 왕으로서 웨스트민스터 사원을 짓게 했다는 참회 왕 에드워드, 중세시대 몰락의 위기에 처해진 기독교를 철학적으로 완성시켰고『신학대전』이란 책을 저술한 토마스 아퀴나스, 수도자들의 영적 수업에 널리 쓰였을 뿐 아니라 대중에게도 수없이 많이 읽혔다는 책『그리스도를 본받아』를 쓴 토마스 아 켐피스, 진정한 회개와 그리스도적 생활과 원초적 청빈과 오직 성서만을 강조했던 존 위클리프, 신 없는 인간의 비참함과 신과 함께하는 인간의 지복全福을 다루면서 성서의 오직 하나의 목표는 사랑이라고 주창하며『팡세』를 지은 파스칼, 고난 가운데 신을 체험하고 지옥과 연옥과 천국 편으로 나눠서 사랑과 방황과 구원을 그린『신곡』을 쓴 마지막 중세인中世人 단테, 부패한 가톨릭교회를 비판하고 성직자의 위선을 야유하며 교회가 그리스도의 복음으로 회귀할 것을 역설하여 종교개혁에 영향을 미쳤고『우신예찬』을 쓴 최초의 근대인 에라스무스, 성서를 믿음의 유일한 권위로 인정할 것을 주장하다 파문당하고 끝내 화형까지 처해졌으나 마르틴 루터 등 종교 개혁자에게 큰 영향을 끼친 체코의 보헤미아 얀 후스가 있겠다.

또한, 1517년 면죄부 판매를 비판하며 비텐베르크 성 교회 정문에 95개조의 반박문을 내걸며 오늘날의 개신교프로테스탄트를 탄생시킨 종교 개혁자이자 오직 믿음 오직 은혜 오직 성서만을 주창한 마르틴 루터, 영국의 설교자이자 작가로 성경 다음으로 많이 읽혔다는 불휘의 명작『천로역정』을 쓴 존 번연, 죽을 때까지 40만 킬로미터를 여행하며 직접 복음을 전했다는 감리교회의 창시자 존 웨슬리, 존 웨슬리의 동생으로서 형과 함께 감리교 운동을 주도하고 6,500곡의 찬송 가사를 지었다는 부흥성회 목사 찰스 웨슬리, 존 웨슬리와 함께 감리교 운동을 주도하고 미국 제1차 영적 대각성 운동을 지도하며 그 사도적 자비심과 복음의 열정이 제2의 바울과 같다는 조지 횟 필드, 그칠 줄 모르는 열정으로 인도에서 사역한 영국 최초의 해외선교횃불이라는 선교사 윌리엄 캐리, 37년간 미얀마에서 선교한 미국 최초의 선교사 아도니람 저드슨, 15만 명 고아의 아버지로 역사상 가장 많은 5만 번 이상의 기도 응답을 받았다는 죠지 뮬러 목사가 있을 것이다.

또한, 기존의 교회가 하나님의 뜻을 거스르기 때문에 개혁되어야 한다고 주창하여 안데르센의 미운 오리새끼 취급을 받으면서 『죽음에 이르는 병』을 저술한 위대한 종교 사상가 키에르케고르, 잠 못 이루는 밤은 자신의 생활에 대한 반성을 위한 귀한 시간이며 그러기에 하나님의 선물이라고 설파하면서 그리스도 안에서 삶과 신앙이 하나가 되어 그리스도를 본받자고 역설하며『잠 못 이루는 밤을 위하여』를 쓴 스위스의 국제법학자 칼 힐티, 설교의 황태자로서 1,000만 명 이상이 그의 설교를 들었고 영국 교회의 영적 부흥에 기여하였다는 찰스 스펄전 목사, 일본 기독교 사상가로서 비록 무교회주의를 역설하긴 했지만 철저한 십자가 신앙에 근거하여 성경을 공부하고 우리나라의 함석헌, 김교신에게 영향을 끼쳤다는 우찌무라 간조, 미국에서의 신학 공부를 마치고 전쟁광

戰爭狂인 '히틀러 만세!'를 외친, 독일 교회를 경성시키고자 독일로 들어가 기독교를 나 혼자만의 구원의 종교가 아닌 악으로 가득 찬 세상에서 세상의 구원을 위한 사회적 종교로 이해하고 철저히 실행하는 삶을 보였던 독일의 양심이라는 본 훼퍼가 있을 것이다.

또한 종파주의를 단호히 배격하고 오직 성경적인 교회 회복을 삶 속에서 추구하여 중국과 대만 선교에 크게 이바지하면서 『영에 속한 사람들』과 『정상적인 그리스도인의 생활』을 저술한 워치만 니, 미국 최고의 위대한 부흥 설교가로서 성경 인물의 예화를 생동감 있게 잘 전하고 무료 선교사 양성기관인 무디 성서학원을 개창하였다는 무디 목사, 중국 선교의 아버지로서 기도 하나로 51년간 전도하며 800명 이상의 선교사를 파송하여 사도 바울 이래 가장 넓은 지역에서 복음을 전파한 단체로 평가받는 '중국내지선교회'를 설립하여 중국을 복음화하고 철저한 중국식 삶으로 많은 중국인들의 존경을 받은 나머지 '중국의 은인'으로 불리는 허드슨 테일러, 예수님을 만난 후 변화 받고 한평생 네팔과 히말라야의 티베트에서 복음을 전한 인도의 성자 썬다 씽, 미국 찬송가의 아버지로 불리며 1,600곡 이상의 찬송가를 작곡하고 통일찬송가에도 17곡이 수록되어 있는 메이슨 로웰, 태어난 지 6주 만에 눈이 멀어 가장 불행한 삶을 보냈으면서도 가장 행복한 삶을 살았다고 간증한 바 있고 무려 12,000곡의 찬송가를 작시하고, 통일찬송가에도 23곡이 수록되어 있는 크로스비 여사 등 수많은 훌륭한 분들이 있겠다.

우리나라도 1903년 원산부흥운동, 1907년 평양대부흥회, 1909년 백만인 구령운동을 거치면서 길선주 목사님, 김익두 목사님, 최권능 목사님 등 많은 믿음의 선진들이 있다. 신비주의라는 의혹을 받으면서까지 십자가의 사랑을 전하며 33세의 불꽃 같은 인생을 살다간 한국적 영성의 본보기라는 부흥사 이용도 목사님, 깡패 출신으로 제주도 최초의 선교사이자 신사참배를 거부한 고문의 후유증으로 결국 순교하신 이기풍 목사님, 그 후로도 너무도 유명한 신사참배 거부의 주기철 목사님과 사랑의 원자탄 손양원 목사님 등 많은 분이 있다.

그 외 망매茫昧하기 짝이 없는 필자가 거론하지 못한 신앙의 모범이 될 만한 많은 분들을 찾아보고 그분들의 이야기를 강단에서 증거 한다면 신자들의 믿음이 크는 데 큰 효과가 있지 않을까. 많은 신자들은 성경도 읽을 여유가 없으니 이런 선진들의 일생까지 살펴볼 겨를은 거의 없을 것이기 때문이다. 다만, 문제 제기만 할 뿐 진실로 훌륭하고 신앙의 모범이 되는 분인지의 적확성的確性 여부는 성령님의 도움을 받아 교단에서 검증할 일이다.

우리 생활 주변의 많은 분들의 간증만이 간증은 아닐 것이다. 물론 그것들도 성령님의 역사로 이뤄진 귀한 것들이다. 그러나 이제껏 강학상講學上에서 다루었던 세계적인 주의 종들과 신학자와 신학 사상가들의 일생과 회심의 과정과 살아간 족적足跡과 그분들의 실수와 과오까지도 그 결과 및 파급효과와 함께 교회 강단講壇이나 성경 공부, 특강에서 살펴본다면 신앙 성장에 유익함을 얻을 수 있을 것이다. 특히 그분들의 이야기로 청소년과 청년들 중에 도 전받는 사람이 많아지면 한국 교계에서도 세계적 큰 인물이 나오 지 않을까. 신앙의 위인전기가 많이 읽혀지고 강론되기를 기대해 본다.

제2부
인생의 둘레 길에서

노년에 해야 할 일

사람은 누구나 늙는다. 늙는다는 건 서글픈 일일 수도 있으나 아주 자연스러운 일인 만큼 축복일 수도 있다. 축복일 수 있다는 말은 늙음이 부자건 가난하건 누구에게나 공평하게 찾아오고, 태어나자마자 죽는 아이부터 중간에 뜻밖의 사고나 병으로 죽는 이까지 숱하게 많은 사람들이 중도에 사망하는데, 그렇지 않고 늘그막까지 살아있다는 것으로도 축복일 수 있다는 말이다. 한국은 2018년경 고령사회에 진입한다고 하니 늙음은 이제 흔한 일이 되었다.

옛날부터 질병 등으로 오래 사는 건 흔치 않은 일이어서 40대만 되어도 초로初老, 그 이후로는 중로中老, 기로耆老로 나누어 불렸다. 조선시대에는 기로연耆老宴, 기로소耆老所 제도가 있어 70세 이상을 우대했고, 80세가 넘으면 큰 경사로 여겨 벼슬아치는 한 품계를 올려주고 일반 백성은 양인 천민을 막론하고 한 품계를 주었으니 이를 노직老職이라고도 했다. 현행 노인복지법에서는 65세 이상의 자에 대하여 경로우대, 건강진단 등의 혜택을 부여하고 있다.

늘그막을 노래한 한시와 노래도 많고, 저마다 추억과 사연도 많다. 유소년, 청장년, 중년의 시절을 다 보내고 나면 갈수록 나이 들어가는 인생이 아쉽기만 하고, 그만큼 인생의 시간들이 소중했다는 걸 절감하기도 한다. 파란만장한 일생을 보내신 분은 더욱 그러할 것이다. 노년기 시간의 흐름은 아주 가파른 내리막이어서 눈 깜짝하면 1년이요, 자고 나면 10년이다. 인생에는 생로병사가 있고, 춘하추동이 있으며, 논술에도 기승전결이 있고, 생물에도 처음과 마지막이 있으며, 앞 강물이 있으면 뒤 강물도 흘러야 하는 것이니, 천하의 이치가 이와 같다면 늙는다는 건 아주 자연스러운 일이다. 그래도 노년의 세월은 무상無常한 법이요 떨어지는 낙엽 한 잎에도 서러운 감상感傷에 빠질 나이다. 지나온 날들이 모두 시름의 날이 아니었던가.

무슨 그리움에 애 닳아
그토록 매질하셨는가

한 세월
공명功名을 이루려
휘이휘이 헤쳐 온 그대 손끝엔
아, 눈물 훔친 거친 자국뿐이네

생의 끝머리에 닿은 그대

일희일비一喜一悲의 끝없는 두레박줄을
이젠 걷어 올리세

세상에 다가갈수록
영혼은 야위어만 가는 것을
시공時空의 세상을 얻지 못함은
본시 우리가 나그네였기 때문인 것을

그대여,
한 잔 정배停杯 높이 들어
산마루 걸린 저 달 담으면

어느덧
상흔傷痕은 바람결에 떠나가고
소소소 갈대 잎 우는 소리며
꼬불꼬불한 옛 호낫둑길이며
툇마루 안 뜨락에 내리는 가을비도
모두
그대 벗 되어 주실 것을

세월을 디딘 그대여
뒤척임과 시름의 더께를 털고

달빛 흐르듯 살아가세

저문 강변 들꽃처럼 살아가세

-拙詩, '세월을 디딘 그대에게' 全文

 늙음 때문에 벌어지는 재미있는 이야기도 많다. 기네스북에 의
하면 가장 오래 산 사람은 1589년 사망한 영국인 토마스 파라고
하는데 152세를 살았다고 하며, 비공식적 기록에 의하면 1933년에
사망한 중국 사람 리청유엔은 253세까지 살았다고 한다. 전설상으
로는 서울 강남의 탄천炭川의 전설 유래가 된 동방삭은 삼천갑자
三千甲子를 살았다고 하고, 공자의 논어 술이 편에 나오는 노팽老彭
은 팽조라는 인물을 가리킨다고 하는데 그는 767세를 장수하였다
고 한다. 이 노팽老彭이 조선 말기 고집불통의 늙은 수구파와 양반
을 빗대는 말로 변하고, 다시 무식하고 고집 센 남자로 바뀌었다가
이제는 게으르고 빈둥대는 사내란 뜻을 가리키는 '놈팽이'로 변질
되었다는 설도 있으니 우습기도 하다. 독일어가 어원이라는 부랑
자 룸펜lumpen과도 어감이 비슷하다.
 늙어갈 수 있다는 건 큰 복이다. 병사하거나 비명횡사 당하지 않
고 오래 산다는 것도 복이겠지만, 생각이 깊어져 인생을 여유를 갖
고 내다볼 줄 알게 되고, 세상을 사는 지혜를 터득할 수 있었으니
복이라는 것이다. 이미 인생을 살아가며 비참함과 굴욕, 환희와 희
열도 다 맛보지 않았던가. 그런 의미에서 인생 지혜의 황금기는 젊

음이 아니라 노년이라 해야 할 것 같다. 성경은 어떠할까.

"백발은 영화의 면류관이라, 의로운 길에서 얻으리라."(잠 16:31)

"젊은 자의 영화는 그 힘이요 늙은 자의 아름다운 것은 백발이니라."
(잠 20:29)

"네 아버지와 어머니를 공경하라. 이것이 약속 있는 첫 계명이니 이는
네가 잘되고 땅에서 장수하리라."(엡 6:2~3)

즉, 성경은 노인으로 오래 사는 건 큰 복이며, 의로운 사람과 효
도하는 사람이 오래 산다고 말씀하신다. 그러나 성경 상 아주 꼭
그런 것만은 아니다. 사는 건 사명과 관계있을 때가 많으니, 사명
이 있는 한 죽지 않는다는 말도 된다. 또한 삶과 죽음은 하나님의
경지에 있으니 예로부터 인명재천人命在天이란 말이 있지 않았던가.
언제든 먼저 데려가실 수도 있고 오래 살게 하실 수도 있다. 예컨
대, 예언자 에스겔의 경우엔 아예 하나님의 사역을 위해 그의 처를
먼저 데리고 가시기까지 한 적도 있다(겔 24:16)

"여호와께서 말씀하신다. 의롭고 경건한 사람이 죽어도 그 일에 관
심을 가지고 깊이 생각하는 자가 없으며 재앙이 닥치기 전에 내가 그
들을 데려가도 그 사실을 깨닫는 자가 아무도 없구나. 경건하게 사는
자들은 죽어서 평안과 안식을 얻는다."(사 57:1~2, 현대인의 성경)

성경에 몇 살이 노인이라고 규정한 건 없다. 다만 과부로 명부에 올릴 자는 나이 육십이 되어야 한다 했으니(딤전 5:9), 육십 정도를 노인으로 봤던 것 같다. 그러나 갈렙은 "오늘날 내가 팔십오 세로되 모세가 나를 보내던 날과 같이 오늘날 오히려 강건하니 나의 힘이 그때나 이제나 일반이라 싸움에나 출입에 감당할 수 있사온즉 그날에 여호와께서 말씀하신 이 산지를 내게 주소서."(수 14:10~12) 하였다. 그 산지는 927미터짜리 높은 산지였다. 그런 산지를 정벌하겠다는 기개 넘치는 노익장老益壯의 기상은 삼국지의 오호대장군 황충黃忠을 연상케 하니, 숫자의 높음이 곧 노인이라고 말할 수는 없겠다. 하기야 갈렙의 위대성은 그 담대함뿐 아니라, 40세에 가나안 땅 정탐꾼으로서 활동하고(민 13:6) 약속을 믿은 후 무려 45년간을 하루같이 기다려왔다는 그 충성스런 믿음에 있다고 하겠다. 지금은 노인이란 말 대신 실버silver, 그레이gray, 시니어senior를 많이 쓰는 것 같다.

여호와께서 이르시기를 "땅이 있을 동안에는 심음과 거둠과 추위와 더위와 여름과 겨울과 낮과 밤이 쉬지 아니하리라." 말씀하셨으니(창 8:22) 사람이 대를 이어 끊임없이 태어나고 늙고 죽어가는 걸 반복하는 건 당연한 이치라 하겠다. 전도서 기자는 "한 세대는 가고 한 세대는 오되 땅은 영원히 있도다. 이미 있던 것이 후에 다시 있겠고 이미 한 일을 후에 다시 할지라. 해 아래는 새 것이 없나니"(전 1:4,9)라고 탄식했으니 말이다. 사람은 얼마나 사는 걸까. 사람의 수명에 대하여는 노아 대홍수 이후 하나님께서 '120세'라고 말씀하셨다.

"여호와께서 가라사대 나의 신이 영원히 사람과 함께하지 아니하리니 이는 그들이 육체가 됨이라. 그러나 그들의 날은 일백이십 년이 되리라 하시니라."(창 6:3)

물론 홍수 이전엔 오래들 살았다. 첫 사람 아담은 930세까지 살았고, 노아의 홍수로 유명한 노아는 950세를 살았으며, 믿음의 조상 아브라함은 175세를 살았고, 모세는 120세를 살았다. 므두셀라라는 분은 무려 969세를 향수하였으니 역사상 최고령의 나이를 누렸다. 바벨론 홍수 설화에 나오는 열 명의 영웅들도 모두 수백 년 이상 살았다고 하니 아주 옛날엔 오래 사셨던 분들이 많은 모양이다.

시편에는 인생 칠십 팔십이라는 말이 나오는데, 그건 모세가 하나님께 드린 기도문에서 나온 말이다. "우리의 연수가 칠십이요 강건하면 팔십이라도 그 연수의 자랑은 수고와 슬픔뿐이요, 신속히 가니 우리가 날아가나이다."(시 90:10)라고 했다. 한국인 평균수명이 2010년 기준 남자 77.6세, 여자 84.4세라는 통계가 나와 있으니 얼추 맞는 말이다.

곱게 늙는다는 건 노년에 해야 할 일을 꼭 하면서 늙는다는 뜻이다. 누군가는 '노년에 멋지게 사는 법'이라면서 '부모 자식 간에도 자식에게 올인하지 마라. 자식 눈치 보지 말고 내 삶을 살아라. 곳간 열쇠는 죽어도 주지 마라.'는 말을 한다고 한다. 과연 그게 멋있게 늙어가는 방식일까. 늙을수록 이젠 세상 짐과 욕심을 내려놓을 때도 되었고, 저세상 갈 준비를 해야 할 때가 되었는데 그게 정말 지혜일까. 시인 백락천白樂天은 근화일일영槿花一日榮이라고 했다. 무궁화 꽃이 아침에 피었다가 저녁에 시드는 것처럼 인생의 영화도 이와 같이 덧없다는 말인데, 덧없는 인생의 것을 가르치기보다는 뭔가 영원한 가치가 있는 걸 가르쳐야 하지 않겠는가.

노년이란 인생의 때가 찼다는 말과도 같다. 이젠 죽어갈 준비를 해야 할 때다. 때가 찼는데 어째서 다른 일을 하려하고, 다른 걸 가르치려 하는가. 어찌 무가치한 일이나 부평초浮萍草 같은 일에 아직도 몰두할 수 있을까. 96세의 철학자 김형석 교수가 최근 대담에서 "나이가 들면 나 자신과 내 소유를 위해 살았던 것은 다 없어지고 남을 위해 살았던 것만이 보람으로 남는다."라고 말씀한 걸 읽은 적이 있다. 그런 식의 고매한 철학관을 자기 나름대로 쌓아야 한다. 진짜 노년에 해야 할 일은 뭘까.

첫째는 심령의 평안함으로 낙을 누려야 한다. 가진 게 없어도 불평하지 말고 하나님 앞에서 주어진 것에 감사하며 안분지족의 마음으로 삶의 낙을 누려야 한다. 그게 성경의 가르침이다.

"사람마다 먹고 마시는 것과 수고함으로 낙을 누리는 것이 하나님의 선물인 줄을 또한 알았도다."(전 3:13)
"우리가 먹을 것과 입을 것이 있은즉 족한 줄로 알 것이니라."(딤전 6:8)

둘째는 자기가 이 땅에 왜 태어났는지 자기에게 부여된 신의 사명을 깨닫고 마무리 짓는 일이다. 사람은 저마다의 사명이 있고 사명을 마치면 죽는 것이다. 사후 세계를 체험을 했던 사람들 가운데는 어둠의 터널을 통과하다가 "돌아가세요. 당신은 아직도 할 일이 남아 있어요."라는 말을 들었다는 증언을 한다고 한다. 하나님을 만나면 반드시 하나님께서 주신 나름대로의 사명이 저마다 있음을 알게 된다. 아주 소박한 것일 수도 있고, 큰 것일 수도 있다. 저마다 그릇으로 쓰고 계신다.

"그 후에 내가 내 신을 만민에게 부어 주리니 **너희** 자녀들이 장래 일을 말할 것이며 **너희** 늙은이는 꿈을 꾸며 **너희** 젊은이는 이상을 볼 것이며"(욜 2:28)

"주께서 가라사대, 가라, 이 사람은 내 이름을 이방인과 임금들과 이스라엘 자손들 앞에 전하기 위하여 택한 나의 그릇이라."(행 9:15)

하나님의 소명하심에는 누구나 자기의 그릇이 있으니 나의 그릇은 무엇인지 살피고 그 그릇에 부어진 사명을 다하여야 하는 것이다. 개개인의 미션mission이라고나 할까. "큰 집에는 금과 은의 그릇이 있을 뿐 아니요 나무와 질그릇도 있어 귀히 쓰는 것도 있고 천히 쓰는 것도 있나니"(딤후 2:20)라고 말씀하시면서 "토기장이가 진흙 한 덩이로 하나는 귀히 쓸 그릇을, 하나는 천히 쓸 그릇을 만드는 권權이 없느냐."(롬 9:21)라고 하셨으니 토기장이인 하나님께서 각자를 그 크기에 맞게 빚으시고 쓰시겠다는 것이다.

젊은 날 패기만만할 때는 큰 그릇이 최고인 줄 알았으니, 그땐 당연히 자신은 큰 그릇이 되어야 한다고 다들 생각한다. 그러나 인생의 험한 세파를 겪다 보면 큰 그릇은 못 되어도 작은 간장 종지라도 될 수 있다면 다행으로 생각하게 된다. 귀히 쓰이지는 못해도 그래도 천하게라도 쓰인다면 그저 감사한 일이다. 버려지지 않고 천하게라도 쓰인다는 게 얼마나 고마운 일인가. 이렇게 인생을 터득하며 겸손해질 수 있는 것도 노년만이 줄 수 있는 가르침이다.

아브라함은 노년인 75세 때에 하나님의 부르심을 입어 사명을 마치고 175세에 죽었으며, 모세는 80세에 부르심을 받아 사십 년간의 사명을 마치고 120세에 죽었다. 여호수아와 갈렙은 85세에도 사명을 계속 수행하였다. 교회사敎會史에 빛나는 요한 웨슬리는 87세의 나이에 병석에 누울 때까지 설교를 했고, 조지 뮬러 목사님은 생의 마지막까지 기도회를 인도하고 다음 날 아침 93세의 일기로 숨을 거두었다고 한다. 사도 바울의 "내가 선한 싸움을 싸우고 나의 달려갈 길을 마치고 믿음을 지켰으니" 하는 고백처럼(딤후 4:7), 그분들 모두는 목숨이 마칠 때까지 달려갈 길을 다 마치셨다는 말이다.

사람에겐 누구나 사명이 있다. 사명을 다하기 전에 죽지 않는다. 반면 사명을 다하면 죽는 법이다. 그게 하늘의 법칙이다. 내게 주어진 그릇은 무엇이며, 나의 사명은 어떤 것인가 찾아보고 노년을 마무리 지어야 한다.

셋째는 마지막 떠나기 전까지 자손을 축복하는 일이다. 한평생 자녀와 자식의 앞날을 위해 기도하고 축복하는 것이 중요하고, 노년에 갈수록 시간도 많으니 더 힘써 행할 일이다. 믿음의 선진들은 임종 시에 자손들을 불러 하나님의 이름으로 복을 빌었다. 애굽의 총리대신을 지낸 요셉도 아버지 야곱이 병들었다 하는 말을 듣고 부리나케 와서 아버지 무릎 사이에 두 아들 므낫세와 에브라임을 꿇어앉히고 축복기도를 받게 하였다(창 48:12~20). 그만큼 자손에 대한 축복기도는 중요한 것이며, 노년에 꼭 해야 할 일이다. 부동산을 남기고 은행 예금을 남기고 가문을 일으킨 명예를 남기었다 해도 그게 다가 아니다. 노년에는 반드시 할 일이 있으니 가문에 하나님의 문패를 달고, 하나님의 이름으로 자손을 축도하는 일이다.

나이 들수록 해야 할 일을 하는 것이 곱게 늙는 것이다. 노익장老益壯도 좋지만 노익선老益善은 더 좋은 것이며 노익신老益信은 더더욱 좋은 것이다. 곱게 늙는다는 말은 예수 신앙을 갖고 늙는다는 말이며, 예수 신앙을 갖고 늙으면 하나님으로부터 인정받고, 가족과 젊은이로부터 존경받아 아름다운 인생으로 마무리할 수 있다. 귀농歸農도 좋고 귀향歸鄕도 좋지만, 귀주歸主가 정말 중요하다. 인생의 주인主人 되신 예수님께 돌아오는 게 진짜 중요하다는 말이다. 젊은 날 노후 준비를 못 했을 수도 있지만, '노후 준비는 못 했어도 사후 준비는 했습니다.'라고 말할 수 있어야 한다. 경제적 노후 준비는 못 했어도 그보다 더 중요한 영적인 사후준비는 할 수 있어야 하는 것이다. "늙은 자에게는 지혜가 있고 장수하는 자에게는 명철이 있느니라."(욥 12:12)라고 했으니, 노년의 완고頑固하신 분들도 얼마든지 사후 준비를 할 수 있다.

시편 기자는 "하나님이여, 내가 늙어 백수白首가 될 때에도 나를 버리지 마시며 내가 주의 힘을 후대에 전하고 주의 능을 장래 모든 사람에게 전하기까지 나를 버리지 마소서."(시 71:18)라고 기도했다. 임종을 많이 지켜본 어느 목사님의 증언에 의하면 죽음을 코앞에 둔 분들 중에는 '내가 미쳤지, 내가 왜 이렇게 살았을까' 하고 후회하는 분들이 많다고 한다. 노년에 해야 할 일은 죽음을 준비하는 일이다. 죽음은 이생에서 저승으로 통하는 관문이요, 제1 생애에서 제2 생애로 들어가는 관문이니 누구나 관문을 통과해야 한다는 것을 상기한다면 노년에 마지막으로 해야 할 일이 무엇인지는 명약관화明若觀火하다 하겠다.

이혼

요즘은 참으로 이혼이 흔한 세상이 되어 버린 것 같다. 소리 없이 이혼하는 가정이 주변에 정말 많은 거 같으니, 통계상으로도 우리나라의 이혼율은 세계적으로 매우 높은 수치를 보인다고 한다. 세 쌍이 결혼할 때 다른 한쪽에서는 한 쌍 이상이 이혼을 하고 있다니 믿기조차 어려울 지경이다. 통계 수치를 확인하니, 2006년의 경우 하루 평균 906쌍이 결혼하고 341쌍이 이혼하였으며, 2010년의 경우 하루 평균 893쌍이 결혼하고 320쌍이 이혼하는 것으로 나타났다. 정말 통계만큼 이혼이 많은 걸까.

왜 이혼을 할까. 오죽했으면 이혼을 할까 생각하기도 하지만, 그래도 너무 흔한 이혼 세태가 된 것만은 틀림없다. 배우자의 부정, 폭력과 학대, 정신적 유기, 가족 간 불화, 경제적 문제, 성격 차이, 건강 문제 등 그 구구한 사연을 어찌 다 말할 수 있으랴만, 그래도 좀 더 신중하고 참고 또 참으며, 이혼 후 몰아닥칠 그 엄청난 파장을 백번은 생각해 보고 결정하는 게 옳을 것이다. 특히 자녀가 있는 경우라면 더더욱 말할 필요가 없겠다.

결혼할 때는 하나님 앞과 여러 증인들 곧 하객들 앞에서 기쁠 때나 슬플 때나 건강할 때나 병들 때나 부유할 때나 가난할 때도 변함없이 사랑하고 귀중히 여기겠다고 공개 서약을 했으면서도 이를 지키지 못하겠다는 것이다. 철학자 베이컨은 "아내는 남편이 젊을 때는 애인이요, 중년일 때는 친구요, 늙으면 간호사다."라고 말하였다고 하는데, 왜 남자들이 이혼을 먼저 요구하는 경우가 있는지 모르겠다. 하물며 SNS에 돌아다니는 우스갯소리를 보면, 남자가 늙어서 필요한 건 첫째는 부인, 둘째는 아내, 셋째는 집사람, 넷째는 와이프, 다섯째는 애들 엄마라고 하는데 말이다. 반면에 여자가 늙어서 필요한 건 첫째는 돈, 둘째는 딸, 셋째는 건강, 넷째는 친구, 다섯째는 찜질방으로 남편은 그 어느 하나에도 끼질 못했으니 그렇게 서로 다른 의식이 코미디로 웃어 넘기에는 개운치가 않다. 중국 속담엔 결혼은 경험이 없어 하고, 이혼은 인내가 부족해 하고, 재혼은 기억력이 부족해서 한다더니, 이혼은 정말 인내가 부족해서 하는 것일까.

이혼은 결혼할 때 신중하지 못했다는 말이나 다름없다. 러시아 속담에 전쟁터에 나갈 때는 한 번 기도하고, 바다에 나갈 때는 두 번 기도하고, 결혼할 때는 세 번 기도하라는 말이 있다고 한다. 결혼을 앞둔 청춘 남녀는 적어도 3년, 많으면 10년 이상 기도해야 한다고 생각한다. 그런 오랜 기도가 하늘 보좌에 기억되고 그런 정성이 하늘 보좌를 움직일 수 있는 것이다. 이혼 지경에 닥치면 주변을 원망하고 세월을 탓하며 하늘을 원망하는 일이 많다. 하고많은 사람들 중에 왜 하필이면 이런 인간을 만나 내 꼴이 이 지경이 되었나 생각하면 부아가 터지고 화가 나서 견딜 수 없을 것이다.

그러나 아내가 아무리 나쁘다 한들 욥의 아내만큼이야 나쁘겠는가. 욥이 극심한 환난 끝에 발바닥에서 정수리까지 악창이 나서 재 가운데 앉아 기와 조각으로 몸을 긁고 있는데 위로하거나 함께 기도하지는 못할망정, "당신이 그래도 자기의 순전을 굳게 지키느뇨. 하나님을 욕하고 죽으라."고 남편을 빈정대고 하나님께 폭언하던 그녀가 아니었던가(욥 2:7~9). 욥도 아내 때문에 힘들었을 것 같다. 결혼도 이혼도 신중해야 한다. 옛날 어느 가전회사의 광고에 '순간의 선택이 십 년을 좌우 합니다' 했었는데, 한 번 결혼은 평생을 좌우하는 것이니 기도 열심히 하여야 한다.

결혼식을 올릴 땐 얼마나 모든 게 황홀하고 세상은 온통 장밋빛으로 물들었던가. 세상이 다 자기 것 같았을 것이다. '신부 입장!' 할 때 들려오는 바그너 작곡의 오페라 로엔그린 중의 '결혼행진곡(혼례의 합창)'은 얼마나 우렁차고 감미로웠으며, 퇴장할 때 들려오는 멘델스존의 '한여름 밤의 꿈' 결혼행진곡에 발걸음도 산뜻하게 얼마나 희망이 부풀어 왔던가. 두 사람이 만나 백년해로百年偕老를 약속하는데 그건 100년간 함께 늙을 것을 약속한다는 말이다. 20살에 만나 결혼하면 최장 120세가 함께 되도록(창 6:3) 100년을 함께 늙겠다는 말이다.

부부가 결혼식을 올리고 함께 늙어가는 것은 아름다운 것이니 이를 기념하는 식의 이름도 갖가지다. 결혼 10년 때는 주석혼식朱

錫婚式, 15년 때는 수정혼식水晶婚式, 20년 때는 도자기혼식陶瓷器婚式, 25년 때는 은혼식銀婚式, 30년 때는 상아혼식象牙婚式 또는 진주혼식珍珠婚式, 35년 때는 산호비취혼식珊瑚翡翠婚式, 40년 때는 홍보혼식紅寶婚式이나 루비혼식, 45년 때는 견혼식絹婚式 또는 비단혼식이나 청옥혼식靑玉婚式 남보석혼식藍寶石婚式 사파이어혼식, 50년 때는 금혼식金婚式, 55년 때는 에메랄드혼식, 60년 때는 회혼식回婚式 또는 금강혼식金剛婚式이나 다이아몬드혼식으로 불린다고 한다. 다만 미국에서는 결혼 75주년을 다이아몬드혼식이라고 한다. 다이아몬드는 하늘에서 떨어진 별 조각, 신의 눈물방울로 불리며 순수와 영원을 상징한다고 하니 그 단단함과 영롱함이 가히 결혼 75주년에 걸 맞은 것 같다. 그런데 2015년에 미국의 아버지 부시 대통령과 바버라 여사가 결혼 70주년을, 지미 카터 대통령과 로잘린 여사가 결혼 69주년을 맞이하게 되었다니 큰 복을 받은 분들 같다.

이와 같이 결혼기념식에 등장하는 보석은 그 경도硬度에 따라 순차적으로 정해진 것 같다. 오래될수록 더 단단한 것으로 축하되니 그 상응함이 맞는 것 같다. 진주, 비취, 루비, 사파이어, 에메랄드, 다이아몬드가 각 그 단단한 순서대로 오래된 결혼기념식의 상징으로 맞춰 지었는데, 이혼은 이것이 그만 덜컥 중도에 깨진 것이다. 결혼 생활 중 시행착오를 수없이 겪고 동고동락하며 비가 온 뒤 땅이 굳어지듯 갈수록 다져야 하건만 현실은 그렇지 못한가 보다. 결혼은 농사짓는 것 같아서 흐린 날과 천둥 치는 날과 햇볕 뜨거운 날과 비바람 부는 날과 태풍 부는 날과 강추위에 얼어붙는 날을 다 견디며 결실을 맺을 때까지 이기고 나가야겠거늘 그렇지 못한 현실이 안타까울 뿐이다.

누구나 다 아웅다웅하고 티격태격하며 때론 끙끙 앓으며 함께하는 것이다. 겉으로 잉꼬부부인 것 같은 분들도 크게 다르지 않다고 생각한다. 빙산의 9할은 물속에 잠겨 있고 1할만 수면 위로 드러나 있는 것인데, 어찌 겉으로 드러난 1할만 보고 그 부부가 잉꼬라고 지칭할 수 있으랴. 다들 희비애환喜悲哀歡 속에서 살아가는 게 인생이다. 요즘은 산책을 하다가도 노인 부부가 나란히 걷는 모습을 보면 복 받은 분들이라는 생각이 든다. 이혼과 사별과 독거와 생이별이 흔한 세상에서 다정하게 노부부가 도란도란 이야기하며 걷는다는 건 큰 복이 틀림없다.

성경은 이혼을 매우 좋지 않게 보고 있다. 혼인을 귀히 여기라고 하셨다(히 13:4). 가정을 이루시게 한 분은 인간이 아니라, 모든 거를 다 알고 계신 하나님이며, 그러기에 함부로 나눠서는 안 된다는 것이다. 그게 큰 줄기다. 물론 구체적인 사례에 있어서는 다소 이혼이 불가피할 수도 있다는 구절이 나오긴 하나(마 19:7~8, 고전 7:15), 그건 어디까지나 마지못해 하는 소수의 경우에 한할 뿐이다. 성경의 다른 구절도 이혼을 금하고 계신다.

"결혼한 자들에게 내가 명하노니(명하는 자는 내가 아니요 주시라) 여자는 남편에게서 갈라서지 말고(만일 갈라섰으면 그대로 지내든지 다시 그 남편과 화합하든지 하라) 남편도 아내를 버리지 말라."(고전 7:10~11)

"이스라엘의 하나님 여호와께서 말씀하신다. 나는 이혼 자체를 미워하며 자기 아내에게 그런 끔찍한 짓을 하는 자를 미워한다. 그러므로 너희는 너희 마음을 지켜 너희 아내에게 신의를 저버리지 말아라."(말 2:16, 현대인의 성경)

하나님께선 이혼도 긍휼과 측은지심의 관점에서 보시는 듯하다. 물론 이혼으로 새로운 인생을 출발할 수도 있고, 새롭고 행복한 인생을 다시 만들어 볼 수 있다. 한번 실패하였기에 경험도 쌓였고, 또 조심하고 삼가야 할 것이 무엇인지 초혼 때보다는 훨씬 잘 알 수도 있다. 실제로 다시 결혼하여 잘 사는 사례도 적지 않을 것이다. 그렇지만 그럼에도 불구하고 이혼은 피할 수 있다면 피해야 할 일이다. 특히 이혼은 하나님을 믿는 남자들에게는 기도에 큰 장애가 생길 수 있다. 신자가 기도를 못 한다는 건 하나님과의 대화, 즉 영적 호흡이 잘 안 되어 호흡 정지로 인한 영적 사망에 이를 수 있기 때문이다.

"남편 된 자들아 이와 같이 지식을 따라 너희 아내와 동거하고 저는 더 연약한 그릇이요 또 생명의 은혜를 유업으로 함께 받을 자로 알아 귀히 여기라. 이는 너희 기도가 막히지 아니하게 하려 함이라."(벧전 3:7)

특히 자녀가 딸린 경우는 신중에 또 신중을 기하여야 한다. 부모님이 이혼하면 그 자녀가 겪는 고통과 아픔은 평생에 지울 수 없는 멍에로 남을 것이기에 말이다. 미국의 두 저명한 심리학자 존 H. 하비 교수와 마크 A. 파인 교수는 13년에 걸쳐 이혼가정의 아이들 1,000명을 직접 만난 사례를 모아 『상처 입은 가족을 위한 심리학』이란 저서를 펴냈다고 한다. 그에 의하면, 부모의 이혼으로 아이들이 겪는 고통은 이루 말할 수가 없는데 버림을 받았다는 피해의식, 아빠의 부재가 빚은 불안감, 헤어날 길 없는 깊은 슬픔, 부모를 대신해야 하는 무거운 압박감, 혼자 남은 엄마에 대한 부담감, 남과 잘 어울릴 수 없다는 두려움, 연애 관계의 번번한 실패, 끝이 없는 상실감을 겪고 있다는 것이다. 참으로 두렵고 걱정되는 일이다.

그러니 자녀가 딸린 경우는 이혼을 정말 신중히 생각해야 한다. 흔히들 조선시대는 칠거지악七去之惡을 말하며 쉽게 이혼을 했다고 생각하지만 천만에다. 칠거지악에 해당되면 남자가 일방적으로 아내를 내어 쫓는 것으로 알고 있지만, 사실은 그렇지 않다. 칠거지악이 아니고 칠거삼불출七去三不出이라고 해야 정확한 표현인데, 조선 초 대명률大明律에 따라 가문의 보존을 위해 시부모 불순종, 무자식, 음행, 투기, 나쁜 병, 말 많은 구설, 도둑질, 이렇게 일곱 가지는 쫓아낼 수 있었으나, 거기에 해당되어도 삼불출이라 하여 부모 삼년상을 함께 치렀거나 가난할 때 장가들었거나 아내가 돌아가 살 곳이 없는 경우는 내어 쫓지 못하게 되어 있었다. 이를 어겼을 경우 장杖 80대나 중노동을 시키는 도형徒刑에 처했다고 한다. 그뿐 아니라, 조선 말기에는 칠거 중 자식을 못 낳거나 질투하는 것

두 가지는 빼버려 오거(五去)로 줄이면서 이혼 사유가 될 수 없도록 했고, 또 자녀가 있는 경우에는 이혼할 수 없도록 고쳤다고 하니, 가정을 지키고 힘없는 처자를 생각하는 인륜적 긍휼지심이 지금보다도 나은 것 같다는 생각이 든다.

천주교에서는 낙태와 더불어 이혼을 엄격하게 금하고 있다. 영국 왕 헨리 8세가 캐서린 왕비와 이혼하기 위해 교황청과 갈등을 빚다가 급기야는 1534년 로마 천주교로부터 독립하여 영국 성공회를 조직하고 스스로 그 수장이 된 이야기는 널리 알려진 일이다. 그만큼 천주교는 이혼을 허락하지 않는다.

이혼, 그건 형언할 수 없을 만큼 고통스럽고, 너무도 슬픈 일이다. 상실감과 외로움과 분노를 어찌 필설로 다 말할 수 있으랴. 오늘날 성인의 절반은 분노 조절이 안 되고 성인의 십분의 일은 치료가 필요하다는 보도를 본 바도 있지만, 이혼의 앞과 뒤는 그 분노와 절망의 정상에 서 있는 일이요, 치명적인 인생사요, 세상을 크게 비관할 수 있는 일이다. 그래도 부득이 이혼하신 여성분이라면 우울, 절망, 좌절에 빠지지 말고 주위 시선에 아랑곳하지 않고 꿋꿋하게 일어서 힘차게 살아가야 하겠다. 신앙을 갖는다면 하나님께서 큰 힘이 되어 주실 것이다.

비바람 때론 모질어도
한 아름 모란꽃 피우는 여인이고저
고난도 수고도

그저 기쁨으로 알았습니다

어느 날부턴가
파고가 높아오고
이윽고 전신을 뒤얹던 날
비로소 내가 선 자리는 외진 절벽
그는 어느 낯선 이방인
아, 절망으로 혼절합니다

벼랑 끝까지 쫓긴 슬픈 사슴
눈시울 온통 붉게 젖어
밑둥 째 무너져 내리고
영혼조차 찢겨진 고통 속에서
몸부림친 세월

덩그러니 걸린
검은 그믐달
강물도 덥다 만 신열身熱

그래도 내 품 안에
둥지 튼 파랑새 하나
그 촉촉한 눈망울에

다시 눈물 돌지만

저 푸른 산 푸르름 있어

다시 일어섭니다

먼동 터 오르고

새들의 새벽 깃 터는 소리

슬픔의 자화상 홀로 걷으며

새로이 떠나는 여정

아, 아직도 살아 있음과

살아가야 함을 감사합니다

-拙詩, '파경의 길목에서' 全文

부부와 부부 싸움

부부란 무엇일까. 부모 자식이 가깝다 하나 부부만큼 가까울 수 있을까. 부모 자식은 1촌 간이요, 부부는 무촌無寸이다. 남남이 무촌이지만, 둘이 완전히 하나가 되면 남이 아닌 바로 자기 자신과 다를 바 없으니 그래서 부부무촌이란 말로 해석하는 게 좋을 성싶다. 한 몸이니까 말이다. 죽음이 서로를 갈라놓기 전에 부모 자식 간에는 얼마든지 떠나지만, 부부는 떠나지 않는 법이요, 죽어 합장合葬까지도 하는 사이가 아닌가. 그런 부부를 어떻게 표현해야 적절할까.

부부는 베개를 함께 하며 인생을 동반하는 사람인가. 닻줄과 같은 끈끈한 인연으로 고락을 함께 나눠가며 위로와 애틋한 그리움과 평생토록 못다 나눈 아쉬움만을 늘 남겨가는 존재인가. 여름 하늘 시골집 창문을 열고 밤하늘의 별을 함께 쳐다보며 영원한 사랑을 노래하는 사이인가. 처마에 스민 달빛 그림자 아래 유난히 울어대는 풀벌레 소리를 함께 누워 들어보는 그런 사이인가. 곁에 없으면 그리워하고 목마르는 외로움을 짙게 느끼는 그런 관계인가. 머리카락 몇 올까지도 같이 희어져가며 세월 속에서 간단없는 고뇌와 기쁨과 아픔을 함께하며 부운浮雲 같은 인생을 하루하루 마쳐 가는 그런 삶의 동반자인가. 바라만 보아도 포근하게 늙고 싶은 연인 사이인가. 초겨울 안개비 뿌연 회색 도시에선 남편이 한껏 여윈 아내의 어깨에 두툼한 자줏빛 숄을 걸쳐주고, 늦가을 산 빛이 저문 비탈길 억새풀 사이를 걸을 때면 아내가 남편의 손을 잡고 걷는 그런 동행인인가. 훌쩍 손잡고 여행길을 떠나 남녘 바닷가의 금빛 여울여울 하얗게 돋는 아침을 곱게 맞고 싶은 그런 사이인가. 그 아름다운 인연이 영원하여 부활 후에도 계속될 수 있기를 바라면서 가득한 화평의 나래를 펴는 한 쌍의 원앙새인가.

그렇다. 부부는 처음 만나 오롯이 자리 잡을 땐 선남선녀였고, 약혼을 다짐할 때면 백년을 다짐하는 영롱한 촛불이 신부의 비단옷 분홍빛 예복 위에 아롱져 빛나며 내리워 한 아름의 달덩이 선을 긋는 그런 천상의 배필인 것이다. 때론 봄날 갑자기 차가운 바람으로 몰아치는 사이였다가 이튿날이면 또다시 떠오르는 여명에 아무 일이 없었던 듯 희망의 웃음으로 발걸음을 내딛는, 그런 숙명을 이고 사는 사이다. 부부는 평생을 함께하는 한 몸이니, 부부는 영원한 즐거움이요 끝내 다 쇠진衰盡하지 못하는 비밀이요 때론 평생 풀어야 하는 숙제다.

부부가 한 몸이요 하나인 것은 창세기에서 아담과 이브를 만드시고 복을 주시면서부터이다. 예수님께서는 "사람을 지으신 이가 본래 저희를 남자와 여자로 만드시고 말씀하시기를 이러므로 사람이 그 부모를 떠나서 아내에게 합하여 그 둘이 한 몸이 될지니라 하신 것을 읽지 못하였느냐. 이러한즉 이제는 둘이 아니요 한 몸이니 그러므로 하나님이 짝지어 주신 것을 사람이 나누지 못할지니라."(마 19:4~6) 말씀하셨다. 부부는 하나이기에 태초에 아담과 그 아내 두 사람이 벌거벗었으나 부끄러워 아니하였다고(창 2:25) 말씀하셨던 것이다. 그 둘이 서로 남이었으면 당시 부끄러워했을 것이나 하나였으니 그저 자기가 자기 몸을 보는 것으로써 부끄러움이 없었다는 말이다.

부부가 하나라는 건 성경의 비밀이다. 말라기서에는 "여호와는 영이 유여(有餘)하실지라도 오직 하나를 짓지 아니하셨느냐. 어찌하여 하나만 지으셨느냐. 이는 경건한 자손을 얻고자 하심이니라. 그러므로 네 심령을 삼가 지켜 어려서 취한 아내에게 궤사를 행치 말지니라."(말 2:15)고 가르치셨다. 즉 여호와께선 영이 충만하고 남아 도셨지만 딱 하나만 지으심은 경건한 자손을 얻으려고 하신 것처럼 너도 어려서 취한 아내와 더불어 딱 그 하나 아내와만 더불어 관계하여 경건함을 본받으라는 말씀이다. 거룩함과 존귀함으로 자기 아내를 대하라고도 하셨다(살전 4:4). 그러니 축첩은 경건함을 가질 수 없는 것이요, 부부를 벗어난 성관계는 재앙임을 성경은 숱한 곳에서 지적하고 있다(잠언 5장~7장). 그렇게 하나가 된 아내는 결실한 포도나무요 복의 근원이다.

"여호와를 경외하며 그 도에 행하는 자마다 복이 있도다. 네가 네 손이 수고한 대로 먹을 것이라. 네가 복되고 형통하리로다. 네 집 내실에 있는 네 아내는 결실한 포도나무 같으며 네 상에 둘린 자식은 어린 감람나무 같으리로다. 여호와를 경외하는 자는 이같이 복을 얻으리로다."(시 128:1~4)

지혜의 보고寶庫인 잠언은 좋은 배필에 대한 언급으로 그 끝을 맺고 있다. 아내에 대하여는, "누가 현숙한 여인을 찾아 얻겠느냐 그의 값은 진주보다 더 하니라"(잠 31:10), "고운 것도 거짓되고 아름다운 것도 헛되나 오직 여호와를 경외하는 여자는 칭찬을 받을 것이라"(잠 31:30)이라 하면서 남편에 대하여는, "그의 남편은 그 땅의 장로들과 함께 성문에 앉으며 사람들의 인정을 받으며"(잠 31:23), "자기의 집안일을 보살피고 게을리 얻은 양식을 먹지 아니하나니"(잠 31:27) 라고 했으니, 진실로 부부의 귀한 맺어짐은 아름다운 인생의 초석礎石을 놓는 것이다.

필자의 어느 휴일 아침, 환한 아침 햇살이 창가로 들어오셨다. 피곤했는지 아직 깨어나지 않고 이불 속에서 곤히 잠들어 있는 아내의 얼굴 위로 사르르 햇살이 비쳐오는 걸 바라보고선 문득 시상詩想이 어른거렸다. 참으로 마음 가난한 시절이었고, 가난했기에 행복한 시절이었다.

그의 바다 같은 품에 안기어

지난밤 잠을 이뤘고

그의 따스한 미소 속에

살포시 눈을 뜹니다

창문가 찾아오신 아침 햇살

하늘 비단 건네주고

우린 그 위에 또

금슬의 수繡

한 올을 놓습니다

옷섶을 적시는 생의 강물

그 써레질이 쉽진 않지만

위로의 말 한마디에

검푸른 격랑激浪도

은빛 잔물결로 헤쳐 온 세월

아끼는 정만큼이나 더욱

그의 그늘로 다가 섭니다

그의 함지박 웃음 속에

영그는 우리 열매들

지는 저녁노을

그의 품에 들면

그는 나의 아늑한 천국

나는 그의 영원한 그림자입니다

-拙詩, '남편의 그늘' 全文

　부부는 이토록 아름다운 것이다. 부부가 서로 돕는 것은 비단에
수繡를 놓은 것이라고 했다질 않는가. 비단도 아름다운 데 거기에
수까지 놓으면 얼마나 금빛 찬란하겠는가. 만약 창조의 질서에 부
부 제도가 없었다면 이 세상은 어찌되었을까. 그야말로 쟁취의 다
툼과 정욕의 배설과 번식만을 위한 세상이 되었을 것이요, 흙탕물
의 혼돈과 무질서의 세상이 되었을 것이다. 그러니 하나님께서 만
드신 부부란 제도에 감사하며 살아야 한다.

　그러나 다들 부부 싸움을 하게 된다. 남남이 만났으니 싸우지
않고 사는 부부는 거의 없을 것이다. 다투더라도 문제가 되는 사
안 자체에 대하여만 다투어야지 명예와 자존심에 상처가 되는 인
신공격을 한다든지 시댁과 처가까지 물고 늘어지게 사태가 온다면
오랫동안 치유될 수 없는 자국으로 남으니 정말 삼가야 하겠다.

예쁘게 색칠한 잎

검은 달

푸르뎅뎅 검정스러움

옴팡진 그늘에 핀

검은 위세

숙제 하나

사랑 위에 떠 있다

  -拙詩, '아내의 침묵' 全文

　필자의 경우도 당연히 젊은 날, 아내와의 부부 싸움으로 힘든 적
이 있었다. 그럴 때면 어릴 적 추억이 남아 있던 옛 고향, 시흥군
군자면 장곡리를 찾았다. 이제는 아무 친인척도 살지 않는 그 옛
고향으로 훌쩍 떠나 하루 종일 정처 없이 마을길을 걸었다. 아파
트가 들어서기 전이었으니 옛 정취가 제법 남아 있었다. 옛 우물가
며, 학교의 건물과 운동장과 교문이 있던 자리며, 만화가게가 있던
자리며, 논과 밭과 목화밭의 자리며, 뱀을 잡던 땅꾼이 살던 집이
며, 마을 어귀며, 수풀과 묘지가 있는 자리며, 저 안쪽의 건넛마을
이며, 저 멀리 게를 잡던 갯벌이며, 염전 창고며, 배수갑문이며, 어
릴 적 향수와 바다 내음이 물씬 풍겨오는 것들에 취하여 걷고 또
걸었다. 길 떠난 나그네가 번뇌를 다 내려놓고 표표히 산하를 둘러
보듯, 홀로 추억에 빠져 하루 종일 걷다 보면 어느새 노기도 감정

도 많이 누그러져 편안한 마음으로 집에 돌아올 수 있었다.

또는 어느 땐 밤이 늦도록 책상머리에 앉아 어휘 하나하나를 엄선하고 정제해 가며 시를 썼다. 시를 쓰느라 노동에 집중하노라면 그 고단함과 파묻힘에 어느새 감정은 소금에 절인 배추 잎처럼 자연히 삭아 들었다. 피 끓는 젊은 날이어도 이혼 같은 단어를 추호도 생각해 본 적이 없었으니 그건 금쪽같은 아이들에게 몹쓸 짓을 하는 거라는 신념이 있었기 때문이었다. 철없는 젊은 날치곤 참으로 다행스러운 일이었다. 그러면서 살다 보니 이해하고 용서하고, 이해받고 용서받고 그렇게 살아왔다. 그렇게 극복한 시절이 지금은 고맙기만 하다.

부부 싸움은 애증愛憎의 험난한 산맥이다. 산맥을 넘으려면 처음엔 힘든 고비도 있겠지만, 넘다 보면 편하고 요령 있게 넘는 방법도 터득할 수 있고, 그러다 보면 튼튼한 건각健脚과 다져진 마음도 얻을 수 있다. 이를 잘 견디어 이겨내면 부부는 어느새 질긴 운명 같은 존재임을 확인하게 되는 것 같다. 부부는 하나님께서 맺어주신 인연이다. 이젠 둘이 아니요 한 몸이라고 하셨는데, 한 몸이 찢기면 남자와 여자 누구에겐들 편한 상태가 되겠는가. 부부는 천상天上의 강가에 이를 때까지 그 인연이 유구히 흐르는 사이다. 부부가 이혼하지 않고 함께 백년해로를 하는 것은 부부로 맺어준 하나님께 지켜야 하는 예의며, 자식에게 갖추어야 할 어버이로서의 도리다.

함께 살아도
함께 살지 않는다

살을 섞고 애증을 나눠
이젠 내 사람
의심해 본 적이 없는데
어느 날 다가선
낯선 이방인

함께했던 그 긴 여로의
허망한 자취
말을 잃고…
잊었던 상처 자국에
다시 맺히는 아픔의 이슬
그래도 연緣은 더욱 질기다

슬픔을 짓누르는 세월
반백半白의 세어 버린 머리
쪽대의 견고함만큼이나
어느새 닮아 버린 얼굴

언젠가는 이들

천상의 강가에서

두 영혼 자적하는 날까지

연緣은 유구히 흐르리라

-拙詩, '그래도 緣은' 全文

인생에서 필요한 것

　친구들한테서 카톡 문자가 왔다. 다들 카톡으로 소식을 주고받으니 카톡을 꺼버리면 소식을 들을 수가 없고, 켜놓자니 여간 귀찮지 않다. 그런데 어떤 친구들은 취미인지 봉사인지 하여튼 좋은 말이라면서 부지런히 정보를 퍼 나르기에 여념이 없다. 개중에는 좋은 말도 있고, 멋있는 사진이나 동영상과 음악도 있고, 유익한 정보도 있고, 우스갯소리도 있다. 방금 들어온 글을 보자.

　'황금인생을 만드는 다섯 가지 부富 인생내공'이란 제목으로 돈, 시간, 친구, 취미, 건강을 소개하며 자세히 토를 달았다. 어떤 친구는 1. 건강, 2. 처, 3. 재산, 4. 일거리, 5. 친구를 현대사회에서의 5복福이라고 보내왔다. 다른 친구가 보낸 글에선 '100세 준비 7원칙'이란 제목 하에 평생현역, 평생경제, 평생건강, 평생젊음, 평생친구, 평생공부, 평생마음개발을 내세우며 역시 자세한 설명을 덧붙였다. 그 외에도 '지혜로운 삶', '평생 가져야 할 9가지 몸가짐', '행복을 찾는 비결'등 누가 그런 말을 처음 만들어 돌리는 것인지 기가 찬다. 소위 웰빙Well-Being하자는 것이다. 건강하고 행복하고 지혜롭게 살자는 것인데, 요샌 한걸음 더 나아가 잘 늙는 웰에이징Well-Aging, 잘 죽자는 웰다잉Well-Dying까지 나왔다고 한다. 다 일가견이 있는 말들이요, 귀담아들을 내용도 많다.

그런데 그런 좋은 글들에 늘 하나가 빠져 있다. 중요한 게 빠져 있으니 결코 그 글들은 지혜롭지도, 황금인생을 만들지도, 백세 준비 원칙도, 평생 가져야 할 몸가짐도, 행복 찾는 비결도 되지 못한다. 정답이 아닌 것이다. 중요한 게 빠졌으니 국이나 반찬으로 말하자면 모든 걸 다 쏟아 정성껏 다 만들어 놨지만 소금을 안 친 격이다. 그것이 바로 예수님을 믿는 신앙이다. 간혹 종교를 가지라는 말은 있으나 "하나님을 믿어라" 하는 글은 한 번도 본 적이 없으니 안타까운 일이다. 종교에 대하여 말하기가 조심스러워 그럴지 모르겠지만 정작 꼭 해야 할 말을 놓쳤다면 다른 말들이 무슨 소용이 있겠는가. '하나님을 믿어라' 이는 꼭 해야 할 말이다.

'하나님을 믿어라' 이 말이 빠졌다면 이 세상 모든 걸 얻고, 실컷 누리고, 뜻대로 살았다 한들 지혜로운 인생이 아니다. 모든 문학가와 예술가들이 꿈꾸는 도시 남프랑스의 프로방스를 찾아 '별이 빛나는 밤에'를 노래하며 살았다 한들 무슨 소용이 있을 것인가. 한평생 사람들의 존경을 한 몸에 받았다 하고 남이 부러워할 모든 행복의 조건을 가졌다 한들 정작 나이 먹을수록 이제 곧 떠날 인생을 위해 아무런 준비를 하지 않았다면 무슨 소용이 있겠는가. 인생에서 꼭 필요한 것은 예수 그리스도라는 말씀이다. 시편에 "저희는 육체뿐이라 가고 다시 오지 못하는 바람임을 기억하셨음이로다."(시 78:39)라고 했다. 인생의 슬픔과 짧음과 덧없음을 잘 표현한 말씀이니, 그런 인생을 허투루 소비하다 갈 수는 없는 일이다.

인생에서 가장 필요한 것의 하나로 미용美容을 꼽는 분도 많다. 잘생기고 아름다워야 한다는 것이다. 장신구와 네일아트로 치장하는 건 고전적이고, 이제는 얼굴을 비롯한 온 전신에 칼을 대서 뜯어 고치고 있으니, 성형공화국이 된 건 이런 세태 때문인가. 혹자는 미용 성형은 심리치료 효과가 있기 때문에 긍정적이라고 하나 여중생이 쌍꺼풀 수술을 하기 위하여 여름방학 때 아르바이트를 한다고도 하니 외모지상주의의 폐해가 이만저만이 아니다. 하나님과 부모님이 공동으로 만들어주신 멀쩡한 외모를 고치다니 쉬 납득하지 못할 일이다. 공자님도 효경에서 "身體髮膚 受之父母, 不敢毀傷 孝之始也"라 해서 부모에게서 물려받은 몸을 손상시키지 않는 것이 효의 시작이라고 했다. 성경에 성형 미용에 대하여 말씀하신 건 없지만 외양과 겉치레 때문에 심한 질책을 받은 바리새인들이나 예배 때 비싼 금과 진주로 치장하는 대신 내면의 아름다움으로 단장하라 하신 말씀을 생각해 보면(딤전 2:9, 벧전 3:3~4) 하나님께선 언짢아하실 것 같다. 그러나 '몸에 무늬를 놓지 말라' 하시며 문신은 분명히 금하셨으니(레 19:28), 크든 작든 어떤 문신도 성경적이 아니다.

남에게 아름답게 보이고 싶은 건 이해가 가나, 우리 몸은 우리가 하나님께로부터 받은바 우리 가운데 계신 성령님의 전殿이다. 우리 것 같지만 우리 것이 아닐 뿐 아니라(고전 6:19), 거룩한 것이다(고전

3:17). 어떻게 성령님의 허락도 없이 내 심미안審美眼대로 손을 댄다는 말인가. 심지어 구약시대 때 하나님께서는 단을 쌓을 때에도 다듬은 돌로 쌓지 말라고 하심으로써(출 20:25) 인공적인 가공 속에 깃드는 외형에의 관심과 허례를 경계하셨다. 성형과 문신은 예수 생명이어야 할 인생에서 진짜 필요한 것들이 아니다. 내면의 부실한 것을 가리려는 치졸稚拙함으로 여겨질 수 있다. 그뿐인가. 우리의 지금 육체는 마지막 날 부활할 때의 몸의 근체根體다. 어떤 모습으로 어떻게 변화되어 부활할지는 비밀에 부치셨으니 잘 알 길이 없지만, 하나님의 권능으로 부활할 이 귀한 육체에 온전한 치료의 목적이 아닌, 미용과 과시와 외식外飾을 위한 칼과 화학약품을 쓰는 것은 성경적이 아닌 것 같다.

또 하나 최근의 시류時流 중의 하나는 인상 깊다. 인생에서 높은 이상을 희원希願하는 많은 지성인들이 인문학人文學 강의에 푹 빠져 있다는 것이다. 바야흐로 대학마다 문화원마다 대중 강좌로 인문학 열풍이 불고 있다. 편식함이 없이 삶의 지혜를 아우르고 통섭統攝하는 인문학 공부는 사회과학, 자연과학, 기술학 등 지식을 융합하고 이를 자기 발전이나 처세 또는 교양이나 기업 경영에 접목시키고자 하는 의도로서 좋은 일임에 틀림이 없다. 인문학은 인간다움이라는 라틴어에서 유래되었다고 한다. 원래는 중세 이태리에서 돈을 많이 번 부유층들이 자식들이 공부하는 대학의 가르침에 만족할 수 없어 학문의 대가大家들을 집으로 불러들여 도덕과 철학, 수사학修辭學과 문법과 역사 등을 가르친 게 그 효시라고 한다. 인문학 공부를 통해 많은 분들이 물질 만능과 이기적 사고에 젖은 우리 사회에 갱신의 바람을 일으킨다면 좋을 것이다. 그건 인간의 본질과 본연을 살펴보고 역사에 비춰 교양과 인간성 회복을 추구하려는 것이기 때문이다.

사실 통섭적統攝的 시각을 키우는 인문학은 좋은 공부이다. 학문 간의 벽을 헐고 편협적인 사고에서 벗어나자는 것이니 출발이 바람직하다. 논어 위정 편에 '군자부기君子不器'라는 말이 있다. 군자는 특정 용기의 그릇이 아니라는 것이다. 자기 그릇의 좁은 한계를 뛰어 넘어 보편적 통할적統轄的 경지에 이르러야만 비로소 국가를 경영하고 백성을 다스릴 수 있다는 것이니, 통섭적 시각을 키운다는 건 한 국가를 경영하든 기업체를 경영하든 역사와 사람과 시대와 환경을 읽는 눈을 키우는 것으로 그만큼 중요하다는 말이겠다.

그러기에 조선시대 한 분야의 최고 전문가인 의관醫官, 율관律官, 역관譯官, 산관散官은 중인 계급에 머물렀을 뿐이다. 이는 특정 기술은 좋으나 백성을 다스리는 데 필요한 유교 성리학의 이념인 공맹지도孔孟之道를 터득하지 못했으니 보편적 통할적 혜안이 부족하다고 여겼기 때문이었다. 또한 오늘날 보병, 포병, 기갑, 공병, 헌병, 의무 등 특정 병과의 대령Colonel은 그 분야의 최고의 전문가이지만, 승진해서 별을 달면 장군General이 된다. General은 일반적이란 말이다. 즉, 장군將軍은 이제껏 자기가 해왔던 병과兵科 하나만 잘 아는 전문가에 그쳐서는 아니 되고, 두루 일반적 보편적으로 다 알아야만 하기에 붙여진 명칭인 것이다. 그러니 이렇게 두루 거시

적 안목의 폭넓은 시야를 갖도록 하는 인문학은 유용한 공부임에 틀림없다.

그러나 인문학 강의는 어차피 사서오경을 비롯한 동양의 철학과 가치, 헬레니즘과 헤브라이즘을 기반으로 한 서양의 철학과 가치, 그리고 동서양의 역사와 문화지리학, 고대의 4대문명, 문예와 예술학, 인류학 등을 주 제재로 하여 진행되는 인간학이다. 결국 인본주의적 접근이니, 인문학 강의는 어차피 이 땅에서의 삶을 주된 목적으로 하는 것이다. 과거와 현재를 살피고 미래를 지혜롭게 열어가자는 것이나 아무래도 한계가 있는 것이다.

고도의 인문학보다 더 가치 있는 건 직접 하나님을 찾아 섬기는 일이다. '철학은 신학의 시녀'라는 말이 있듯이 아무리 훌륭한 철학과 이데아도 사람의 존재와 본질과 가치를 논함에 있어 신학을 따라가지 못하는 법이다. 인문학을 통해서 역사 속에서 섭리하시는 하나님을 발견하고 하나님의 필요성을 찾게 된다면 최고의 지혜요 보람이 되겠지만 인문학이 그저 호기심과 지식 충족에 머무를 뿐 하늘의 것을 희구하는 것에까지 이르지 못한다면 그건 작은 변화에 다름 아니다. 어차피 인간 존재 자체나 인간의 학문으로는 이 세상도 자신도 크게 변화되기는 어렵기 때문이다. 인간들은 본질상 진노의 자녀들이니 말이다(엡 2:3).

"여호와께서 사람의 죄악이 세상에 관영함과 그 마음의 생각의 모든 계획이 항상 악할 뿐임을 보시고"(창 6:5)

"누가 철학과 헛된 속임수로 **너희**를 사로잡을까 주의하라. 이것은 사람의 전통과 세상의 초등학문을 따름이요 그리스도를 따름이 아니니라."(골 2:8)

인생을 살아가며 내 마음의 풍경은 어떤 것이어야 할까. 삶의 우선순위를 깨닫는 일이다. 생에 쫓길수록 우선을 두어야 하는 일은 살아생전 저세상을 준비하는 일이다. 저세상은 인생 마치고 떠나가면 반드시 곧바로 닥치게 될 문제이기 때문이다. 그러니 그걸 전혀 언급하지 않았다면 그게 어찌 성공한 삶이요, 행복한 인생이었다고 말할 수 있겠는가. 금 쪽 같이 귀한 인생을 그리 끝나는 건 너무 허망하지 않은가. 잠깐 세상을 살면서 썩어짐의 종노릇을 한 것도 억울한데 이젠 거기서 해방되어 하나님의 자녀들의 영광의 자유에 이르러야 하지 않겠는가(롬 8:21). 그게 핵심이다. 이 땅에서의 인생은 팔십 정도이나 심판 후의 저세상은 영원하니 이를 준비해야 하지 않겠는가. 영원한 천국에 들어갈 것인가 아니면 영원한 지옥 불에 들어갈 것인가. 지옥불은 분명히 있다고 성경이 가르치고 있다.

"만일 네 손이 너를 범죄케 하거든 찍어 버리라. 불구자로 영생에 들어가는 것이 두 손을 가지고 지옥 꺼지지 않는 불에 들어가는 것보다 나으니라. 거기는 구더기도 죽지 않고 불도 꺼지지 아니하느니라. 사람마다 불로서 소금 치듯 함을 받으리라."(막 9:43, 48, 49)

영원한 천국인가, 영원한 지옥인가. 80년 인생을 잘 먹고 멋지게 사는 방법은 가르쳐 주면서도 정작 80의 백 배, 천 배인 팔천 년, 팔만 년 아니 그보다 훨씬 더 영구한 세월을 사는 저세상에 대해 가르쳐 주지 않는다면 그게 어찌 현명한 멘트이겠는가. 독일의 문호 괴테는 "내가 부활하신 주님을 만나기 전의 모든 것은 오류였다."라고 외쳤다고 한다. 성경은 인생의 짧음을 늘 환기시키며 제대로 살라고 당부하신다. "내일 일을 너희가 알지 못하는도다. 너희 생명이 무엇이뇨. 너희는 잠깐 보이다가 없어지는 안개니라."(약 4:14). 반면 다른 것 다 놓쳐도 중요한 믿음 하나는 굳건히 붙잡았다면 그건 괜찮은 인생이다. 그러니 '하나님을 믿어라' 이 말은 꼭 넣어 주어야 하지 않겠는가. 예수님의 십자가 고난을 받아들이고 예수 생명을 얻어 부활의 기쁨에 참여하는 게 진정 인생에서 필요한 일이다.

"일의 결국을 다 들었으니 하나님을 경외하고 그 명령을 지킬지어다. 이것이 사람의 본분이니라."(전 12:13)

인생 추수와 일

한 해 농사일을 마치면 가을엔 추수秋收를 한다. 봄에 씨를 뿌리고 밭을 갈고 농기구를 챙기고 잡초를 제거하고 퇴비를 주고 김을 매고 논두렁 밭두렁을 정리하고 비가 오면 넘칠세라 물꼬를 터주고 비가 안 오면 말라 죽을세라 물을 끌어오고 정말 한도 끝도 없다. 쌀농사의 경우는 여든여덟 번이나 손이 가서 팔십팔 세의 나이를 쌀 미米 자를 써서 미수米壽라고 한다지 않은가. 농자천하지대본이라고 정직한 땅을 상대하는 농민은 거짓 없는 귀한 분들이다. 하늘과 흙을 늘 가슴에 안고 있다. 그런데 한 해 고생하고 추수 때가 되면 풍작이든 흉작이든 반드시 그 결과를 알 수 있다.

농사뿐이겠는가. 모든 일의 끝에는 결과가 있고, 그 결과를 감수하여야 한다. 수업에 대한 평가를 하면 수우미양가든, A학점 F학점이든 그 결과가 나오고, 학업의 과정을 마치면 졸업인지 수료인지 중퇴인지 결과가 나온다. 입사 시험을 치르면 당락의 결과가 있고, 맞선을 봐도 인연인지 아닌지 결과가 있다. 한평생 직장에서 일을 하면 퇴직할 때 공로 표창을 받든 불명예 퇴직하든 그 결과가 있고, 사업을 경영하면 흥하든 망하든 결과가 있다.

우리 인생도 마찬가지다. 한평생 살아간 후 마지막엔 반드시 추수의 시기가 있다. 심은 대로 거두고(갈 6:7), 행한 대로 갚고(마 16:27), 믿은 대로 되는 것이다(마 8:13). 성경은 그걸 심판이라고 한다. 하늘나라에 갈 것인지 지옥 불에 떨어질 것인지, 또 하늘나라에 가면 어떤 상급을 받을 것인지 분명히 판가름 받게 되어 있다. 성경이 이를 숱하게 지적하고 있기 때문이다. 믿지 않는 분들은 이걸 받아들이지 않는다. 성경에 거짓이 써져 있다고는 생각하지 않지만, 자신이 직접 보지 못했고 직접 경험하지 못했기 때문에 또는 살아가면서 크게 다급한 일도 아니요 먼 훗날의 이야기라고 생각하기 때문에 잘 받아들여지지 않거나 관심이 없는가 보다. 세월 가운데 우리가 수많은 씨앗을 심었으니 언젠가는 추수하고 수확하여야 한다.

"또 내가 보니 흰 구름이 있고 구름 위에 사람의 아들과 같은 이가 앉았는데 그 머리에는 금 면류관이 있고 그 손에는 이利한 낫을 가졌더라. 또 다른 천사가 성전으로부터 나와 구름 위에 앉은 이를 향하여 큰 음성으로 외쳐 가로되 네 낫을 휘둘러 거두라. 거둘 때가 이르러 땅에 곡식이 다 익었음이로다 하니 구름 위에 앉으신 이가 낫을 땅에 휘두르매 곡식이 거두어지니라."(계 14:14~16)

다만 여기서 생각해봐야 할 것은 신앙인의 경우에 그저 하나님만 믿고 하나님께 다 맡긴다고 하면서 아예 아무 씨앗도 뿌리려 하지 않는 분이 있다는 점이다. 물론 우리가 하늘 아버지를 두었으니 그분께 인생의 전적인 것을 의지하고 무거운 짐도 다 그분께 내려놓고, 그분이 주는 평안과 안식을 누리는 것은 당연한 일이다. 성경에도 비슷한 말씀이 있다. 다윗은 "여호와여, 내 마음이 교만치 아니하고 내 눈이 높지 아니하오며 내가 큰일과 미치지 못할 기이한 일을 힘쓰지 아니하나이다. 실로 내가 내 심령으로 고요하고 평온케 하기를 젖 뗀 아이가 그 어미 품에 있음 같게 하였나니 내 중심이 젖 뗀 아이와 같도다."(시 131:1~2)라고 했으니 크게 무슨 일을 하지 않아도 좋다는 것으로 받아들여질 수 있다. 또 예수님께서도 "하나님의 보내신 자를 믿는 것이 하나님의 일이니라."(요 6:29) 하셨으니 예수님을 믿는 게 곧 하나님의 일을 다 하는 것처럼 생각될 수도 있을 것이다.

그러나 뿌린 게 없으면 아무것도 거둘 게 없는 법이다. 결국 수확 때 아무 상급도 없는 빈손털이 인생이라는 말이다. 다윗의 위와 같은 고백은 일을 한답시고 교만하고 욕심을 부리는 마음으로 일을 하면 하나님의 품에서 떠날 수 있기에 그럴 바에는 어미 품에 있는 아기와 같이 고요히 있는 게 낫겠다는 말일 뿐이다. 예수님의 위 말씀도 믿기만 하고 게으르게 편히 먹고 쉬라는 게 아니다. 오히려 예수님께서는 내 짐을 지라 하시면서(마 11:29~30), "내 아버지께서 이제까지 일하시니 나도 일한다."(요 5:17)라고 하셨으니 열심히 일해야 함이 마땅하다. 일부 데살로니가 교인들이 종말사상에 빠져 아무 일도 안 하며 불성실하게 무위도식할 때 사도 바울은 게으른 자들을 권계勸戒하라고 가르쳤다(살전 5:14).

잠언에도 "게으른 자여, 개미에게로 가서 그 하는 것을 보고 지혜를 얻으라. 개미는 두령도 없고 간역자도 없고 주권자도 없으되 먹을 것을 여름 동안에 예비하며 추수 때에 양식을 모으느니라. 게으른 자여, 네가 어느 때까지 눕겠느냐. 네가 어느 때에 잠이 깨어 일어나겠느냐. 좀 더 자자 좀 더 졸자 손을 모으고 좀 더 눕자 하면 네 빈궁이 강도같이 오며 네 곤핍이 군사같이 이르리라."(잠 6:6~11)라고 말씀하고 있고, 사도 바울도 "누구든지 일하기 싫어하거든 먹지도 말게 하라."고 경고하였으며(살후 3:10), 전도서 기자는 "풍세를 살펴보는 자는 파종하지 못할 것이요, 구름만 바라보는 자는 거두지 못하리라."(전 11:4)라고 갈파했다.

신앙인이라면 열매 수확을 위해 열심히 일해야 한다. 다만, 교만과 욕심으로 행하지 말고, 규모 없이 행하지 말고 조용히 일하라는 것이다(살후 3:11~12). 주님의 일을 한다고 고생하면서도 이런 말씀을 지키지 않기 때문에 결과가 안 좋게 벌어진 사례가 우리 주변에 얼마나 많은가. 조용히 분수껏 자기 몫을 감당하면 될 일이다. 예수님께서는 결코 우리에게 무거운 짐을 요구하지 않으시니, "한 가지만으로도 족하다."(눅 10:42)라고 가르치지 않으셨던가.

씨를 뿌리지 않는 것도 책망 받을 일이지만, 씨를 뿌리면 반드시 추수하여야 하는 게 인생이다. 누구나 추수할 시기를 맞아야 한다. 때는 다가오는 것이니, 분명한 심판이 예정되어 있다고 성경은 말씀하고 있다. "이는 우리가 다 반드시 그리스도의 심판대 앞에 나타나게 되어 각각 선악 간에 그 몸으로 행한 것을 따라 받으려 함이라."(고후 5:10)라고 하셨다. 씨를 잘 뿌리고 잘 가꾸고 잘 수확하여야 풍년을 이루고 풍성해지듯이 인생도 하나님을 알고 평생을 심고 가꾸고 다듬어야 풍성한 인생의 마지막을 추수할 수 있다. 자기 몫의 것을 잘 심어서 아름다운 추수로 인생 한평생을 돌봐주신 하나님께 감사할 수 있는 것, 그게 진정한 인생 추수일 것이다.

권세를 생각한다

권세가 있다. 권세 권權! 얼마나 좋으면 우리나라 사람들의 이름에 그렇게 많이 등장할까. 권세는 남을 부리는 힘이다. 이를 얻으면 살맛이 나고 편하고 남들이 부러워하고 그래서 영원히 간직하고 싶은 게 권세일 것이다. 권세도 다양하여 가짓수가 많다.

권세 중에는 왕이나 대통령 등의 정치권력을 으뜸으로 치는 것 같다. 정치권력의 힘은 헌법과 법률로 보장되어 있다. '주권자로서의 국민'이 제일 큰 정치권력이지만 현실에선 그저 민초民草일 경우가 많다. 특히 대통령은 옛날엔 나라님으로 불렸다고 볼 수 있지만, 지금도 국가원수로서 막강한 권세를 누리고 있다. 정치권력은 그 영향력과 파급력이 막강하기에 법으로 세세히 규정되어 있어 견제와 균형을 이루려 하고 있다.

그러나 요즘은 돈을 제일로 치는 세태가 번지면서 누구는 황금권력이 으뜸이라고도 한다. 대통령은 몇 년 하지만, 재벌은 망하지 않는 한 계속되고, 대통령은 세습도 못 하지만 재벌은 세습할 수 있기 때문이라는 것이다. 대통령은 귀신은 못 부리지만, "돈은 귀신도 부린다."는 말도 있지 않은가. 재벌을 비난하는 사람이 많지만 그건 악덕 재벌가 때문이지, 그래도 재벌만큼 세금 많이 내고 세계적 경쟁력으로 경제 발전과 고용과 사회봉사에 기여하는 것도 많지 않다. 이러니 국가 사회 발전에 미치는 영향력과 권세가 어느 권력자 못지않다. 작은 부자는 시샘과 질투의 대상이지만, 중간 부자는 선망과 부러움의 대상이며, 아주 큰 부자는 그 앞에서 머리 숙여 절하며 복종한다고 하지 않는가.

공권력도 큰 권력이다. 공적인 권력은 국민에게 봉사하는 데 쓰라고 있는 것이지만 현실에선 별로 그렇지 않은 것 같다. 조선시대 관직에 진출하는 건 가문의 큰 영광이었다. 그 관직은 족보에도, 무덤 비석에도, 제삿날 지방紙榜에도 올라왔다. 요즘은 돈만 있으면 좋은 차를 타고 다니지만, 그때만 해도 교여지제轎輿之制라 하여 교통수단의 제한이 있어서 아무나 좋은 이동 수단을 이용할 수 없었다. 이를 어기면 남기율濫騎律이라 하여 처벌을 받았을 정도인데, 평교자, 사인교, 초헌, 쌍가마, 남여 등 벼슬아치의 계급마다 탈 수 있는 가마가 정해져 있었으니 관직이란 것이 얼마나 큰 위세였던가. 일제강점기에는 순사巡査가 긴 칼 하나 차고 동네 한 바퀴를 돌면 치안이 유지되었다. 공권력은 그런 것이다. 그러니 하다못해 시골 면장面長이라도 되려면 논두렁 정기라도 받아야 한다는 말이 있지 않은가.

명예에도 보이지 않는 숨은 권력이 있다. 옛날 벼슬길에서 낙향하여 향리에 거주하거나 정승 판서를 배출한 집안은 명예가 곧 권력이었다. 특히 경상도 지방이 매우 심하여 관찰사, 군수 등 지방 사또로 부임하면 제일 먼저 찾아보는 게 그런 뿌리 깊은 대갓집 양반네였다고 한다. 드세고 완고하여 수령들도 꼼짝을 못 하였다 하니 평양감사를 으뜸으로 친 이유 중의 하나도 예쁜 기생이나 국경 무역에서의 뒷돈 챙기는 것 말고도 지방 양반의 텃세가 다른 데보다 덜했기 때문이라는 말도 있다.

이참에 잠시 서북지방을 짚어본다. 조선 초기 태조 이성계가 서북지방 사람들은 높은 벼슬에 오르게 하지 말라는 명을 내려 평안도 함경도 두 지방엔 수백 년간 고위 벼슬에 오른 사람이 거의 없었다고 한다. 서울대 한영우 교수님의 글에 의하면, 영조~고종대 조선 팔도 중 서울을 제외하고 가장 과거 급제자를 많이 낸 곳은 가장 낙후한 평안도였다고 하니, 총 5,191명 중 829명(15.96%)이나 배출하였다고 한다. 이는 경상도 690명(13.29%)보다 많은 것이다. 그럼에도 조선 개국 이래 3~4품 정도까지만 승진하였을 뿐 대부분 한미한 벼슬에 머물고 1~2품의 정승 판서 같은 고위직 진출은 거의 없었다는 것이니, 홍경래의 난이 일어난 이유 중의 하나도 바로 이런 서북인西北人 차별임은 다 아는 일이다.

이런 차별이 기독교가 이 땅에 들어왔을 때 옛 고구려 기상을 이어받았으면서도 그동안 억눌렸던 진취적 서북인의 기질과 어울려 요원의 불길처럼 받아들여졌으니 1907년 평안도 정주에 오산학교가 세워지고, 1938년 통계에 의하면 전국 기독교인 60여만 명 중 서북지역의 신자가 75%나 되었다고 한다. 1907년 평양대부흥회 때 '주님 앞에 양반 상놈 없는 세상'이란 말이 서북인의 한을 풀어 주면서 영적으로 불을 놓은 계기가 되었다는 것이니 세상사 알다가도 모를 일이다. 어쨌든 세상 벼슬길에 진출하지 아니한 사림上林의 거물도 무시하지 못할 명예가 있었고, 그 명예가 갖는 속 깊은 권세는 한양의 임금도 함부로 할 수 있는 게 아니었다.

종교권력도 있다. 종교적 권력은 신의 이름을 빌리거나 신을 대리하는 탓에 세속적 권력보다 더 크고 절대적일 뿐 아니라, 따르는 무리도 많고, 이를 문제를 삼으면 자칫 종교 탄압이란 시비에 걸려들까 염려하는 탓에 제어장치도 없어 그 힘이 막강하기 짝이 없다. 그 권력 기간도 임기가 정해져 있는 선출직 공권력 담당자보다도 훨씬 오래 지속되니 무시하지 못할 권세가이다. 베드로로부터 시작된 2,000년을 이어온 로마 교황청의 권력이 가장 대표적일 것이다. 카노사의 굴욕, 십자군 전쟁, 중세 마녀사냥 등 숱한 역사의 사건과 일화는 그 힘을 증명해 준다. 종교권력도 엄청난 매력이어서 교단의 대표를 선거할 때면 금품이 뿌려지는 경우가 있다 하기도 하고, 신학생 중에는 먼 미래 교단 총회장이란 감투를 꿈꾸며 공부하는 학생도 있다고 한다니 믿고 싶지 않은 일들이다. 만약 그런 신학생이 있다면 예수님 십자가 고난 때의 막강한 권력자 대제사장 가야바를 꿈꾸는 것과 무엇이 다를까.

교수 사회 일부에도 명예를 좇는 권력욕이 있으니, 학문의 전당 대학교수 사회의 명예도 권력의 하나다. 교수 생활을 하다 일약 장관으로 발탁되는 경우는 흔하다. 조선시대에 가문을 논할 때 "열정승이 일 제학만 못하다."라는 말이 있다. 그건 열 명의 정승을 배출한 집안이 한 명의 대제학을 배출한 집안만 못하다는 것이다. 대제학은 홍문관, 예문관의 수장으로 문형文衡으로도 불렸다. 한 나라의 학문을 바르게 평가하는 저울과 같은 분이라는 뜻이다. 임금님이 정승 판서는 자기 마음대로 아무나 임명하면 그만이었지만, 대제학만큼은 학문과 인품이 당대 최고이어야만 했기 때문에 아무나 임명할 수가 없었다. 조선은 사대부 선비의 나라였기 때문이다. 그만큼 존경받고 우대받았다. 정이품 벼슬이었지만 삼정승보다 우러러 봤다. 요즘의 학문과 지성의 세계에서도 대학 총장 등 명예가 갖는 권력이 없지 않을 것이다. 입학식, 졸업식 때 입는 화려한 문양의 금줄 두른 박사 가운과 모자를 보면 쉽게 이해가 가겠다. 권세의 욕망은 끝이 없으니 배움을 터 잡아 권세의 장을 도모하고자 정치권을 기웃거리는 교수를 '폴리페서polifessor'라고 한다던가.

그 외 입법 사법 행정의 다음 간다는 제4부의 언론권력, 법조권력, 병원에 입원해 보면 실감하는 의료권력 등도 대단하다. 도무지 권력이 없으면 너무나 쪼그라들 수밖에 없는 세상이 된 거 같다. 심지어는 문약서생文弱書生의 이미지가 떠오르는 출판계에도 문학권력이 있다 하니, 모든 권세의 근저에는 남에게 과시하고 싶은 의욕과 '영향력과 지배력의 확대'라는 결코 지울 수 없는 욕망이 꿈틀거리고 있다.

철학자 니체는 '권력에의 의지'를 설파했다. 사전에 의하면, 권력에의 의지를 자기 생존의 유지 및 생존을 위한 투쟁으로 파악하고, 남보다 우수해지고 남을 지배하려는 의지, 곧 남에게의 종속이나 협동을 거부하고 남을 지배하는 권력을 지향하는 인간 본성으로 이해하였다. 세상살이를 해 보니 딱 맞는 말이다.

그러나 권세를 취득하고 누리는 데에만 급급하다면 가치를 부여할 수는 없는 일이다. 권세에는 고매한 인품과 가치관이 따라야 한다. 높은 도덕성과 탁월한 경국치세經國治世의 도道가 수반되지 않는다면 의미가 없으니, 고생 끝에 높은 권세의 지위에 올랐다가도 뇌물이나 성 추문, 병역 기피 등의 도덕적 문제로 한순간 나락으로 떨어져 공황상태로 인생을 마감하는 이도 적지 않다. 이는 지식과 능력이 부족해서 불명예 퇴진하는 게 아니라 올곧은 정신이 없어서 오는 일이다. 권세를 얻은 자는 어떤 위치에까지 올랐느냐보다는 무엇을 했고 무엇을 남겼느냐가 훨씬 중요하다. 권세 자체가 정신세계를 높이거나 인류에게 유익함을 주는 가치 체계를 형성하지는 않는 것이므로 권세를 탐하는 지식과 기술만을 습득한다면 위험하고 불행할 수 있다.

그러므로 자식에게 훌륭한 삶을 영위하게 하려면 권세를 얻는데 필요한 지식과 기술을 익히는 입시 공부, 전문 지식, 자격 취득, 스펙 쌓기뿐 아니라, 덕망과 체육, 예술, 그리고 문학 역사 철학을 가르쳐 선현의 교훈과 인류의 도리를 겸하여 가르쳐야만 한다. 이른바 전인교육全人敎育이다. 구텐베르크 이후 전 세계에서 발간된 책이 1억 3,000만 권이라는데, 지성인이 되려면 적어도 문사철文史

書 400권은 읽어야 한다는 말이 있으니, 곧 문학서 200권, 역사서 100권, 철학서 100권이라는 것이다. 장자莊子에서 유래되어 당나라 시인 두보杜甫가 인용하여 유명해졌다는 남아수독오거서男兒須讀五車書의 취지도 또한 이와 같을 것이다. 요즘 한창 불이 붙은 통섭적 학문인 '인문학 강의'가 좋은 예이다.

그러나 이 모든 것보다 정말 필요한 것은 하나님을 믿는 신앙을 꼭 가져야 한다는 것이다. 그래야 나중에 권세를 얻더라도 제대로 사용할 수 있다. 진정한 권세는 힘을 누리고 과시하는 것이 아니라, 정의롭고 공평하게 사회와 인류를 섬기는 데 써야 하기 때문이다. 권세는 힘이 있는 것이나 그 권세를 주신 분은 하나님이시다. 그러니 그걸 주신 하나님을 잘 섬겨야 그분이 원하시는 바를 잘 알 수 있고, 그래야 그 권세를 잘 쓸 수 있지 않겠는가.

"각 사람은 위에 있는 권세들에게 굴복하라. 권세는 하나님께로 나지 않음이 없나니 모든 권세는 다 하나님의 정하신 바라."(롬 13:1)

그 권세를 얻은 자는 대부분 공부도 열심히 하고 남달리 근면하고 명철한 분들이다. 그러나 그 명철함도, 그 권세도 하나님 앞에서 하나님의 뜻대로 바르게 쓸 수 있을 때 높은 가치가 부여되고 빛이 날 것이다. 성경은 인간의 모든 제도를 주를 위하여 순종하되 위로 왕이나 총독에게 순종하라고 했다(벧전 2:13~14). 모든 권세를 부여하신 분은 하나님이기 때문이다. 그러니 권세 자들은 사랑의 하나님의 뜻에 따라 인간에 대한 사랑을 베푸는 게 가장 먼저이다. 평민들은 철학이고 이념이고 권세고 그저 먹고살기에 바쁜, '먹고사니즘'에 지친 분들이 많으니 이분들을 잘 살피는 게 권세를 가진 자의 보람일 것이다.

권세의 으뜸은 예수 그리스도시다. 그분께는 전능의 권세가 있으시다. 창조 전부터 가지셨던 그 권세는 오늘날까지 억조창생을 위해 쓰여 지고 있으니 가장 멋진 권세를 쓰시고 있는 분이다. 그러니 권세를 가지려는 분들은 모두 예수님의 정신을 본받으면 좋을 것 같다.

"그러나 인자가 세상에서 죄를 사하는 권세가 있는 줄을 너희로 알게 하려 하노라 하시고 중풍병자에게 말씀하시되 일어나 네 침상을 가지고 집으로 가라 하시니"(마 9:6)

"곧 우리 구주 홀로 하나이신 하나님께 우리 주 예수 그리스도로 말미암아 영광과 위엄과 권력과 권세가 영원 전부터 이제와 영원토록 있을지어다. 아멘."(유 1:25)

선택과 필수

　살아가노라면 어떤 사안을 두고 내가 선택할 사항인지, 아니면 무조건 해야 하는 필수의 사항인지 판별해야 할 경우가 있다. 선택 사항은 내 결정 권한 내에 있는 것이지만, 필수 사항은 내 의지와는 상관없이 반드시 해야 하는 것이다. 즉 어떤 사안이 선택인지 필수인지는 나의 자유의지 결정의 대상인지 아닌지를 묻는 것이다. 자유의지의 대상이 아니라면 그건 운명처럼 반드시 받아들여야만 하는 필수의 문제가 되어 버린다. 그 사안은 사소한 것일 수도 있고, 아주 중요한 주제일 수도 있다.

　예컨대 미혼 남녀의 결혼 문제가 이를 잘 보여준다. 남녀에게 있어 결혼은 선택인가 필수인가. 또는 결혼한 부부에게 있어 '무자식 상팔자'라는 말도 있고, 자녀 하나 키우는 데도 수억 원 이상 들어간다던데 자녀를 낳는 것은 선택인가 필수인가. 대학교 학점 이수에 있어 선택과목과 필수과목이 있는 것도 마찬가지다. 이와 같이 인생을 사노라면 선택의 대상인지 필수로 해야 할 것인지 판가름해야 할 때가 많다. 선택의 대상인지 필수의 대상인지가 각자의 가치판단, 자유의지에 맡겨지기도 하고, 거부할 수 없는 운명이나 조건처럼 주어지기도 한다. 결혼 여부를 두고 부모님은 필수의 문제로 인식하지만, 자녀들은 선택의 문제로 보는 경우도 많다. 그렇듯 어떤 사안이 선택의 문제인지 필수의 문제인지 헷갈릴 때도 많고, 필수의 문제를 선택의 문제로 잘못 오인하기도 한다.

선택과 필수는 엄청난 결과를 가져온다. 결혼을 선택의 문제로 보고 결혼하지 않은 사람과 필수의 문제로 보고 결혼한 사람과는 젊은 시절도 노년 시절도 확연히 다른 법이다. 사는 방법도 살아온 결과도 아주 다르니 천지 차이의 인생을 서로 살아갈 것이다. 대학교의 필수과목을 이수하지 않은 사람은 선택과목을 좋은 성적으로 모두 이수했다 하더라도 결코 졸업생이 될 수 없다. 그저 한때 수강생이었을 뿐이다. 그러니 이와 같이 중차대한 결과를 가져오는 것에 대하여 선택 사안인지 필수 사안인지 잘 가려야 하는 것이니, 그게 인생의 모든 것을 결정짓는 것이라면 얼마나 중차대한 것일까.

종교가 바로 그 문제다. 이 땅에 사는 건 팔십 년 정도, 길어야 백 년이지만, 저세상의 삶은 수백 년, 수천 년, 아니 영원하다고 가르치고 있고, 영겁永劫의 세월이라고 가르치고 있다. 도무지 끝이 없다는 것이다. 어찌 팔십 년에 비하겠는가. 수백 배, 수천 배의 긴 시간에 대한 결정을 이 땅에 살아가면서 해야 한다면 그게 선택의 문제인가, 필수의 문제인가. 종교가 없는 많은 분들은 선택의 문제로 여기고 있다. 가져도 좋고 안 가져도 좋은 것이며, 내 자유의지라는 것이다. 또 종교를 택함에 있어 어떤 종교를 택할 것인지 그 대상을 선정하는 것도 자유의지라는 것이다. 이 나라 최고의 법, 헌법에도 그렇게 써져 있으니 누구도 강요할 수는 없고, 죽은 사람은 말이 없으니 사후 세상에 대해 누구도 확실히는 알 수 없다고 생각하는 것이다. 또 구속되고 얽매이는 게 싫을 수도 있고, 종교의 이름으로 벌어진 수많은 죄악의 역사와 요즘 종교인들의 행태를 보니 꼴 보기 싫어서 가까이 가고 싶지 않아 그렇게 생각할 수도 있다.

그러나 그럼에도 불구하고 성경은 하나님을 믿는 것을 반드시 해야만 하는 절대 필수의 과제로 가르쳐 주고 있다. 구원은 받아야 하고, 구원받을 다른 절대자는 없다는 것이요, 하나님을 경외하고 명령을 지키는 게 사람이 만들어진 근본 목적이요 인생의 본분이라는 것이다.

"일의 결국을 다 들었으니 하나님을 경외하고 그 명령을 지킬지어다. 이것이 사람의 본분이니라."(전 12:13)

그러나 믿지 않으시는 분들은 끝까지 믿기를 거부한다. 어떤 증거나 증명, 증언을 내놓아도 마찬가지다. 조금만 관심을 기울이면 천체, 생물 등 자연과학적으로도 신은 존재한다는 저명한 책들이 시중에 숱하게 나와 있음을 알 수 있다. 다만 찾지 않을 뿐이다. 그분들은 46억 년 이상 정교한 운행을 해 온 태양계의 움직임도,

생긴지 137억 년쯤 되었다는 우주에 3천억 개의 태양계가 모인 은하계가 수천억 개가 있으며 지구의 모래알 수보다 더 많은 항성과 행성이 있다고 하는, 그 어마어마한 우주의 방대함과 정밀한 운행도 다 저절로 되었다고 믿는 분들이요, 우리 몸을 구성하는 33조 兆의 세포도, 10여만 킬로미터에 달한다는 모세혈관의 피 흐름도, 생각하는 기능을 담당한다는 뇌 속 140억 개의 신경세포의 네트워크 운영도, 신비한 생명의 탄생도, 수십만 년 이상 인간을 대대로 이어지게 하는 유전자와 염색체의 기능도 다 저절로 이루어졌다고 믿는 분들이다.

"창세로부터 그의 보이지 아니하는 것들 곧 그의 영원하신 능력과 신성이 그 만드신 만물에 분명히 보여 알게 되나니 그러므로 저희가 핑계치 못할지니라."(롬 1:20)
"만물이 그에게 창조되되 하늘과 땅에서 보이는 것들과 보이지 않는 것들과 혹은 보좌들이나 주관들이나 정사들이나 권세들이나 만물이 다 그로 말미암고 그를 위하여 창조되었고"(골 1:16)

믿지 않으시는 분들을 뵈면 안타깝기 짝이 없다. 하나님은 모든 행위와 모든 은밀한 일을 선악 간에 심판하실 것임에도 불구하고 (전 12:14), 전혀 이를 신경 쓰지 않는다. 모두 먼 훗날의 일이요, 남의 일로 여기기 때문이다. 성경에는 이를 묘사하는 부분이 있다. 음부의 고통 중에 있던 부자가 얼마나 혼이 나고 있는지 '나사로를 지상에 보내어 지옥의 고통을 알려주고 그래서 내 형제 다섯은 오지 않게 해 달라고 하자, 그들에게는 모세와 선지자들의 말씀이 있는데, 그걸 듣지 아니하는 자라면 비록 죽은 자 가운데서 살아난 자가 다시 가서 권하더라도 듣지 않을 것이라고(눅 16:31) 성경은 기록하고 있다.

하나님을 믿는 건 개인의 선택의 문제가 아니다. 나라의 법이, 제도나 관습이, 조상들이, 많은 책들이, 주변의 일가친척, 친구 친지가 그런 주장을 하더라도 현혹되지 말아야 한다. 그러한 것들은 내 미래를 전혀 책임질 수 없다. 하나님을 경배하는 건, 피조물로 만들어진 인간에 대해 그 만드신 창조주가 에덴동산에서부터 내린 것으로 생명이 걸린 일이다. 사실 생명의 문제가 얼마나 소중한 것인가.

"사람이 만일 온 천하를 얻고도 제 목숨을 잃으면 무엇이 유익하리요. 사람이 무엇을 주고 제 목숨을 바꾸겠느냐."(마 16:26)

인류의 비극은 하나님을 섬기는 일을 필수가 아닌 선택의 문제로 여기는 데서 시작되었다. 인생의 필수 의무는 "나의 평생에 여호와께 노래하며 나의 생존한 동안 내 하나님을 찬양하리로다."(시 104:33)라는 것이었으나 이를 불순종함으로써 여호와를 저버렸다. 그러나 다시 회복의 기회를 주셨다. 말 안 듣는 인생들을 위하여 하나님 스스로 피 값을 치르시고 만드신 기회를 주셨다. 비유해서 말하면 재수의 기회요, 이후론 다신 기회가 없다. 이제 재수생의 심정으로 다신 실패해선 안 된다. 결단코 필수의 문제를 선택의 문제로 인식하는 어리석음을 범해서는 안 되며, 그 인식의 결과는 고스란히 본인의 몫이 될 것이다.

"그런즉 한 범죄로 많은 사람이 정죄에 이른 것같이 한 의로운 행위로 말미암아 많은 사람이 의롭다 하심을 받아 생명에 이르렀느니라. 한 사람이 순종하지 아니함으로 많은 사람이 죄인 된 것같이 한 사람이 순종하심으로 많은 사람이 의인이 되리라."(롬 5:18~19)

이별 연습

사람은 어찌 보면 이별하기 위해 일생을 걷는다. 어머니 뱃속에서 나와 어머니를 만나기 시작하여 아버지와 형제자매를 만나고, 학교 동네 친구를 만나고, 남편과 아내를 만나고, 직장 동료와 사업상의 사람들을 만나고, 자식들을 만나고, 자식의 자식을 만나고, 그렇게 만나기만 하다가 어느 날부턴가는 헤어지기 시작한다. 때론 앞뒤 순서가 바뀌기도 하지만 모든 만났던 이와 이별하기 시작하여야 한다. 부모님과 먼저 이별하여야 하고, 일가친지들과 이별하여야 하고, 일을 접을 시기가 되면 일로 만난 모든 사람들과 이별해야 하고, 늙고 병들면 자연히 주위가 다 떨어져나가 원하지 않아도 이별하게 되어 있다. 그리곤 마지막엔 한평생 몸을 섞고 살았던 남편이나 아내와도 이별해야 한다. 그리고 홀로 이승을 떠나는 것이다. 모든 익숙한 것과의 결별, 그것이 이별이다.

이별도 멋진 이별이 있고 후회뿐인 이별이 있다. 많은 이들이 후회뿐인 삶을 살았다고 아쉬움의 말을 남기니, 삶이란 참으로 간단치 않은 일이다. 삶의 이별을 앞두고 생각해 보면, 평생 벌기는 얼마나 벌었던 것이며, 늘 마음 졸였던 자식농사는 어떻게 되었던 것이며, 기분 좋은 일과 보람 있는 일과 흥겨웠던 일은 얼마나 되었던 것인가. 굴욕의 삶을 살지는 않았을까.

아랫목에 모인
아홉 마리의 강아지야
강아지 같은 것들아
굴욕과 굶주림과 추운 길을 걸어
내가 왔다
아버지가 왔다
아니 십구문 반의 신발이 왔다

-박목월 시, '가정' 中

박목월 선생님은 향토색 짙은 순수한 산수의 서경을 아름다운 운율韻律로 노래하신 분이요, 별로 살벌하지 않을 것 같은 문학과 교수의 세계에서 살다 가신 분인데, 그런 분도 굴욕과 굶주림과 추운 길을 걸어왔다고 자탄하니 우리네 인생은 정말 회한悔恨뿐이 아니겠는가. 어느 대법원장은 그 영광과 권세의 높은 자리에서 물러나는 퇴임 인사 때 지난날은 오욕汚辱과 회한悔恨뿐이었다고 회고하였다 하니 범인凡人의 인생은 말해 무엇 하랴. 숱한 사연들을 뒤로 하는 인생의 이별은 착잡한 것이다. 삶의 흔적들을 하나씩 뒤로 하며 이별을 맛보기 시작할 때 인생은 드디어 회고되기 시작한다. 열차 차창 너머로 지척의 산하며 들녘들을 끊임없이 뒤로 보내었듯이, 삶의 자취와 여정들도 미련 없이 보내야 하는 것이다. 이별의 서곡이 시작되었기 때문이다.

이별의 아쉬움은 인생의 큰 주제가 되었다. 사랑을 노래하는 문학과 예술이 으뜸이지만 이별을 노래하는 문학과 예술도 그에 못지않다. 살며 살아가며 훌륭한 이별을 꿈꾼다는 건 아름답고 귀한 일이다. 이별은 떠나고 흐르는 것이다. 잘 헤어지고 잘 남겨야만 한다. 시인 조병화 선생님의 '흐르는 것은'이란 시를 들어보자.

흐르는 것은

한번 자리를 뜨면

뜬 그 자리엔 돌아가지 못하는 것이러니

구름처럼

바람처럼

물처럼

세월처럼

인생도 세월 따라 흐르는 것이어서

그 자리엔 다시는 돌아가지 못하는 것이어라

아, 그와 같이

매일매일

순간순간이 이별이어라

그렇다. 사는 건 순간순간이 이별이니, 더욱 나이 들어 갈 때면 모든 것과의 아름다운 '이별연습離別練習'을 해야 한다. 연수가 다해 가고 세상의 마지막 종소리를 앞두고 있는데 어떻게 매듭지어야 아름다운 인생을 위한 '이별연습'을 잘한 것인가.

성경엔 이스라엘 열두 지파를 만든 야곱의 인생 이별사離別辭가 나온다. 바로 왕에게는 "나의 연세가 얼마 못되니 우리 조상의 나그네 길의 세월에 미치지 못하나 험악한 세월을 보내었나이다."(창 47:9) 고백한 후, 열두 지파를 이룬 자손을 불러 하나하나 그 분량대로 축복하고, 자신은 열조列祖에게로 돌아갈 테니 헷 사람 에브론의 밭에 있는 굴에 장사하라고 유언을 남긴다(창 49:29). 이것이 그의 이별이었으니, 여한이 없는 멋진 인생 이별사였다. 야곱에겐 하나님이 계셨기에 이 모든 게 가능했던 것이다.

아름다운 인생의 이별 연습을 하려면 사는 동안 평소부터 미리미리 준비해놔야 한다. 무엇을 준비했어야 하며, 마음의 대비를 해왔어야 할까. 인생은 종말과 이별이 예고되어 있는 슬픈 여정旅程이요, 시간이 되면 관객은 다 흩어지고 막幕은 내리게 되어 있는 한편의 단막극이다. 누구나 무대에서 언젠간 내려와야 하고, 그 후에는 극을 기획하고 연출한 감독으로부터의 개별 평가가 있으니, 이를 알고 무대에 선다면 후회하는 일은 하지 않을 것이다.

"한번 죽는 것은 사람에게 정해진 것이요 그 후에는 심판이 있으리니"(히 9:27)

"인생은 그날이 풀과 같으며 그 영화가 들의 꽃과 같도다."(시 103:15)

그러니 아름다운 이별사, 후회 없는 이별사 하나는 만들어 놓고 살아야 하지 않겠는가. 어떤 목사님은 별세신학別世神學이라고 하여 평소 이 땅에서의 아름다운 이별 연습을 해 오셨다. 그러니 자연히 청빈과 무욕과 사랑의 목회를 할 수 있었다고 고백하기도 했다. 아름다운 이별을 연습하려면 예수님을 믿어야 한다. 그게 정답이요 달리 답이 없다. "나는 여호와라 나 외에 다른 이가 없나니 나밖에 신이 없느니라."(사 45:5) 라고 했다.

인생은 어차피 죽는 것이니 죽음 이후의 것을 대비하는 것이 지혜로운 삶이다. 예수님을 한 번쯤 믿어볼 만하지 않겠는가. 성령님을 인정하고 그분이 찾아오셨을 때 받아들이는 마음의 결단만 있으면 된다. 예배 출석, 교회 봉사, 십일조 같은 건 천천히 생각해도 늦지 않다. 성경에도 이 점을 배려하여 말씀한 부분이 있다. "믿음이 연약한 자를 너희가 받되 그의 의심하는 바를 비판하지 말라. 어떤 사람은 모든 것을 먹을 만한 믿음이 있고 연약한 자는 채소를 먹느니라. 이는 하나님이 저를 받으셨음이니라."(롬 14:1~3)라고 말씀하신 바도 있다. 믿음이 연약하면 연약한 대로 인정하시겠다는 것이다. 학교 다닌다고 다들 공부 잘하겠는가. 공부 못해도 좋으니 일단 학교는 다녀야 한다. 공부에 너무 부담 갖지 않아도 된다.

아름다운 이별과 후회 없는 이별 연습을 원한다면 예수님을 받아들이길 권해 드린다. 가족이 이 땅에 함께 살다가 하나가 먼저 갔어도 곧 만나게 되니 슬퍼할 필요가 없다. 성경은 이를 말씀하고 있다. "형제들아, 자는 자들에 관하여는 너희가 알지 못함을 우리가 원치 아니하노니 이는 소망 없는 다른 이와 같이 슬퍼하지 않게 하려 함이라. 우리가 예수의 죽었다가 다시 사심을 믿을진대 이와 같이 예수 안에서 자는 자들도 하나님이 저와 함께 데리고 오시리라."(살전 4:13~14). 또한 믿는 가족들이 부활 후 영원히 거하는 새 하늘과 새 땅엔 이별도 없고 후회도 없다. 하나님이 친히 저희와 함께 거하시매 감사와 기쁨과 영광만 있을 뿐이다.

"모든 눈물을 그 눈에서 씻기시매 다시 사망이 없고 애통하는 것이나 곡하는 것이나 아픈 것이 다시 있지 아니하리니 처음 것들이 다 지나갔음이러라."(계 21:4)

지식과 지혜

　지식知識의 사전적 의미는 '어떤 대상에 대하여 배우거나 실천을 통해 알게 된 명확한 인식이나 이해'라고 되어 있다. 반면 지혜知慧는 '사물의 이치를 빨리 깨닫고 정확하게 처리하는 정신적 능력'이라고 되어 있다. 지식과 지혜는 다른 것이다. 지식이 넘쳐도 지혜롭지 못한 분이 많고, 지혜만 갖고는 지식이 있어야만 하는 세상에서 적응하기 어려운 경우도 많다. 지식과 지혜를 얻기 위하여 소싯적부터 부지런히 배우고 익혀가지만, 대부분의 학부모님들은 지혜보다는 지식에 관심이 높다. 지식을 많이 쌓아 교과목 성적이 우수한 걸 제일로 친다. 그래서 비싼 돈을 들여 학원에 과외에 힘을 들이나, 지식과는 떨어진 것 같은 예체능과 삼강오륜, 인륜도덕에는 관심이 적은 편이다. 지식은 결국 기술技術에 불과한 것인데도 말이다. 공자는 태백 편에서 '興於詩 立於禮 成於樂'이라고 했다. 즉 시詩, 예禮, 악樂을 통해 인생을 돌아보라고 했으니 시가 없으면 깊은 내면의 감성이 흥하지 못하며, 예가 없으면 서지 못하며, 악으로서 인생을 완성한다고 하였다. 이것들은 지혜와 관련된 일이다.

지식은 후천적이어도 지혜는 선천적이다. 지식은 말하려 하고 지혜는 들으려 한다는 말도 있다. 옛날 우리 할머니 시대에는 학교 문턱에 가 보질 못했어도 삶의 지혜가 넘치는 분들이 많았다. 지식은 글과 서책에서 쌓지만, 지혜는 학문의 세계가 아닌 문견聞見과 귀동냥과 풍월風月로도 얻는 것이기 때문이다. 이를 산 지혜라고 했다. 그래서 지식은 쌓는다고 하고 지혜는 얻는다고 한다. 쌓을 것인가 얻을 것인가, 어느 곳에 방점傍點을 찍을 것인가. 지혜는 사랑에서 얻는 경우가 많으니, 아버지가 나서면 아이의 인생이 달라진다는 말은 사랑이 지혜를 가르쳐 주기 때문이다. 자식과 뒹굴고 부대끼고 여행하고 놀아주고 대화하고 들어주고 칭찬해 주고 인정해 주고 미안하다 말하면 아이는 그 사랑과 정서 교류 속에서 지혜를 얻는다.

다만, 지식과 지혜는 그 자체보다는 이를 잘 활용하여 유익하고 선하게 쓰는 일이 중요하다. 뱀은 지혜가 넘치는 동물이지만 에덴동산에서 악으로 유혹했고, 넘치는 지식과 지혜를 범죄에 이용하는 사람도 많으며, 배운 자들의 곡학아세曲學阿世는 세상을 어지럽게 하고 상대를 피곤하게 한다.

이제 지식은 좋다 못해 공해公害가 되어 버린 듯도 하다. 학교 공부가 끝이 아니라 사회에 나오면 다시 새로운 지식을 쌓아야 한다. 갈수록 지식은 넘치고 방대하여 쌓아야 할 지식만으로도 치여 죽을 정도다. 평생을 읽어도 다 읽지 못하는 그 넘치는 서적과 정보와 과학과 아이디어와 비평과 논평과 매스미디어의 소리들, 머리가 돌아버릴 것만 같다. 지식은 부지런히 노크하여야 쌓인다. 반면에 지혜는 고요한 침잠 속에서도 얻을 수 있고, 그것이 오히려 더 값진 경우가 많다.

성경은 지혜를 얻으라고 조언하면서 지혜에는 부귀와 재물도 있다고 말씀하신다(잠 8:18). 사도 바울도 지혜에 장성한 사람이 되라고 가르쳤다(고전 14:20). 특히 솔로몬은 잠언 첫 장부터 지혜를 강조하며 글을 시작했는데, 놀랍게도 잠언 8장을 잘 읽어보면 지혜는 태초부터 있었다면서 예수님으로 비유되니 이 얼마나 놀라운 일인가.

"다윗의 아들 이스라엘 왕 솔로몬의 잠언이라. 이는 지혜와 훈계를 알게 하며 명철의 말씀을 깨닫게 하며 지혜롭게 의롭게 공평하게 정직하게 행할 일에 대하여 훈계를 받게 하며"(잠 1:1~3)

"지혜가 부르지 아니하느냐. 명철이 소리를 높이지 아니하느냐. 대저 지혜는 진주보다 나으므로 무릇 원하는 것을 이에 비교할 수 없음이니라. 여호와를 경외하는 것이 지혜의 근본이요, 거룩하신 자를 아는 것이 명철이니라. 나 지혜로 말미암아 네 날이 많아질 것이요, 네 생명의 해가 더하리라."(잠 8:1, 11, 9:10, 11)

그럼에도 사람들은 지혜보다는 지식 구하기를 더 염원한다. 지식이 많아야 좋은 학교와 자격증을 얻고 그래야 출세와 부귀영화가 달려 있다고 생각하기 때문이다. 학벌 만능주의에 빠져 명문대학 출신의 전문직이 최고인 양 안다. 보통의 부모님들은 자식이란 화살을 멀리 쏘는 데만 집중한다. 부모라는 활이 많이 휘면 휠수록 화살은 더 멀리 나가게 되어 있다. 실제로 늙은 부모는 등이 활처럼 굽는다. 그러나 멀리만 가는 게 대수인가. 똑바로 잘 가야 하질 않겠는가. '인간은 생각하는 갈대'라는 말로 유명한 파스칼도 지혜는 지식을 능가한다고 했다. 삶에 귀한 지혜는 제쳐두고 지식에만 매진케 하여 자녀들을 입신양명立身揚名하게 하고 잘살게 만들었다고 치자. 그러면 훌륭하게 키운 것일까. 요즘 시중에 떠도는 우스갯소리가 현실을 풍자하니 우연히 만들어진 말은 아닐 것이다. 너도 나도 공감하니 SNS에 퍼 나르는 것 아닌가. 우스갯소리를 옮겨본다.

  아들은 낳을 땐 1촌, 대학 가면 4촌, 군에서 제대하면 8촌, 장가 가면 사돈의 8촌/ 애 낳으면 동포, 이민 가면 해외동포/ 장가간 아들은 큰 도둑, 시집간 딸은 예쁜 도둑, 며느리는 좀도둑, 손자들은 떼강도/ 장가간 아들은 희미한 옛 사랑의 그림자, 며느리는 가까이하기엔 너무 먼 당신, 딸은 아직도 그대는 내 사랑/ 딸 둘에 아들 하나면 금메달, 딸만 둘이면 은메달, 딸 하나 아들 하나면 동메달, 아들만 둘이면 목 메달/ 아들 둘 둔 엄마는 이집 저집 떠밀리다 노상에서 죽고, 딸 둘을 둔 엄마는 해외여행 다니다 외국에서 죽고, 딸 하나 둔 엄마는 딸네 집 싱크대 밑에서 죽고, 아들 하나 둔 엄마는 요양원에서 죽고/ 재산은 안 주면 맞아 죽고, 반만 주면 쪼아 죽고, 다 주면 굶어 죽고

이 우스갯소리는 지식으로만 키운 불효자식을 풍자하는 말일 게다. 그러니 자식을 키우려면 지식보다 지혜를 더 가르쳐야 한다. 성경의 지혜로 자식을 키우면 적어도 그런 일은 벌어지지 않는다. "아비를 조롱하며 어미 순종하기를 싫어하는 자의 눈은 골짜기의 까마귀에게 쪼이고 독수리 새끼에게 먹히리라"(잠 30:17). 까마귀는 새 중에서 가장 효성이 지극한 새니, 효조孝鳥라고도 불린다. 반포지효反哺之孝는 거기서 나온 말이다. 지식보다는 지혜로 키운 자식이 집안을 훌륭하게 세우는 법이다.

지혜는 자기 조절 능력을 키우며 인륜과 도덕 역시 인생의 지혜에서 출발한다. 지식은 갖는 것에 불과할 뿐, 이를 선용하고 적응시키는 건 지혜다. 지식만 가르치고 인생의 참 지혜를 가르쳐 주지 않으면 위와 같은 우스개는 자신의 일이 될지도 모를 일이다. 그러니 어찌 지식에만 연연하랴. 지식에만 파묻혀 세상 물정 모르는 것을 책상물림이라고 한다. 지혜는 저절로 안존安存한 자에게서 얻어지는 게 아니다. 풍랑이 일고 파도가 치는 곳에 지혜가 많다. 이는 마치 바다에 거센 파도가 쳐야 산소 공급이 잘되어 바다 밑 물고기가 살 수 있는 이치랑 마찬가지다.

지혜를 이야기할 때 경천위지經天緯地를 말하지 않을 수 없다. 날줄과 씨줄의 이치로 천하를 다스린다는 것이니, 인생 또한 그러하다. 개인의 노력과 재주와 학문이 날줄이라면, 시대의 흐름과 운명적 운세는 씨줄로서 이를 잘 조화시켜 나가야 한다는 뜻이겠다. 성경에도 이런 날줄과 씨줄을 의미하는 문장이 있다.

"내가 돌이켜 해 아래서 보니 빠른 경주자라고 선착先着하는 것이 아니며 유력자라고 전쟁에 승리하는 것이 아니며 지혜자라고 식물을 얻는 것이 아니며 명철자라고 재물을 얻는 것이 아니며 기능자라고 은총을 입는 것이 아니니 시기와 우연이 이 모든 자에게 임함이라."(전 9:11)

다시 말하면 경주자 유력자 지혜자 명철자 기능자가 날줄이면 시기와 우연은 씨줄이라는 말이다. 이것이 섞여져 인생이 이뤄지니 지혜가 필요하다는 말씀이다. 인생에 주어지는 수많은 날줄과 씨줄을 조화롭게 잘 엮을 수 있는 능력, 그게 바로 지혜다. 지식은 바깥세상을 보는 것이요, 지혜는 내 안의 세상을 보는 것이다. 안팎이 균형추를 이루어야 한다.

그러나 오늘도 지혜는 제쳐두고, 지식을 얻고자 몰두하는 게 사람의 심리다. 안 그러면 뒤처진다고 생각하기 때문이다. 그럴까? 돈키호테는 세상을 뜨기 직전 허무맹랑한 기사도騎士道 소설들을 읽느라 인생을 낭비한 걸 후회했다고 한다. 19세기 프랑스의 저명한 문학가 보들레르는 "우리의 거의 모든 삶이 어리석은 호기심에 낭비되고 있다."고 말을 했으며, 영국의 정치가 디즈레일리는 책에 대해 평가를 내린 적이 있으니, "책은 인간의 저주이다. 현존하는 책의 구 할은 시원치 않은 것이며 좋은 책이라는 것도 그 시원치 않음을 논파하는 것에 불과한 것이다."라고 했다고 한다. 그런 지식에 연연하며 죽을 때까지 남의 글과 남의 사상만 습득할 것인가, 아니면 지혜를 쌓아 이젠 남에게 자기의 삶과 철학을 주장하고 공감게 할 것인가.

　도스토엡스키는 그의 처녀작 『가난한 사람들』에서 다음과 같이 저주를 퍼부은 적이 있다고 한다. "소설책이란 건 정말 백해무익한 물건입니다. 허튼 수작을 하기 위해서 쓴 겁니다. 그런 건 빈둥빈둥 놀고먹는 게으름뱅이들이나 읽는 물건이지요." 의미심장한 말이다. 허접한 책은 시간 죽이는 것뿐이요, 때론 독약과 같은 책도 적지 않다. 서책도 잡서雜書와 양서良書를 구분해서 읽을 일이다. 사도 바울은 "내 주 그리스도 예수를 아는 지식이 가장 고상함을 인함이라. 내가 그를 위하여 모든 것을 잃어버리고 배설물로 여김은"(빌 3:8)이라고 했으니 지식의 최고봉은 예수님을 아는 지식이다.

　성공하는 삶에는 지혜가 필요하다. 인생의 지혜는 사랑의 예수 그리스도를 구주로 믿는 것부터 시작된다. 『죽음에 이르는 병』을 쓴 덴마크의 유명한 철학자 키에르케고르는 다음과 같이 설파했다. "인생은 사십부터가 아니다. 인생은 이십부터도 육십부터도 아니다. 인생은 십자가를 만나고서부터다." 이 얼마나 기막힌 말인가. 그럼에도 예수님을 믿지 않음은 지혜가 없다고 할 수밖에 없다. 그리스도는 하나님의 지혜이기 때문이다(고전 1:24).

　"어리석은 자는 그 마음에 이르기를 하나님이 없다 하도다."(시 53:1)

　지혜를 얻으려면 성경을 읽어야 한다. 모든 성경은 하나님의 감동으로 된 것으로 교훈과 책망과 바르게 함과 의로 교육하기에 유익하다고 했다(딤후 3:16). 특히, 잠언 8장과 9장은 지혜의 장이라고 할 수 있을 정도로 지혜의 유익함을 설파하고 있다. 지혜는 사람의 얼굴에 광채가 나게 하며, 구하면 후히 주시겠다고 약속하셨다. 지혜는 깨우치는 것이다. 노아 대홍수 때 사람들은 저희를 다 멸하기까지 깨닫지 못하였다고 예수님은 찬탄하신 바가 있다(마 24:39). 깨닫고 지혜를 얻는 일이 소중하다.

"지혜 자와 같은 자 누구며 사리의 해석을 아는 자 누구냐. 사람의 지혜는 그 사람의 얼굴에 광채가 나게 하나니 그 얼굴의 사나운 것이 변하느니라."(전 8:1)

보신탕

개고기를 즐기시는 분들이 아주 많은 것 같다. 개고기는 보신탕補身湯, 영양탕, 멍멍탕, 단고기, 개장국, 구육狗肉 등 여러 이름으로 불린다. 동의보감에 의하면 개고기는 오장을 편안하게 하고, 혈맥을 조절하고, 장과 위를 튼튼하게 하며, 골수를 충족시켜 허리와 무릎을 따뜻하게 하고, 양도陽道를 일으켜 기력을 증진시킨다고 되어 있다고 한다. 특히 고단백 고지방으로 소화 흡수가 빠르고 몸 안에서 잘 굳지 않는 불포화지방산이 많아 몸이 허약해 생긴 결핵이나 호흡기 질환에 좋다고 하는데, 반대론자들은 지방이 들어 있어 다른 고기처럼 성인병이나 혈액 질환자에게는 나쁘다는 주장을 펼친다고 한다. 우리나라는 서울 올림픽 때 외국인의 혐오의 눈길을 의식하고 자중하는 분위기가 있었지만, 지금은 서민이 즐겨 찾는 음식이고 아직은 개고기가 축산물가공처리법상의 규제 대상은 아닌 실정이다. 개를 반려견伴侶犬으로 아끼고 사랑하는 사람들도 적지 않고 충견忠犬도 없지 않음은 기억해야 할 것 같다.

개고기는 기원전 6세기 중국에서 이미 먹기 시작하여 일반 연회와 제사에 제물로 올랐다고 한다. 주(周)나라의 주례(周禮)에도 등장하고 예기(禮記)에도 기록이 있으며, 사마천의 사기(史記)에 삼복 날 성내 사대문에서 개를 잡아먹었다는 기록이 있다고 하며, 우리나라는 안악 고구려 고분 벽화에서 개 그림이 있는 것으로 봐서 개고기를 먹는 역사는 아주 오래된 것만은 틀림없는 것 같다. 우리나라 기록상으론 1795년 궁중의 수랏상 식단에도 구증(狗蒸, 개고기 찜)이 있어 궁궐에서도 개고기를 식용한 것으로 보인다고 한다.

성경은 개를 나쁜 상황을 표현하는 데 많이 등장시키고 있다. 모세의 율법에 돼지는 굽이 갈라져 쪽발이로되 새김질을 못 하므로 부정하다고 했는데(레11:7), 개가 돼지와 같다고 한다. 물론 양 떼를 지키는 목양견(牧羊犬)도 있긴 하지만(욥30:1), 거의 대부분 나쁜 뜻으로 쓰이고 있으니, 이는 개가 갖는 이미지가 사납고 지저분하고 불결하기 때문일 것이다. 성경에선 대적과 원수를 표현하는 방법이나 사람을 비하하는 표현으로 개를 쓰며, 탐욕스런 종교 지도자를 표현할 때도 개를 쓰며, 창기(娼妓)의 번 돈과 같은 소득을 '개 같은 자의 소득'이라고 표현하기도 했으니 성경이 개를 보는 시각은 아주 나쁘다는 걸 보여준다고 하겠다.

"개들이 나를 에워쌌으며 악한 무리가 나를 둘러 내 수족을 찔렀나이다."(시 22:16)

"저가 절하여 가로되 이 종이 무엇이관데 왕께서 죽은 개 같은 나를 돌아보시나이까."(삼하 9:8)

"이스라엘의 파수꾼들은 맹인이요, 다 무지하며 벙어리 개들이라 짖지 못하며 다 꿈꾸는 자들이요, 누워있는 자들이요, 잠자기를 좋아하는 자들이니 이 개들은 탐욕이 심하여 족한 줄을 알지 못하는 자들이요, 그들은 몰지각한 목자들이라 다 제 길로 돌아가며 사람마다 자기 이익만 추구하며"(사 56:10~11)

"창기의 번 돈과 개 같은 자의 소득은 아무 서원하는 일로든지 네 하나님 여호와의 전에 가져오지 말라. 이 둘은 다 네 하나님 여호와께 가증한 것임이니라."(신 23:18)

'개' 하면 떠오르는 가장 극적이고 통쾌한 반전은 이세벨이 개에게 뜯기는 장면이다. 선지자 엘리야는 B.C. 850년경 갈멜 산상의 대결에서 아합과 이세벨이 추종하는 바알과 아세라의 선지자 850명과의 대결에서 완벽한 승리를 취하여 여호와의 살아 계심을 만천하에 알리지만, 이내 쫓기는 신세가 되는데 이는 악한 왕비 이세벨 때문이었다. 성경에도 "예로부터 아합과 같이 그 자신을 팔아 여호와 앞에서 악을 행한 자가 없음은 그를 그의 아내 이세벨이 충동하였음이라."(왕상 21:25) 표현하고 있다. 그런 이세벨이 드디어 비참한 죽음을 맞이하게 되니, 나봇의 포도원을 탐낸 아합 왕에게 그를 죽이고 빼앗으라고 충동질을 하자, 급기야 하나님은 엘리야를 보내 그들의 종말을 예언하시는 것이다.

"너는 그에게 말하여 이르기를 여호와의 말씀이 네가 죽이고 또 빼앗았느냐고 하셨다 하고 또 그에게 이르기를 여호와의 말씀이 개들이 나봇의 피를 핥은 곳에서 개들이 네 피 곧 네 몸의 피도 핥으리라 하였다 하라."(왕상 21:19)

"이세벨에게 대하여도 여호와께서 말씀하여 이르시되 개들이 이스르엘 성읍 곁에서 이세벨을 먹을지라. 아합에게 속한 자로서 성읍에서 죽은 자는 개들이 먹고 들에서 죽은 자는 공중의 새가 먹으리라고 하셨느니라 하니"(왕상 21:23~24)

얼마나 통쾌한 보복인가. 결국 아합 왕이 전쟁에서 죽어 그의 병거를 사마리아 못에서 씻을 때 개들이 그의 피를 핥았는데 거기는 창기들이 목욕하는 곳이었으며(왕상 22:38), 이세벨도 예후에 의해 죽임을 당한 후 시체를 찾아 장사 지내려 할 때 그녀의 두골과 발과 손만 찾았을 뿐 나머지 몸뚱이는 없었으니 이는 개들이 이미 뜯어 먹어 버렸기 때문이었다.(왕하 9:35)

개도 하나님이 만드신 동물임은 틀림없지만, 그 쓰임새가 별로 좋은 용도가 아니다. 욕을 할 때 '개만도 못한 놈', '개새끼'라고 하고, 비루한 모습을 '비 맞은 개 꼬라지'라고 표현하고 있지 않은가. 성경에선 배신背信과 배도背道를 상징하는 말로 많이 쓰였다. 잠언에 "개가 그 토한 것을 도로 먹는 것같이 미련한 자는 그 미련한 것을 거듭 행하느니라."(잠 26:11) 되어 있고, 빌립보서에도 "개들을 삼가고 행악하는 자들을 삼가고 몸을 상해하는 일을 삼가라."(빌 3:2)고 되어 있으며, 베드로후서에도 "참 속담에 이르기를 개가 그 토하였던 것에 돌아가고 돼지가 씻었다가 더러운 구덩이에 도로 누웠다 하는 말이 저희에게 응하였도다."(벧후 2:22)라고 기록되어 있다.

또 요한계시록에는 개를 "개들과 술객들과 행음 자들과 살인자들과 우상 숭배자들과 및 거짓말을 좋아하며 지어내는 자마다 성 밖에 있으리라."(계 22:15) 말씀하여 종교적 배신자나 타락자, 행악 자와 우상 숭배자들 같은 사람을 일컫는 말로 쓰이고 있다. 필자도 한때 보신탕을 먹기는 했으나 이제는 끊은 지 오래되었다. 아무리 맛있고 건강에 좋다고 해도 성경을 자주 대할수록 맛도 없어졌고, 심정적으로도 개고기를 가까이하고 싶지 않았기 때문이다. 세상의 많은 동물 중 개만큼 인간에게 가까이 있는 것도 없으니 인간 곁에 배도자의 상징 같은 개를 가까이 두게 하신 것에 하나님의 영적인 의미는 없는 것인지 자문해 보아도 좋을 것 같다.

돼지머리 고사

고사告祀라는 게 있다. 이른 바 개업식을 하거나 산을 좋아하는 사람들이 시산제始山祭를 지내거나 관공서 기타 회사나 단체에서 건물을 신축하거나 사업을 시작하거나 자동차를 새로 들여오면 지내는 것인데, 액운을 떨치고 풍요와 안전과 행운을 가져오도록 터주 신神에게 음식을 차려놓고 절하며 빈다는 것이다. 21세기 첨단 우주과학의 시대, 인본주의 인간의 존엄성이 극에 달한 시대에 아직도 지성인들조차 이런 고사를 지내고 있으니 어리둥절하기만 하다. 제사상 한가운데 떡하니 들어앉은 게 있으니 돼지머리다. 고사 지내는 제주祭主를 비롯한 관계인들은 절을 하고 만 원권 지폐를 그 돼지머리 입에다 꽂아주곤 한다.

고사가 언제 생겼는지, 이런 돼지머리가 제사상에 언제부터 올라왔는지 불분명하다. 다만 돼지는 민속적으로 십이지간의 마지막 동물로서 길상吉祥을 뜻하며 예로부터 하늘과 산천에 제사를 지낼 때 희생 동물로 썼고, 조선시대 종묘와 사직에 제사를 지낼 때는 산돼지를 썼다고 한다. 돼지는 우둔하고 더럽고 게으르고 탐욕스러운데 왜 굳이 돼지를 썼을까. 돼지는 강한 번식력으로 다산을 상징하고 복과 재산을 나타내기에 제사상에 썼다는 주장이 나오기도 하는데, 돼지 코 장신구가 이를 증명하는 것 같다. 혹자는 윷놀이의 도가 도야지, 돼지로서 첫 시작의 첫 살림 밑천이며, 돼지의 한자 돈(豚)이 화폐의 돈과 발음이 같아서 좋아한다고도 하는데 자세히 알 길은 없는 일이다.

성경은 돼지를 어떻게 보고 있을까. 다윗이 어릴 때 베들레헴에서 양을 치며 살았듯이(삼상 17:15), 광야가 많은 가나안 땅에서 반(半) 유목민 생활을 하던 이스라엘 민족에게 돼지는 키우기에 적절치 않은 가축이었다. 또 쉽게 고기가 상하는 탓에 보관하기도 어려웠던 것이었는데 이방 민족과 접촉하며 자연스레 접하게 된 것으로 보인다. 돼지와 관련된 성경을 살펴보면, "돼지는 굽이 갈라져 쪽발이로되 새김질을 못 하므로 너희에게 부정하니 너희는 이 고기를 먹지 말고 그 주검도 만지지 말라. 이것들은 너희에게 부정하니라." (레 11:7~8, 신 14:8 同旨), "참 속담에 이르기를 개가 그 토하였던 것에 돌아가고 돼지가 씻었다가 더러운 구덩이에 도로 누웠다 하는 말이 저희에게 응하였도다."(벧후 2:22)라고 했다.

또한 "스스로 거룩하게 구별하며 스스로 정결하게 하고 동산에 들어가서 그 가운데에 있는 자를 따라 돼지고기와 가증한 물건과 쥐를 먹는 자가 다 함께 망하리라. 여호와의 말씀이니라."(사 66:17)라고 되어 있으니 돼지는 더럽고 부정하게 보고 있다. 즉, 성경은 돼지를 가리켜 배도자(背道者) 내지는 영적인 타락자(墮落者) 또는 세상적인 육신과 죄악과 쾌락의 옛 생활로 돌아가 버린 자를 상징하는 동물로 보고 있다. 돌아온 탕자의 비유에서 탕자가 돼지 먹는 쥐엄 열매로 배를 채웠다는 구절도 이를 뒷받침하고 있다(눅 15:16).

그런데 이 돼지가 이스라엘 백성들에게 종교 탄압의 상징으로 회오리바람처럼 다가오게 된다. 즉, B.C. 170년경 셀류코스 왕조(헬레니즘 문화를 이룩한 그리스의 알렉산더 대왕이 B.C. 323년경 33세의 젊은 나이로 죽고 난 후 그의 제국이 나눠져 시리아 쪽을 지배한 왕조)의 8대 왕 안티오쿠스 에피파네스 4세(재위 B.C. 175~163년경)는 스스로를 신으로 부르는 난폭한 왕으로서 예루살렘을 정복한 후 이스라엘의 헬라화에 전념하게 된다. 곧 모세 율법서를 불사르고 성전의 기물을 약탈하며 유대교 절기를 폐하고 안식일과 할례를 금지시키며 성전 내에 제우스의 신상과 제단을 세우고 돼지와 부정한 동물을 희생 제물로 바칠 것을 명령하면서 이를 지키지 않으면 사형시키겠다는 칙령을 반포하니, 실지로 많은 유대인들이 핍박 끝에 순교를 당하였다. 즉, 포악하기 그지없던 그가 여호와 신앙을 말살하는 조치를 취하면서 유대 예루살렘 성전을 훼파하고 제우스 신전을 세운 후 돼지머리를 갖다 놓고 경배토록 한 데서 돼지머리 고사는 시작되었던 것이다(단 11:31).

그러나 이에 반발한 제사장 맛다디아와 그의 아들 마카비 등이 B.C. 167년경 봉기를 일으켜 3년간의 투쟁을 벌이고 마침내 B.C. 164년경 예루살렘 성전을 탈환하여 깨끗이 청소하고 여호와의 제단을 회복하였으니 이를 기념하여 그해 기슬르월(태양력 11~12월) 25일부터 8일간 축제를 벌이는 것을 수전절修殿節이라고 명명하였던 것이다(요 10:22).

다시 말하면 돼지머리 고사는 우리의 민속적 전통이라고도 볼 수도 있지만, 서양에선 역사가 오래된 종교 탄압의 소산물이요, 희랍산 종교 말살 정책의 하나였던 셈이다. 그것이 B.C. 170년경의 일이니 그 후 사람들이 종교의 자유를 찾아 동으로 동으로 새로운 땅을 찾아 이동하였을 때 의식의 티끌에 묻어 당나라를 통해 우리나라에 들어왔을 가능성도 전혀 배제할 수는 없는 것이다. 왜냐하면 당나라 때 기독교가 경교景敎의 이름으로 장안長安 땅에 번성하였었기 때문이다.

부연하면, 서기 635년 여러 명의 선교사들이 페르시아로부터 와서 중국 당나라에 도착했다. 이들은 로마제국의 콘스탄티노플 교회의 감독인 네스토리우스파 추종 신앙인들이었는데 인도 중앙아시아를 거쳐 당 태종太宗 때 중국에 들어와 폭넓게 전도를 했고, 그 증거가 바로 781년 세워진 대진경교유행중국비大秦景敎流行中國碑이다. 이때가 신라 선덕여왕 2년이었는데, 1956년 경주에서 출토된 신라 유물 가운데는 석제 십자가, 동제 십자가, 마리아관음상이 있어 통일신라시대에 이미 한반도에 기독교가 분포되었음을 알 수 있는 것이다. 흉보며 배운다고 일부 사람에 의해 돼지머리 고사도 그때 들어왔을 가능성을 열어두고 싶다. 어찌했거나 돼지머리 앞에 인간이 절을 한다는 건 아주 우스운 일이다. 우상숭배와 뭐가 다른가. 돼지머리가 어찌 인간사 흉액凶厄을 제거해 주겠는가.

"사람들이 다 어리석고 무식하구나. 우상을 만드는 금 세공업자들이 수치를 당하지 않을 수 없으니 그들이 주조해서 만든 신상은 거짓되고 그 안에 생명이 없기 때문이다. 그것들은 다 무가치하고 경멸의 대상이므로 여호와께서 벌하실 때에 다 멸망할 것들이다."(렘 10:14~15, 현대인의 성경)

하나님이 싫어하시는 일이니 결코 좋은 결과가 올 리 없는 것이다. 원산지 불명의 이 돼지머리 고사를 관습이라고 해서 전통의 민속제의民俗祭儀라고 해서 용인할 것이 아니라 폐지시켜야 마땅하다. 이 땅에 우상숭배가 있는 한 조국의 미래는 없기 때문이다. 특히 국민을 선도하고 헌법상 종교 중립을 지켜야 할 관공서에서 공식적으로 민속신앙의 이름으로 이런 얼토당토않은 잡신 숭배의 일을 한다면 이는 무지한 일을 넘어 개탄스러운 일이 될 것이다.

재물을 위하여

　재물에 욕심이 없고 부자 되기를 싫어하는 사람이 있을까. 물론 있다. 스스로 재산을 주위에 나눠주고 인자와 긍휼을 베푸신 분들은 수천 년 전이나 지금이나 적잖이 존재한다. 인천의 어느 의사 출신 목사님은 30억 재산을 다 가난한 사람 등에게 나눠주고 현재 목회에 전념하고 계시기도 하다. 그러나 대부분의 사람은 재산을 금 쪽같이 귀히 여길 뿐 아니라, 심지어 어떤 자들은 물질 때문에 사기횡령, 배임, 강도, 살인까지도 서슴지 않는 일이 비일비재하다. 특히나 명망 있는 재벌가의 후손으로 출생하면 태어날 때부터 입에 금 수저를 물고 태어났다는 말로 부러워하기도 한다.

　성경은 돈을 사랑함이 일만 악의 뿌리라고 가르친다(딤전 6:10). 그러면서도 곳곳에 물질의 복을 주시겠다고 말씀하시는 부분이 많고, 심지어 여호와께서 네게 재물을 얻을 능력을 주셨음을 기억하라고까지 말씀하시기도 한다(신 8:18). 어떤 목사님은 돈은 일만 악이니 내 몸에서 나가면 나갈수록 좋은 것이므로 자꾸 이웃에게 퍼주어서 악을 내보내라고 말씀하는 분도 있다. 어떤 학자는 물질에

대한 인간들의 애착을 하나님께선 너무 잘 아시기에 성경에는 돈
과 재물의 문제를 다룬 구절이 600개 이상 나온다는 연구 결과를
내놓기도 했다고 한다. 그러나 돈은 가지면 가질수록, 모으고 묵힐
수록 그 욕심만큼 인간의 심령과 영혼은 비대肥大해지게 된다. 심
령이 가난해져야 복을 받는다고 말씀하셨거늘 비만해지는 게 결
코 좋을 리가 없는 것이다.

뱃속 기름지기 시작한 후
영혼은 오히려
앙상한 나뭇가지

이욕利慾의 뻘에 범벅이 된 채
나뒹굴어진 썩은 고목

세월 가쁘게 살아오며
기름지기를 소원했던 끝에
얻은
새로운 절망

얻기 위해 달려온 날들은
잃어버리기 위해
달려온 날들이었다

가난한 마음이 이고 오는

풍요로움

그 소중한 고이 안지 못한 채

허욕에 지새웠던 날들이여

배에 기름기가 끼고 난 후

유원悠遠한 하늘 보기 부끄러워

고개 못 든 영혼은

자꾸만

여위어 가고 있다

-拙詩, '뱃속 기름진 후' 全文

  그렇다. 재물을 자신의 뱃속에 쌓아두어선 안 된다. 좋을 게 없기 때문이다. 성경은 재물이 더럽지도 추하다고 하지도 않았다. 돈을 사랑치 말고 있는 바를 족한 줄로 알라 하셨다(히 13:5). 또한 착취함이 없이 정당하게 획득할 것과 부지런하게 일해서 모으라는 말씀도 있고 복을 주어 물질을 가득 주시겠다고 하셨다.

  "부요와 재물이 그 집에 있음이여 그 의가 영원히 있으리로다."(시 112:3)
  "이는 나를 사랑하는 자로 재물을 얻어서 그 곳간에 채우게 하려 함이니라."(잠 8:21)

"하나님이 재물과 부요를 주사 능히 누리게 하시며"(전 5:19)

다만 그렇게 벌어놓은 재물을 사랑하지 말고 쌓아 놓지 말고 염려하지 말라고 하시면서 가장 강조하신 건, 첫째는 하늘 창고에 쌓아 두고, 둘째는 어렵고 가난한 이웃에게 나눠주라는 말씀이셨다. 즉, 자기 자신을 위하여 보물을 하늘에 쌓아 두라 하시면서(마 6:20), 땅에는 언제든지 가난한 자가 그치지 아니하겠으니 너는 반드시 네 경내境內 네 형제의 곤란한 자와 궁핍한 자에게 네 손을 펼지니라(신 15:11)고 말씀하셨다. 하나님은 고아의 아버지요 과부의 재판장이라고도 하셨다(시 68:5). 다시 말하면 재물을 얻게 해 주시되 그게 자기 것이라는 생각을 갖지 말고 하나님의 것을 맡아 관리하는 사명을 주신 것뿐이니, 이를 하늘나라와 가난한 사람을 위해 사용하라는 것이다. 그게 재물에 대한 성경의 핵심 가르침이다.

"누가 이 세상 재물을 가지고 형제의 궁핍함을 보고도 도와줄 마음을 막으면 하나님의 사랑이 어찌 그 속에 거할까 보냐."(요일 3:17)
"가난한 자를 불쌍히 여기는 것은 여호와께 꾸이는 것이니 그 선행을 갚아 주시리라."(잠 19:17)

우리 주변에 가난한 사람을 많이 만드신 건 긍휼과 사랑을 실천할 수 있는 절호의 기회를 주신 것이다. 재물을 나눠주는 건 사랑을 실천하는 것이다. 재물을 나눠주는 건 긍휼의 마음이요, 긍휼의 마음은 곧 사랑이요, 사랑은 곧 하나님이니(요일 4:16), 재물을 나눌 때 하나님도 같이 흐르시는 것이다. 그래서 재물이 나눠질 때 하나님도 같이 흘러서 하늘에 자기 상급이 쌓이게 되는 것이다.

바꿔 생각해 보자. 내가 아무리 많은 재물이 있고, 또 그 재물을 나눠 주어서 사랑을 실천하고 싶다고 한들 공교롭게도 이 세상 모든 사람이 다 넘치는 재물을 가지고 있다면 어떻게 될까. 나는 재물을 갖고는 어떤 사랑도 실천할 수가 없는 것이다. 재물을 나눠줌으로써 사랑을 증명하고 싶었는데 길이 꽉 막힌 것이다. 그러면 내가 이웃 사랑을 가졌다는 걸 어떻게 증명할 수 있는가. 다른 방법이 없지 않은가. 그러니 주위에 가난하고 궁핍한 자가 있는 건 내게 사랑을 실천할 수 있는 길을 열어주신 것이니 오히려 감사해야 한다. 그래서 하나님께선 우리 주위에 가난한 자들을 남겨놓으셨다고 생각하면 된다.

"내가 곤고하고 가난한 백성을 너의 중에 남겨 두리니 그들이 여호와의 이름을 의탁하여 보호를 받을지라."(습 3:12)

그래서 사도 바울은 청년 목사 디모데에게 부자들에게 재물에 대해 이 점을 가르칠 것을 명한다. 즉, 부자들에게 마음을 높이지 말고 정함이 없는 재물에 소망을 두지 말고 오직 모든 것을 후히 주시는 하나님께 두며 선한 일을 행하고 선한 사업에 부하고 나눠주기를 좋아하며 동정하는 자가 되게 하라는 것이다. 그건 장래 부자 스스로를 위하여 좋은 터를 쌓아 참된 생명을 취하는 것이기 때문이라고 일러두었던 것이다(딤전 6:17~19). 그러니 재물이 어떻게 써져야 하는지 성경의 가르침은 분명하다고 하겠다.

한발 더 나아가 재산을 많이 가진 사람들이나 우리 사회의 권력 지배층은 성경의 희년禧年의 정신(레 25:8~13)까지도 나아가면 좋다. 희년은 안식년의 일곱 번 다음 해, 즉 50년마다 한 번씩 찾아오는 해로서, 이 해가 되면 전국의 모든 거민에게 자유가 선포되고 각자 상속받은 땅과 집으로 돌아가며 노예는 해방되고 채무는 면제받게 된다. 오늘날의 고도 자본주의 사회에서는 꿈같은 이야기이겠지만, 적어도 여호와의 정신은 희년의 정신이며, 예수님께서도 갈릴리 전도의 첫 말씀으로 희년이 정신이 고스란히 담긴 이사야의 말씀(사 61:1~2)을 풀어 읽으시면서 "오늘날 이 글이 너희 귀에 응하였느니라." 말씀하셨을 정도이니(눅 4:21), 하나님의 희년의 정신은 가난하고 힘없는 자들을 배려하며 그들과 더불어 살아가라는 긍휼의 가르침이신 것이다. 이것은 급격한 빈부 격차로 몸살을 앓는 우리 사회에 필요한 말씀이니 많이 가진 사람들이 귀담아들어야 할 말씀이다.

사실 하나님은 재물이 전혀 필요 없으시다. 전지전능하신 그분은 출애굽 한 이스라엘 백성 250여만 명을 40년간 만나 와 메추라기로 먹이셨고, 옷과 신발이 해지지 않게 입히시고 신기셨다. 예수님도 말씀만으로 보리떡 다섯 개와 물고기 두 마리로 5,000명을 먹이시고도 남게 하셨다. 지금 이 순간에도 하나님의 능력은 당장이 땅에서 굶주린 사람이 하나도 없을 정도로 채우실 수 있고, 먹이시고 입히실 수 있다. 그러나 그렇게 하지 않으신다. 왜냐하면 인간이 남에게 사랑을 보여주고 실천할 수 있는 기회를 빼앗고 싶지 않으시기 때문이다. 가난한 자를 우리 곁에 놔두어 우리로 사랑을 실천할 수 있는 기회를 주셨고, 그렇게 해서 사람마다 사랑을 쌓아 가길 바라시며, 그 사랑을 실천한 자녀에게는 나중 하늘나라에서 상급을 주고 싶으시기 때문이다. 그렇게 해서 사랑의 하나님이 자기를 닮아 사랑을 실천하여 사랑이 풍성해진 사랑의 자녀를 영원한 사랑의 하늘나라에서 거두고 싶어 하신다. 하늘 인구를 채우시는 하나님의 방정식이다.

고넬료와 하나님의 사자와의 대화가 이를 증거 한다. "고넬료가 주목하여 보고 두려워 가로되 주여 무슨 일 이니이까. 천사가 가로되 네 기도와 구제가 하나님 앞에 상달하여 기억하신 바가 되었으니"(행 10:4)라고 하였다. 즉 그 사건은 고넬료의 구제가 현재진행형으로 하나님 앞에 상달되었고, 하나님의 기억하신 바가 되었다는 걸 증거 하고 있다. 재물을 쌓아 놓지 말고 풀어서 가난한 자를 도와주라는 것이다. 하나님과 재물을 겸하여 섬길 수 없다고 했으니(눅 16:13) 이는 하나님도 사랑하고 재물도 사랑하는 건 불가능하다는 말로, 하나님을 사랑한다면 재물은 사랑하지 말고 베풀라는 말이다. 레위기와 신명기에는 긍휼의 하나님이 가난한 객과 고아와 과부를 살피신 구절이 종종 나온다.

"네가 네 포도원의 포도를 딴 후에 그 남은 것을 다시 따지 말고 객과 고아와 과부를 위하여 버려두라."(신 24:21)

재물을 향한 인간의 욕심과 하나님께의 사랑이라는 언뜻 보면 공존할 수 없는 논리 가운데는 영원한 하늘의 복을 위해선 잠시 머무는 현세의 재물로 사랑을 실천하는 게 오히려 더 유익하다는 하나님의 사랑 논법이 깔려 있다. 하나님의 마음에 합하였다는 다윗(행 13:22)의 초월적 물질관으로 우리의 재물 보는 시각을 정리하면 좋을 것 같다.

"나와 나의 백성이 무엇이관대 이처럼 즐거운 마음으로 드릴 힘이 있었나이까. 모든 것이 주께로 말미암았사오니 우리가 주의 손에서 받은 것으로 주께 드렸을 뿐이니이다. 주 앞에서는 우리가 우리 열조와 다름이 없이 나그네와 우거한 자라 세상에 있는 날이 그림자 같아서 머무름이 없나이다."(대상 29:14~15)

위선 인생

위선인생僞善人生이란 말이 있다. 위선은 거짓된 선善이니, 본시 갖고 있지도 않은 선을 갖고 있는 양 작위作為로 포장하여 가면을 쓰고 남에게 내보이는 것이다. 한마디로 속이는 것이다. 거짓도 나쁜데 거기에 한술 더 떠 그럴싸하게 포장을 하여 남을 속이니 본인도 그러느라 힘이 들고 속아 넘어간 상대방도 나중 알고 나면 불쾌할 것이다. 그렇게밖에 살 수 없는 사연이 있을까. 위선 없이 참된 인생을 사시는 분들은 얼마나 될까. 죄 많은 게 인생이라고 어느 누구도 정직한 욥과 같은 인생을 살기는 어려울 것이다.

얼마 전 기가 막힌 말을 들었다. "인간이 이나마 존경심을 지킬 수 있는 건 거짓과 위선 때문이다." 얼마나 핵심을 찌르는 말인가. 그 풍자적이요 함축된 말이 오늘의 한국 사회를 잘 꼬집고 있다는 생각을 했다. 한국은 옛날부터 신분 계급에 사농공상士農工商의 가치 체계와 유교적 질서 체제로 인해 체면을 중시하고 양반 행세하기를 좋아하는 민족이었으니 그런 기질과 전통이 오늘날에도 위선을 벌이는 것일까. 이 사회엔 허영과 기만과 거짓이 질펀하게 널려 있는 거 같다. 전세나 월세를 살며 빚을 잔뜩 지고도 할부로 큰 차를 사는 사람이 많을 걸 보면 이 사회의 풍조를 대번에 알 수 있다.

이런 인간 군상群像의 사회 속에서 민낯이 그대로 드러나면 서로가 민망하기 짝이 없다. 그러니 너 나 할 것 없이 부패하고 냄새나는 모습은 감추고 교묘한 화장발로 사는 게 나을는지 모른다. 인간들에게 절망하지 않고 그나마 한 가닥 상대에게 존경심을 가질 수 있게 하는 이유가 거짓과 위선僞善으로 포장包裝되어 있기 때문이라니 이토록 명쾌한 진단이 있는가. 속을 들여다보면 누구나 더럽고 냄새나지만 점잖은 척 별일 없는 척 깨끗한 척하며 꾸민 그 거짓과 위선으로 말미암아 상대에 대한 존경심을 갖고 가까이 대한다는 것이다. 거짓과 위선으로 포장하여야만 지탱할 수 있는 사회, 그게 바로 우리가 사는 인생 현장이다. 물론 정직하고 바르게 사는 사람도 많겠지만 오죽하면 이런 말이 나왔을까.

수많은 영화와 문학작품들이 거짓과 위선으로 얼룩진 인간사를 그려내고 있다. 위선을 그린 작품들을 보면 처음엔 주인공이 잘나가는 것 같지만 나중엔 다 밝혀지고 반전을 거듭하여 결국은 그 위선이 자충수가 되어 망신과 자멸로 피날레를 장식하게 된다. 거짓과 위선은 결국은 다 드러나게 되어 있다. 선진국일수록 거짓이 없고 정직하다. 그게 선진국일 수 있는 힘이다. 실수는 용서해도 거짓은 절대 용서할 수 없는 사회가 되어야 한다. 진실과 정직은 공동체 사회를 아름답게 하며 밝은 미래를 지향할 수 있는 초석礎石인데, 그 초석이 흔들리면 어찌 집이 설 수가 있을까. 위선으로만은 부족한가. 매일같이 범죄가 쏟아져 나오고 보이스피싱이 난무하며 사기횡령 등의 고소 고발 건수가 선진국의 수십 배가 되는 오늘의 한국 사회는 거짓과 너무 가까운 것 같아 슬프기 짝이 없다.

　교회는 어떠한가. 교회라고 다른가. 수군대고 빈정대고 질시하고 오해와 상처뿐이고 한시도 바람 잘 날 없는 곳이 교회다. 그러니 안 그런 척 너스레를 떨고 예배 때는 얌전한 척했다가 밖의 생활에선 사회 사람과 조금도 다를 게 없이 살아가는 사람들이 적지 않다고 말을 한다. 거짓과 위선은 교인이라고 해서 별로 크게 다를 게 없는 것 같다.

　그렇듯 허례와 의식과 가식과 가면을 뒤집어 쓴 채 살아가는 인생들이기에 상대의 거짓과 위선을 풍자하며 자신은 가리고 싶어 세계의 숱한 탈춤과 가면무도회假面舞蹈會와 가면페스티벌에 그토록 열광하는 것인지도 모르겠다.

　이런 인간 세상을 바라보는 성경은 한결같다. 진실로 인생은 거짓 범벅이라는 것이다. 성경을 보자. "이와 같이 너희도 겉으로는 사람에게 옳게 보이되 안으로는 외식과 불법이 가득하도다."(마 23:28), "사람은 다 거짓되되 오직 하나님은 참되시다 할지어다."(롬 3:4), "그들은 심히 패역한 세대요, 진실이 없는 자녀임이로다."(신

32:20), "진실로 천한 자도 헛되고 높은 자도 거짓되니 저울에 달면 들려 입김보다 경하리로다."(시 62:9), "거짓말하는 자를 멸하시리이다. 여호와께서는 속이는 자를 싫어하시나이다."(시 5:6). 그 외에도 많은 구절이 있을 것이다. 성경 속에는 거짓 증거, 거짓 맹세, 거짓 예언, 거짓 환상, 거짓 선지자 등 갖가지 거짓이 많다.

왜 세상이 이럴까. 그건 사탄이 이 세상의 임금이요(요 12:31, 14:30, 16:11), 이 세상 어두움의 주관자들이요(엡 6:12), 공중의 권세 잡은 자이기(엡 2:2) 때문이다. 사탄은 속이는 자요 거짓인 자니, 모든 거짓의 근원은 진리에서 나지 않기 때문이다(요일 2:21). 악인은 나면서부터 곁길로 나아가 거짓을 말하니(시 58:3), 이는 인류 최초의 에덴동산에서 거짓으로 이브를 유혹하던 거짓말쟁이인 사탄에 속하였기 때문이다. 예수님께서 유대인들에게 직접 이 말씀을 가르치셨다.

"너희는 너희 아비 마귀에게서 났으니 너희 아비의 욕심을 너희도 행하고자 하느니라. 저는 처음부터 살인한 자요 진리가 그 속에 없으므로 진리에 서지 못하고 거짓을 말할 때마다 제 것으로 말하나니 이는 저가 거짓말쟁이요 거짓의 아비가 되었음이니라."(요 8:44).

거짓은 마귀에게 속하기에 그런 것이다. 그러므로 예수님께 속하면 자연히 거짓에서 멀어지게 된다. 기독교 국가의 공통된 모습은 거짓이 없는 정직함이다. 그러기에 시편 기자는 거짓 행위를 내게서 떠나게 하시라고 간구하였고(시 119:29), 모세 십계명에선 네 이웃에 대하여 거짓 증거 하지 말라고 가르쳐 주셨다(출 20:16). 그럼에도 인간 세상에선 거짓이 판을 치고 있다. 인간 세상이 그러함을 인정한다면 세상은 나중엔 어찌 되며 그 주인공들은 어떤 처분을 받을까. 세상은 멸망을 향해 달릴 수밖에 없을 것이며, 그 주인공들에겐 징치懲治받을 일만 기다리고 있을 것이다. 그래서 마지막 날엔 심판이 있는 것이다.

거짓과 위선의 인생은 슬프고 딱한 것이다. 그건 도덕적 비난의 실상도 있겠지만, 가식과 허례와 치례와 가면의 인생으로 살지 않으면 살기 어렵기 때문일 수도 있으니, 그 속에는 이미 피곤하고 상처받을 인생살이가 예약豫約되어 있다고 하겠다. 온 세상이 악한 자 안에 처하였으니(요일 5:19), 그런 세상에서 예수님을 믿고 의롭게 살고자 하는 의인은 더욱 힘이 드는 것이다. 성경도 곳곳마다 이를 언급하고 있다. "내가 아프고 심히 구부러졌으며 종일토록 슬픈 중에 다니나이다. 내가 피곤하고 심히 상하였으매 마음이 불안하여 신음하나이다."(시 38:6,8), "오직 나는 가난하고 슬프오니 하나님이여 주의 구원으로 나를 높이소서."(시 69:29), "일평생에 근심하며 수고하는 것이 슬픔뿐이라 그 마음이 밤에도 쉬지 못하나니 이것도 헛되도다."(전 2:23) 이런 말씀들이 많다.

그러니 어찌할까. 거짓에 일일이 대응하기보다는 거짓의 아비인 사탄의 세상에서 근본적으로 벗어나야 한다. 그게 답이다. 몸은 이 세상에 속했을지라도 영은 하나님께 속하여야 한다. 소속所屬을 바꿔야 한다는 말이다. 그래서 세상의 심판과 남은 일과 상대방에 대한 처리와 복수는 주님께 맡기고 그저 주어진 인생을 가르침대로 정직하고 진실하게 행하며 우리의 슬픔과 근심을 다 아시는 주님께 나아가면 된다.

"너희가 친히 원수를 갚지 말고 진노하심에 맡기라 기록되었으되 원수 갚는 것이 내게 있으니 내가 갚으리라고 주께서 말씀하시니라."(롬 12:19, 同旨 히 10:30)

거짓과 위선, 가식의 허례의 굴레를 벗어 던지고 주님이 주시는 평안과 안식과 생명과 순종의 세계를 노크하면 어떨까. 그분은 졸지도 아니하고 주무시지도 아니하시며(시 121:4), 우리를 보살피신다. 언제까지나 거짓과 가면의 진창 속에서 헤맬 것인가. 언제까지나 위선과 오욕의 펄 속에서 뒹굴 것인가. 그분께 의뢰하고 순종하면 거짓과 위선 없이도 이 모진 세상에서 살아나갈 수 있다. 주님께 피하고 거짓과 위선의 인생들을 기대하지 말자. "여호와께 피함이 사람을 신뢰함보다 나으며"(시 118:8)라고 하셨지 않은가.

거짓과 위선으로 가득 차 있는 세대일지라도 의로움과 진실함으로 부단히 이겨나가는 것, 그게 주님의 당부시니 이를 통하여 성화聖化의 한 걸음을 더 나아갈 수 있을 것이다. "너희는 이 세대를 본받지 말고 오직 마음을 새롭게 함으로 변화를 받아 하나님의 선하시고 기뻐하시고 온전하신 뜻이 무엇인지 분별하도록 하라."(롬

12:2), "그런즉 거짓을 버리고 각각 그 이웃으로 더불어 참된 것을 말하라. 이는 우리가 서로 지체가 됨이니라."(엡 4:25) 하셨다. 거짓과 위선으로 범벅이 된 세상살이지만 참된 것을 말하며 진실과 정직으로 주님만 좇는다면 주님은 우리 인생을 아름답게 인도해 주실 것이다. 그렇게 의연히 살다가 주님 앞에 죽으면 되는 것이다.

"성도의 죽는 것을 여호와께서 귀중히 보시는도다."(시 116:15)

세상 영화와 교회 영화

세상 영화榮華는 세상의 영광과 화려함을 뜻하니 가장 대표적인 인물은 솔로몬이라 할 수 있을 것 같다. 솔로몬은 다윗왕의 뒤를 이어 B.C. 970년경 이스라엘의 왕이 된 후 40년간 재위하며 나라를 부강하고 풍요롭게 만들기도 하였지만 개인적으로도 지혜의 왕으로서 세상의 명리名利와 영예榮譽와 부귀영화가 극에 달하였던 사람이다. 솔로몬의 왕궁에서 필요로 하는 하루 분 식량이 줄잡아서 약 5,000명 분이요, 상아로 큰 보좌를 만들어 정금으로 입혔고, 그 마시는 그릇은 다 금이요 레바논 나무 궁의 그릇들도 다 정금이라 했으니 그의 사치와 번영이 얼마나 대단했는지 알 수 있다 하겠다.

솔로몬은 욕심이 많은 사람이었나 보다. 그가 아가서를 지은 젊은 날에는 왕후가 육십이요 비빈이 팔십이라고 했는데(아 6:8), 열왕기상에서는 왕후와 비빈이 1,000명으로 늘어났으니 말이다. 이 숫자는 그 아버지 다윗이 아내 일곱과 첩 셋을 둔 것에 비하면 무려 100배인 셈이다. 그러나 그런 세상의 부귀영화를 한 몸에 이룬 솔로몬이 늙어 한 말은 "헛되고 헛되며 헛되고 헛되니 모든 것이 헛되도다. 사람이 해 아래서 수고하는 모든 수고가 자기에게 무엇이 유익한고. 한 세대는 가고 한 세대는 오되 땅은 영원히 있도다."였고(전 1:2~4), "만물의 피곤함을 사람이 말로 다 할 수 없나니 눈은 보아도 족함이 없고 귀는 들어도 차지 아니하는도다."라는 고백이었다(전 1:8).

솔로몬은 지혜와 총명의 왕이었다. 그는 바닷가의 모래알과 같은 넓은 마음의 소유자였으며, 잠언 삼천 가지에 노래 일천다섯 편을 지을 정도로 뛰어난 음악인이었으며, 초목을 논하되 레바논 백향목으로부터 담장의 갈라진 틈에서 자라는 작은 우슬초까지, 그리고 짐승과 새와 물고기까지 모르는 게 없는 천하의 해박한 동물학 박사이자 식물학 박사였고(왕상 4:29, 32, 33), 시편 72편과 127편을 짓기도 했을 정도였다. 예수님께서도 솔로몬의 모든 영광이라고 말씀하실 정도였으니(마 6:29) 그의 영화가 얼마나 극진했는지 알 수 있겠다.

그러나 그는 노년에 후궁과 첩에 빠져 시돈 사람의 여신 아스다롯과 암몬 사람의 가증한 밀곰을 따르고, 모압의 가증한 그모스와 암몬 자손의 가증한 몰록을 위하여 산당을 짓는 악을 행하고 말았다. 하나님께서 일찍이 두 번이나 그에 대하여 돌이키라고 말씀하셨으나 지키지 않는 불충을 저지르기도 했다(왕상 11:1~10). 그가 나중에 참회하고 사망하였는지 참회하지 않은 채 사망하였는지는 성서에 나와 있지 않다. 전설에 의하면 그는 요정과 마법을 거느리는 반지를 갖고 마법 마신을 부리는 힘을 가졌었다고도 하니 영화나 소설의 '솔로몬의 반지'가 이를 가리킨다. 그의 이름은 일반인이나 그리스도교인들 가운데서는 잘 쓰지 않으나, 이슬람권에서는 술레이만이란 이름으로 잘 쓰인다고 한다. 그런데 만약 그가 끝까지 하나님을 잘 섬기었다면 장수長壽의 복까지 받았을 것 같다는 생각이 든다. 그가 최후의 유언 같은 말씀으로 전도서를 끝맺었으니 그 말이 가히 새겨둘 만하겠다.

"여러 책을 짓는 것은 끝이 없고 많이 공부하는 것은 몸을 피곤케 하느니라. 일의 결국을 다 들었으니 하나님을 경외하고 그 명령을 지킬지어다. 이것이 사람의 본분이니라. 하나님은 모든 행위와 모든 은밀한 일을 선악 간에 심판하시리라."(전 12:12~14)

그렇다면 교회의 영화榮華는 어떠할까. 교회의 영화는 이 땅의 것과는 정반대의 방향에 있다. 히브리서 기자는 믿음으로 살았던 사람들을 이야기하면서 "세상은 그들에게 아무 가치가 없었습니다. 그래서 그들은 광야와 산과 동굴과 땅굴을 찾아다니며 지냈습니다."(히 11:38, 현대인의 성경)라고 말씀하기도 했다. 세상은 지금의 세상 것을 향유하려 하지만, 교회는 저세상의 것을 향유하려 하기에 그 목적도 가치도 의미도 추구하는 바도 다르다. 세상은 불세출의 영웅을 꿈꾸지만 교회는 가난한 성자를 으뜸으로 친다. 세상은 높아지고 부유하고 소유하고 영광되라고 가르치지만 교회는 낮아지고 가난해지고 다 나눠주고 버리라고 가르친다. 간단한 예를 들자면, 베드로가 처음 한 일은 생계 터인 어장(漁場)을 버리고 생계벌이 도구인 그물을 버리고, 빈손으로 주님을 따르는 일이었다.

세상은 강하고 힘이 있어야 하지만 교회는 세상에서의 약함으로 세상을 이긴다. 세상은 시끄러움을 최고로 치지만 교회는 잠잠한 묵상과 기도를 최고로 친다. 세상의 영광은 사탄이 지배하기에 사탄의 속성들이 그 정점에 있지만, 교회는 주 예수 그리스도께서 지배하시기에 예수님의 속성들이 그 정점에 있다. 예수님께서는 빌라도에게 "내 나라는 이 세상에 속한 것이 아니라"고 분명히 말씀하셨고(요 18:36), 수난을 앞둔 마지막 기도에서도 "내가 세상에 속하지 아니하였다"고 말씀하시면서 제자들도 세상에 속하지 아니하였음을 성부 하나님께 거듭 중보기도로 올리시었다(요 17:14,16). 또한 사도 바울은 자기를 떠나가 버린 데마를 두고는 '이 세상을 사랑하여' 나를 버리고 갔다고 말하기도 하였다(딤후 4:10).

한 예로 돌을 가지고 말해 보자. 세상은 나무와 돌을 숭배하지만, 교회는 오로지 하나님만 숭배한다. 세상의 돌 숭배를 살펴보자. "나무더러 깨라 하며 말하지 못하는 돌더러 일어나라 하는 자에게 화 있을진저 그것이 교훈을 베풀겠느냐. 보라, 이는 금과 은으로 입힌 것인즉 그 속에는 생기가 도무지 없느니라."(합 2:19)라는 말씀이 있다. 물론 우상숭배를 경계한 말씀이지만, 세상은 보란 듯이 전혀 개의치 않고 물질 우상숭배로 치닫고 있다.

즉, 성경의 그 경계 말씀처럼 돌Silicon 회로를 새겨 넣어서 금과 은을 입힌 반도체 칩Chip이 세계를 지배하고 있다. 규석이라는 돌, 일명 차돌이 반도체의 원료라고 하며, 세칭 반도체를 마법魔法의 돌이라고도 한다. 미국 실리콘밸리는 첨단과학의 성지聖地라고 불리는 세상이 되었다. 이 정도면 돌이 충분히 우상숭배거리가 되었다고 봐도 될 것 같다. 꼭 아론이 시내 산에서 만든 금송아지여만 하겠는가. 돈이면 다 되는 세상이 되었다. 그뿐이 아니다. 정확하지는 않지만 세상은 이를 곧 짐승의 표로 사용하게 되리라고 한다.

"저가 모든 자 곧 작은 자나 큰 자나 부자나 빈궁한 자나 자유한 자나 종들로 그 오른손에나 이마에 표를 받게 하고 누구든지 이 표를 가진 자 외에는 매매를 못하게 하니 이 표는 곧 짐승의 이름이나 그 이름의 수數라. 지혜가 여기 있으니 총명 있는 자는 그 짐승의 수를 세어 보라. 그 수는 사람의 수니 육백육십륙이니라."(계 13:16~18)

꿈의 칩 RFID가 진작 개발되어 실용 중에 있다. 보수적이라고 하는 전국 검찰청 기록창고의 모든 수사 재판 사건 기록도 RFID로 인식하여 기록을 찾고 있다. 사무 자동화로 우리 사회 곳곳에 퍼져 있다. 이제는 그 무선식별 가능 장치가 인체에 삽입 가능한 아주 세미한 베리 칩으로 만들어져 생활의 편리함을 이유로 인체의 손이나 이마 등에 심을 수 있는 날이 오게 되고, 그것으로 인간에 대한 감시와 통제가 가능할 것이라고 한다. 갈수록 기술이 더 정교해질 것이니 불가능하지만은 않을 것이다. 혈관 속에 작은 칩이 들어가 의료적 치료에 이용되고 있는 지금의 현실을 생각하면 놀라운 일도 아니다. 계시록의 말씀이 하나하나 이루어져 가고 있다고 본다.

세상과 교회는 정반대에 있다. "세상과 벗된 것이 하나님의 원수임을 알지 못하느뇨. 그런즉 누구든지 세상과 벗이 되고자 하는 자는 스스로 하나님과 원수 되게 하는 것이니라."(약 4:4) 말씀하였다. 그럼에도 교회가 세상을 등질 수 없는 이유는, 교회의 사명이 죄로 인해 버려진 세상을 위해 스스로 화목제물이 되신 예수님의 사랑을 전하여 세상의 인생들과 하나님을 화해케 하는데 있기 때문이다. 예수님은 마지막 아담이 되어 첫 아담의 죄를 도말하셨다 (고전 15:45). 그런데도 세상을 변화시켜야 할 교회가 오히려 세상의 영화를 흠모하고 취하려는 건 옳지 못한 일이다. 세상의 인간들은 땅의 아름다운 식물을 먹고 가무퇴퇴한 똥을 내어 악취를 풍기지만, 교회의 하나님은 가무퇴퇴한 흙에서 아름답고 향기로운 꽃과 생명을 만들어 내시는 분이다. 그런 교회가 어찌 세상을 따르려 한다는 말인가. 참다운 교회의 영화는 세속적 화려함을 취해서는 아니 된다.

세속적 화려함의 한 예를 들어보자. 수많은 각종 무슨 기념예배를 보면 기념식인지 예배인지 어리둥절하다. 화려한 상들리에가 늘어진 특급 호텔 연회장에서 무슨 예배라는 이름으로 여러 집회와 이벤트와 퍼포먼스가 연출된다. 예수님이라면 과연 그런 곳에서 집회하실까. 큰 교회당이나 미션스쿨의 강당이나 기독단체나 회사 등의 건물들을 이용할 수도 있지 않은가. 또 예배 시 주최자급 멤버나 초청받은 목사님들이나 귀빈들은 양복 앞가슴에 울긋불긋 화려한 코르사주corsage를 다는 걸 많이 보게 된다. 그게 진짜 예배라면 당장 코르사주를 떼어버려야 하지 않을까. 우린 벌레 같은 사람, 구더기 같은 인생인데(욥 25:6), 그 자리에 존귀하신 성령님께서 임재하신다고 생각한다면 어찌 가슴에 코르사주를 달고 현란한 수사(修辭)와 높은 목청으로 예배를 드릴 수 있을까. 바로 그런 게 세상의 영광을 닮은 것처럼 비쳐지지는 않을까.

교회의 나아갈 길은 통회(痛悔)하며 세상을 향하여 죽는 것이다. 예수님이 칭찬하신 기도의 방법이 있질 않은가. "세리는 멀리 서서 감히 눈을 들어 하늘을 우러러보지도 못하고 다만 가슴을 치며 가로되 하나님이여, 불쌍히 여기옵소서. 나는 죄인이로소이다 하였느니라."(눅 18:13)라고 교훈하시었다. 세상과 교회의 영화는 이처럼 다른 것이다. 하늘 천성을 향하여 순례자의 길을 간다고 하면서 세상 영화를 부러워하는 건 마치 '은 신발을 신고 순탄한 길을 갈 때에는 늘 종교에 열심이라'고 자랑하는 천로역정의 사심(私心)이란 사람의 고백과도 같은 것이다.

세상 영화를 부러워하면 우상이 마음에 자리 잡을 수 있다. 21세기 지성(知性)과 합리(合理)의 사회라곤 하나, 자원은 없고 인구밀도는 높은 한국의 현실은 아직도 만인에 대한 만인의 투쟁으로 너무도 각박하기만 하다. 세상의 영화를 위해 모든 에너지와 기운을 몰아넣고 집념으로 집착하고 습관이 되고 중독이 되고 마침내는 그 추구하는 것들이 자아의 우상偶像이 되어 버리기도 한다. 물신 物神을 비롯한 광적인 명예욕과 소유욕과 지배욕도 그렇게 성취된 게 있었을 것이니 때론 그런 성공신화成功神話의 주인공들이 자랑인 양 영웅화되며 또 이를 부러워하는 게 이 세상이다.

그러나 하나님께선 십계명으로 그런 우상을 경계하셨다. 그런 자기 소욕으로 이룬 것들은 자아自我의 우상일 뿐이니, 그걸 버리자는 게 교회다. 성경은 자아는 마귀요(요 8:44), 자고함과 분을 냄과 혈기를 가져온다고 가르치면서 이를 경계하셨고(약 1:20, 딛 1:7, 고전 13:5), 자아의 혈기와 자의식으로 행한 실패의 사례를 거듭 말씀하셨다(창 34:30, 민 20:20). 우리의 씨름은 혈과 육에 대한 것이 아니라 하셨다(엡 6:12). 예수님께서는 자기를 부인하고 나를 따라오라고 말씀하셨으니(마 16:24, 눅 9:23), 그런 자아의 우상을 죽이고 세상과 달라지기 위해서 나오는 게 교회가 아닌가. 세상에 대해 죽음으로서 세상을 이기는 것이 교회다.

사도 바울은 십자가를 통해서 세상이 나에 대하여 죽었고 나도 세상에 대하여 죽었다고 고백하였다(갈 6:14). 세상에 대하여 죽어야만 내 안의 그리스도가 사신다는 것이다. 그런데도 교회가 갈수록 세상의 풍속과 영광을 닮아가려 하자, 에베소 교회에 대한 서신에서 "그때에 너희가 그 가운데서 행하여 이 세상 풍속을 좇고 공중의 권세 잡은 자를 따랐으니"라고 하면서 그 자들이 바로 불순종의 아들들 가운데서 역사하는 영이라고 일러주셨던 것이다(엡 2:2). 또한 호세아 선지자도 "저희는 번성할수록 내게 범죄 하니 내가 저희의 영화를 변하여 욕이 되게 하리라."(호 4:7)라고 말씀하심으로써 세상 영화를 경계하셨다. 세상 영화를 좇지 말고 하나님에의 믿음으로 세상을 이기라고 하는 것이다. 그게 교회의 영광스러운 영화다.

"무릇 하나님께로부터 난 자마다 세상을 이기느니라. 세상을 이기는 승리는 이것이니 우리의 믿음이니라."(요일 5:4)

제3부
고단한 삶이여,
슬픈 여울이여

찬란한 슬픔

'찬란한 슬픔'이란 말이 있다. 어쩐지 그 말이 좋아 자주 곱씹어 보곤 한다. 슬픔은 슬픔이되 그 마지막은 영광이 찬란하다는 말로 한 뼘 넘어 읽고 싶다. 슬픔 속에 감춰진 영광이 있고, 영광 속에 감춰진 슬픔이 있다는 말도 된다. 슬픔을 딛고 결실하였기에 더 값져 보인다는 말도 되겠지만, 그것보다는 슬픔이 갖는 '가난한 마음'이야말로 신앙의 값진 열매를 맺게 하는 찬란한 것으로 이해하고 싶다. 그래서 찬란한 슬픔의 마음이다. 슬픔은 사람을 성숙하게 한다.

"초상집에 가는 것이 잔칫집에 가는 것보다 나으니 모든 사람의 끝이 이와 같이 됨이라. 산 자는 이것을 그의 마음에 둘지어다. 슬픔이 웃음보다 나음은 얼굴에 근심하는 것이 마음에 유익하기 때문이니라. 지혜자의 마음은 초상집에 있으되 우매한 자의 마음은 혼인집에 있느니라."(전 7:2~4)

찬란한 슬픔을 어떻게 비유해야 할까. 노래로 말하면 '아침 이슬'이나 가수 박재란이 부른 '푸른 날개' 같은 느낌이라고나 할까. 슬픔 속에 비장한 듯한, 그러면서도 뭔가 앞날의 벅찬 희망을 노래하는 것이라고나 할까. 또는 겨우내 추위에 떨면서도 추위를 거부하지 않고 기꺼이 받아들여 끝내는 싹을 틔우는 질긴 인동초忍冬草라 할까. 아니면 그 춥고 모진 겨울을 지칠 때까지 다 받아들이고 기다렸다가 마침내는 찾아와 생명을 꽃피우는 따스한 봄 같은 거라고나 할까.

올곧은 신앙인이 걸어가는데 찬란한 슬픔의 마음이 필요하지 않을까. 길 떠난 순례자의 길은 지난至難한 길이요, 고난의 슬픈 길이다. '사명'이라는 무거운 봇짐을 지고 가는 길에 왜 이리 언덕은 많은 것이며, 그 멀고도 험한 세상에서 내놓을 건 죄와 허물뿐인데, 마지막 심판대 생명책 앞에는 서야 하니, 산다는 것 자체가 그저 두렵고도 슬픈 여정일 수밖에 없다. 그러나 그럴수록 이겨야 하고, 이겨낼 수 있고, 이기는 힘도 주시고, 이기는 기쁨도 주신다. 그 비법은 바로 악으로 악을 갚는 일이 아니라(롬 12:17), 한 발 물러서서 가난하고, 애통해하고, 긍휼히 여기고 하는 '슬픔의 마음 밭'을 갖는 일이다. 그 밭에 심으면 다 거름으로 용해되어 열매를 맺기 때문이다. 그래서 마음 가난한 슬픔의 길은 종국엔 찬란한 영광을 얻는 길이기도 하다.

"나의 유리遊離함을 주께서 계수 하셨사오니, 나의 눈물을 주의 병에 담으소서. 이것이 주의 책에 기록되지 아니하였나이까. 내가 아뢰는 날에 내 원수들이 물러가리니 이것으로 하나님이 내 편이심을 내가 아나이다."(시 56:8~9)

예수님이 먼저 그 길을 걸어가셨던 건 아닐까. 처절하게 낮아지시고 세 번이나 우셨던 슬픔의 길과 형극의 십자가, 그리고 마침내 이루신 하늘 영광의 길 말이다. 찬란한 슬픔의 길속에는 슬픔을 이겨내고 영광을 얻는, 찬란한 영광의 길이 숨어 있다. 그러니 어찌 찬란한 슬픔을 사모하지 않을 수 있을까.

더 떨어질 수 없는 바닥까지 닿은 후에야 슬픔의 질곡을 벗어나며 우리는 한층 더 성숙하게 된다. 심리 상태도 더 건강해진다. 슬픔의 과정을 통해 고통과 우울증, 분노와 죄책감을 치유할 수 있다는 건 이젠 식자識者들 사이에 상식이 되었다. 잘은 모르지만 아리스토텔레스가 맨 처음 사용하였다는 카타르시스라는 말이 있다. 비극을 관람한 사람의 마음이 개운해지는 건 감정을 정화시켜서 일종의 승화작용을 통해 정서적 불순물이 밖으로 배설되기 때문이라는 것이다. 찬란한 슬픔은 이런 류類의 하나가 아닐까. 문학에서도 '가장 슬픈 것을 노래한 것이 가장 아름다운 것을 노래한 것이다'라는 말이 있다는데 찬란한 슬픔은 바로 이런 것이 아닐까.

슬픔을 통하여 찬란한 영광을 얻다니 역설逆說도 이런 역설이 없다. 말도 안 되는 소리 같다. 그러나 살고자 하면 죽을 것이요, 죽고자 하면 살리라는, 생즉사 사즉생(生卽死 死卽生)의 말이 있듯이 성경에도 이 같은 역설逆說이 많으니 약한 것으로 심고 강한 것으로 다시 사는 게 성경의 역설적 가르침이다(고전 15:43).

왕후 에스더도 기필코 살아야 하겠다는 의지를 "죽으면 죽으리이다"(에 4:16)고 역설로 다짐했다. 예수님께서도 대접을 받고자 한다면 남을 먼저 대접하라고 하셨고(마 7:12), 누구든지 제 목숨을 구원코자 하면 잃을 것이요 나를 위하여 제 목숨을 잃으면 찾으리라 하셨으며(마 16:25, 同旨 마 10:39, 눅 17:33), 누구든지 크고자 하는 자는 섬기는 자가 되고 으뜸이 되고자 하는 자는 종이 되어야 한다고 하셨고(마 20:26~27), 주라, 그러면 너희에게 흔들어 넘치도록 안겨줄 것이라 하셨다(눅 6:38). 주님께서도 섬김을 받으러 온 것이 아니라 도리어 섬기려 하고 자기 목숨을 많은 사람의 대속 물로 주려고 함이라고 하셨다(마 20:28). 세상과 예수님이 반대될 때부터(요 18:36) 역설은 예고되어 있던 것이니, 역설이야말로 세상을 이기는 정공법正攻法이다.

찬란한 슬픔에 더욱 가까울 수 있는 사람은 슬프고 소외되고 버려지고 가난하고 병들고 애통해하고 핍박받고 고독하고 대중적 친화력이 부족한 사람들이다. 배부름과 쾌락, 배짱과 여유, 평안한 구원의식에다 화려함과 부유함, 강퍅함과 승리의 도취감 속에서는 절대 신의 필요성도 깊은 영감도 떠오르기 어렵다. 사치와 일락逸樂은 마음의 욕심만 살찌게 하니 슬픔이 설 땅이 없다. "너희가 땅에서 사치하고 연락宴樂하여 도살의 날에 너희 마음을 살지게 하였도다."(약 5:5)라고 하였지 않은가.

자기만의 처절한 슬픔의 심연 속에 깊이 가라앉아 봤을 때 절체
절명의 신을 구하게 되고, 그래서 신을 만나고, 드디어 신의 위로
를 받아 내면의 상처가 치유된다. 새살이 돋아나고 새 소망의 길
을 열 수 있다. 그래서 찬란한 슬픔은 역설적으로 힘이 있고, 삶을
변화하게 하는 것이다. "주께서 나의 슬픔을 변하여 춤이 되게 하
시며 나의 베옷을 벗기고 기쁨으로 띠 띠우셨나이다."(시 30:11)라고
하셨다.

성경 가르침의 큰 줄기는 죄와 저주를 사함과 축복으로, 슬픔과
고난을 기쁨과 영광으로, 노예에서 자유인으로, 미움에서 사랑으
로, 사망에서 생명으로 바꾸시는 하나님의 역사하심이다. 그렇다.
바꾸시는 역사요, 변화시키는 역사다. "보라, 내가 너희에게 비밀을
말하노니 우리가 다 잘 것이 아니요, 마지막 나팔에 순식간에 홀연
히 다 변화하리니"(고전 15:51)라고 하셨다. 썩을 것이 썩지 않을 것으
로, 욕된 것이 영광스러운 것으로, 약한 것이 강한 것으로, 육의
몸이 신령한 몸으로 변하는 놀라운 역사가 바로 하나님의 역사다
(고전 15:42~44). 마지막 날엔 출애굽 할 때 그토록 이스라엘 민족을
핍박했던 우상의 나라 애굽마저도 그날에는 애굽 땅 중앙에 여호
와의 제단이 있겠고, 애굽인들이 여호와께 제물과 예물을 드리며
경배할 것이라고 했으니(사 19:18~25) 하나님께선 세상의 모든 걸 바
꾸시는 것이다.

이처럼 하나님의 역사는 선한 것으로 바꾸시는 것이다. 창세기
의 요셉은 "당신들은 나를 해하려 하였으나 하나님은 그것을 선으

로 바꾸사 오늘과 같이 만민의 생명을 구원하게 하시려 하셨나니"
(창 50:20) 하였고, 동방의 의인 욥도 모든 걸 잃어버리고 "내 수금은
통곡이 되었고 내 피리는 애곡이 되었구나"(욥 30:31)라고 통탄하는
신세가 되었지만 끝내 하나님을 붙드는 회개를 통하여 마침내는
더욱 큰 복을 받는 처지로 바뀌었다(욥 42:10~17). 사도 요한은 배움
도 짧았고(행 4:13) 사마리아 동네에서 예수님을 환영치 않자 하늘에
서 불을 내려 멸망시키자고 할 정도로 과격한 사람이었으나(눅
9:54), 예수님의 사랑으로 인품이 바뀌어 지극한 사랑의 사도가 되
고(요일 3:14~18, 4:7~8) 성경도 다섯 권 쓰셨으니 하나님은 이처럼 바꾸
시는 것이다.

성경 최고의 바꾸심은 원죄로 물든 가인의 후예들이 죄의 삯으
로 올 수밖에 없는 사망과 저주에서 벗어나, 마침내는 거듭나서重
生, 의인이 되고稱義, 성화聖化되고, 영광된 몸으로 완성되도록榮化
바꾸시는 것이다. 그 바꾸심을 위하여 제일 필요한 것이 슬픔의
마음, 애통하는 마음인 것이다. 애통은 회개와도 연계되기도 한다
(욥 42:6). 하나님의 역사로 바꾸심을 입은 많은 분들은 대부분 찬란
한 슬픔의 과정을 겪었다. 고난과 눈물, 애통함을 당하시지 않는
분들이 거의 없다. 그 과정을 통해 하나님의 도우심과 위로와 격
려와 인도하심을 얻었고, 마침내 사명을 완수하여 찬란한 영광을
얻었다. 찬란한 슬픔의 과정을 겪어야만 찬란한 영광을 얻을 수
있다. 요셉 욥 야곱 다윗이 그랬고 세 번이나 우신 공생애의 주님
이 그러하셨다.

"베드로와 세베대의 두 아들을 데리고 가실새 고민하고 슬퍼하사"
(마 26:37)

"자기 옷을 찢고 굵은 베로 허리를 묶고 오래도록 그 아들을 위하여 애통하니"(창 37:34)

"사망의 줄이 나를 두르고 음부의 고통이 내게 미치므로 내가 환난과 슬픔을 만났을 때에"(시 116:3)

믿음의 선진들이 겪은 슬픔과 애통은 크면 클수록 값진 신앙의 결과를 얻었다. 그래서 찬란한 슬픔이다. 우리 신앙인들은 지금 찬란한 슬픔의 길을 걸어가고 있을까. 슬픔과 애통을 초청해서 즐기고 싶은 사람은 아무도 없다. 그러나 믿음의 좁은 길을 가려면 얼마든지 슬픔과 애통의 길에 접어들 수 있으며, 이를 낙망의 처지로 받아들이기보단 찬란한 슬픔의 기회로 여길 때 믿음은 한층 더 승화될 수 있다. 하나님의 역사는 바꾸시는 것이고, 찬란한 슬픔은 그 바꾸시는 기회를 가져오기 때문이다. 그러므로 찬란한 슬픔은 고맙고 감사한 일이다. 슬픔은 미련과 욕심의 포기를 전제로 하기 때문이다.

찬란한 슬픔의 마음으로는 다투거나 시기하거나 교만하거나 허탄하거나 훼방하거나 거역하거나 무정하거나 할 수 없다. 그 마음 밭이 근본 여리고 순하며 착하고 낮아져 있기 때문이다. 찬란한 슬픔의 마음 밭에는 심령의 가난함, 애통, 낮아짐, 온유, 비움, 측은지심, 사랑, 목마름, 의로움, 겸손, 감사, 순종이 심어져 있다. 그런 찬란한 슬픔의 마음이어야만 산상수훈의 복을 받을 수 있을 것이다. 찬란한 슬픔의 마음의 반대는 강퍅함, 부유함, 배부름, 쾌락, 연락(宴樂), 자긍심, 완악함, 자고함, 무정함, 거역함, 다툼, 교만한 마음이니 이는 말세의 현상들이다(딤후 3:1~4).

십일조와 금식, 율법적 생활과 정확한 예배, 신앙적 자녀 교육과 장로들의 유전에 충실했던 바리새인들은 사실 우리가 따라가기도 쉽지 않은 엄격한 신앙생활을 내세웠던 사람들이다. 그러나 주님으로부터 심한 야단을 맞았다. 이는 자기들도 지키지 못한 것을 강요한 점도 있지만, 그들 마음속에 외형보다 중요한 '슬픔의 마음가짐'이 없었기 때문이다. 우리는 어떤가. 슬픔의 마음가짐은커녕 성공주의, 물질 축복주의 신화에 몰입되어 늘 뱃속 기름지기만을 소원하며 달려오진 않았는가. 찬란한 슬픔의 마음을 통하여 자신과 교회가 바뀌고 하늘 천성에 오를 수 있다면 얼마나 좋을까. 상처 입은 진주조개가 그 상처를 치유하고자 스스로 내뿜는 소화액이 영롱하게 빛나는 진주를 만들어 낸다고 한다. 찬란한 슬픔의 마음으로 가득 찬 교회와 교인들이 사뭇 그리워진다.

멀리멀리 갔더니

'멀리멀리 갔더니'는 찬송가 387장(통일찬송가 440장)의 제목이다. 앳된 청년 시절, 필자는 인천광역시 숭의동 수봉산 중턱의 달동네에서 참으로 곤고한 나날을 보내고 있었다. 지금도 크게 달라지진 않았지만, 그때만 해도 수봉산은 시골의 궁벽한 산동네에 불과하였고, 깡패와 무당과 공동묘지 이렇게 세 가지가 많았다. 간간이 포도밭도 있었지만 참으로 황량한 산비탈 기슭의 가난한 작은 동네였다. 그런 곳의 작은 집에서 많은 형제가 살았으니 지지리도 궁색한 세월이었다. 38선 이북의 경기도 연천 최전방에서 교편을 잡고 계신 아버지는 잘 오실 수가 없었고, 어머니가 매주 오가시며 두 집 살림을 하시느라 고생이 많으셨다. 학교 월사금을 맨날 꼴찌로 내던 중학 시절은 지났으나, 대문도 없는 셋집 단칸방은 비가 많이 오면 천정에서 물이 새어 방 한가운데에 양동이를 놓으면 뚝뚝 양동이 때리는 빗방울 소리가 듣기 싫지 않은 시절이었다.

끼니를 거른 적은 거의 없지만, 많은 경우는 국수와 라면을 끓여 먹었다. 쌀보다는 라면이 쌌고 라면보단 국수가 쌌기 때문이었다.

국수만 끓이면 맛이 없어 라면을 섞어 끓였는데, 동생들과 각자 그릇에 풀 때 다들 라면이 많이 들어오면 좋아했고, 국수가 많이 들어오면 찡그렸다. 국수도 숭의초등학교 담장 모서리의 허름한 국숫집에서 직접 뽑은 것을 사 먹었는데, 잘 마른 국수는 가격이 더 나갔고, 좀 젖은 상태의 국수는 가격이 덜 나갔다. 마른 김을 먹는 날은 재수가 좋은 날이었다. 당시엔 기름을 발라 파는 양념 김은 자체가 없었는데, 마른 김 한 장을 연탄불에 굽고 엄지손가락만 하게 뜯은 후 간장을 찍어 밥에다 얹어 먹으면 밥 한 그릇을 맛있게 먹을 수 있던 시절이었다. 허구한 날 밥상에 오르는 김치와 콩나물국은 잊지 못할 친구들이었다. 그때는 많은 분들이 참으로 어렵게 사시던 시절이었다.

그런 어느 날 수봉산 중턱에 있는 산성침례교회에서 땡그랑땡그랑 종소리가 울려오고, 교회 종탑鐘塔에 달린 스피커로 찬송가가 산동네에 울려 퍼졌다. 지금은 동네 마을에 대고 찬송가를 튼다는 건 상상도 할 수 없는 일이지만, 당시만 해도 괜찮던 시절이었다. 동네 사람들 모두 소박했고, 그때만 해도 교회가 사람들로부터 욕을 얻어먹을 때가 아니었기 때문이다. 오히려 못사는 동네에서 그래도 서양의 징글벨이며, 성경의 가르침이며, 크리스마스 트리며, 또래 아이들을 사귀며, 성탄 연극을 볼 수 있는 곳은 교회밖에 없던 시절이었다. 학원이고 문화시설이고 뭐고 깡그리 아무것도 없던 시절, 그래도 아이들 교육이라면 앞 다투었던 부모님들은 아이들이 교회에 나가 뭔가를 배우는 것을 좋게 여겼기 때문이었다. 그

때 울려 퍼진 찬송가가 '멀리멀리 갔더니'이다. 물론 나중에서야 그 제목을 안 것이었지만, 그 노래가 얼마나 호소조의 처량한 느낌이 있었는지 가슴에 콱 틀어와 박혔다. 곡조도 가사도 구슬프기 짝이 없었고, 왠지 눈시울이 젖었다. 당시 주님을 모르고 멀리멀리 떨어져 있었던 필자를 주님께서 그 노래로 찾아오셔서 심령을 울리신 것이었다.

> 멀리멀리 갔더니 처량하고 곤하며
> 슬프고 또 외로워 정처 없이 다니니
> 예수 예수 내 주여 지금 내게 오셔서
> 떠나가지 마시고 길이 함께 하소서
> 예수 예수 내 주여 섭섭하여 울 때에
> 눈물 씻어 주시고 나를 위로 하소서
> 다니다가 쉴 때에 쓸쓸한 곳 만나도
> 홀로 있게 마시고 주여 보호하소서

당시 곤고한 나날을 보내었던 필자에게 지금 생각하면 그건 맞춤 양복과도 같이 딱 맞는 노래였다. 어쩌면 필자를 위해 그 많은 찬송가 중에서 그때 그 시각 그 노래가 울려 퍼졌는지도 모를 일이었다. 그 찬송가가 너무도 마음에 와 닿아 나도 모르게 교회당을 찾아가게 되었으니, 성령님께서 그때 찬송가로 부르신 것이나 다름이 없었다. 교회를 찾아간 이후 많은 날을 예배당 마룻바닥에 엎드려 눈물 콧물을 쏟으며 기도하고 하나님으로부터 많은 위로를 받았으니, 평생 받을 위로를 그때 다 받았다고 생각이 들 정도로 하나님은 필자를 위로하셨고 안무按撫하셨다.

그건 곧 인생이 바뀌는 중대한 전환점轉換點이 되었다. 그 후 낮에는 일하고 밤에는 전봇대에 붙은 부흥회 쪽지를 보고 인천 시내 부흥회를 쫓아가 믿음을 키우고 은혜를 받았으니 1975년이 저물어 갈 무렵, 그 한 해는 축복과 은총이 넘치는 한 해였다고 말할 수 있겠다. 당시의 부흥회만 해도 좁은 교회당에 넘치는 인원을 감당할 수 없어 참석자들이 부흥사가 설교하는 강대상 바로 코밑까지 그러니까 설교하는 부흥사 발 앞까지 들어가 쪼그려 앉는 시절이었으니, 그때 그 믿음의 열정으로 가난한 청년 학생들이 주님이 주신 꿈을 키우며 조국의 신앙을 짊어지고 이 나라를 일으켰다고 믿고 싶다.

곤고함이란 그런 것이다. 지푸라기 하나라도 의지하고 싶던 시절, 누군가 곁에서 붙들어주고 위로해 준다면 얼마나 고마운 일인가. 그때 만약 심령의 곤고함이 없고 형편이 부유하고 넉넉하였다면 제 발로 교회당을 찾아가는 일은 없었을 것이니 곤고함이야말로 인생의 채찍이자, 한편으론 위대한 스승이었다.

초, 중학 시절의 곤고함도 힘이 되었다고 생각한다. 결코 잊지 못할 각인刻印된 추억들이 많으니 '감정의 기억들'이다. 정신의학과에선 말하기를, '감정의 기억들'이 그 사람의 평생을 결정짓는다고 들었던 것 같다. 초등학교 3학년 때 송림동 천막집에 살면서 동인천

경찰서 앞 도로변의 유리 창문 달린 풀빵 집에서 어머니가 사 주시던 풀빵을 아주 맛나게 먹었던 풀빵의 기억, 천막집에 변소가 없어 멀리 떨어진 동네 공중변소를 이용했지만 저녁 무렵 아주 급하면 천막 집 앞 골목길 도랑에 쪼그리고 앉아 대변을 보면서 혹 지나가는 행인이 있으면 창피해서 고개를 숙이고 눈을 콱 감아 버렸던 기억, 안데르센 동화집을 읽으면서 버터 바른 빵의 버터가 어떻게 생겼을까 궁금해 하던 기억, 6학년 때 아이들이 다 가졌던 횃불전과와 횃불수련장을 끝내 사 달라고 말하지 못하고 마냥 갖고만 싶었던 기억, 중학교 때 인천 배다리 헌책방 촌에서 기름 먹은 수학 참고서를 먼지 툭툭 털어 사고선 한 장 한 장 넘길 때마다 기름 냄새도 함께 마셨던 기억이 선하다.

점심시간이면 초췌한 얼굴로 노란 은행잎이 떨어진 학교 담장 밑에서 홀로 교내 방송실에서 흘러나오던 '내 고향 남쪽 바다 그 푸른 물이 눈에 보이네~'로 시작하는 이은상 선생님의 '가고파'를 들으며 하늘 쪽빛일 것만 같은 저 먼 남녘의 바다를 꿈꾸었던 기억, 율목동, 도화동, 창영동, 숭의동, 왕복 십 리가 넘는 길을 작은 키에 책가방을 질질 끌며 매일 통학하던 기억, 중간고사를 끝내면 학교에서 단체로 영화를 보여주고 특히나 '기적'이란 영화에 감명 받았던 그 문화극장의 기억, 그 모든 건 지금 생각하면 고생스러웠지만 평생 잊지 못할 추억거리가 되었다. 또래 아이들보다 조금 더 조숙하고 매사 어설픈 철학적 사유思惟와 운명적 사고思顧를 하는 버릇은 그런 과정들을 통해 익혀진 것이다. 그 후 강원도 최전방

38선 이북에서의 33개월 군 복무를 어렵지 않게 마칠 수 있었음도 다 어린 청년 시절에 겪은 곤고함이란 스승 덕분이었으니 얼마나 감사한 일인가.

"주께서 **너희에게** 환난의 떡과 고생의 물을 주시나 네 스승은 다시 숨기지 아니하시리니 네 눈이 네 스승을 볼 것이며"(사 30:20)

'멀리멀리 갔더니'로 천하고 보잘것없던 한 인생을 불러주신 분, 참으로 곤고할 때 어느새 곁에 다가와 위로해 주신 분, 진펄에서 일으켜 주사 사람 모습을 갖추게 해 주신 분, 자랄 때의 인생은 왜 이토록 모진 것인가 탄식할 때 이미 그 앞날을 예비해 놓으신 분, 그분이 바로 인자하기 한량없으신 우리 하나님이시다. 그저 머리 숙여 깊이 감사할 뿐이다. 시편 기자는 "우리를 비천한 가운데에서 도 기억해 주신 이에게 감사하라. 그 인자하심이 영원함이로다."(시 136:23)라고 갈파했다.

"그는 곤고한 자의 곤고를 멸시하거나 싫어하지 아니하시며 그 얼굴을 저에게서 숨기지 아니하시고 부르짖을 때에 들으셨도다."(시 22:24)

고난과 곤고

세상에 고난과 곤고困苦함이 없이 살아가는 분이 있을까. 경제적 곤핍困乏이 가장 크겠지만, 그 외에도 많은 고난과 곤고함이 처처에 도사리고 있는 게 우리 인생이다. 살아가자면 누구나 겪게 되는 크고 작은 고독, 번민, 역경, 조난, 실패, 병약함, 허무, 비참, 슬픔, 공허, 근심, 아픔, 눈물, 방황 같은 것을 어찌 피해갈 수가 있을까. 곤고함이란 이런 아픔들이 치유되지 못한 채 자신의 내면에 깊이 자리 잡을 때 느끼는 감정일 것이다. 영국 왕실이나 유럽의 합스부르크 가문, 메디치 가문 같은 명문가에서 태어났었다 해도 물질적 고난은 없을지언정 마음의 곤고함은 다 있는 법이다. 인생을 살다 보면 정신적 어려움이 큰 것이지, 경제적 어려움은 사실 작은 것이다.

고난이 거듭되고 곤고함이 극에 달하면 어찌될까. 사람은 처지와 형편이 궁박하면 별의별 생각이 다 들게 마련이다. 깊은 침륜沈淪에 빠지고 절망하게 된다. 그 심정을 겪어본 사람이 아니면 누가 알 것이랴. 속된 말로 인생이 잘 풀리려면 좋은 부모님, 좋은 스승이나 멘토Mentor, 좋은 배우자라는 삼박자를 가져야 한다는데 그런 것에도 해당 안 되고, 내 힘으로 뭘 벌려 봐도 계속 안 되기만 한다면 하늘도 나를 버렸다는 생각이 들기도 할 것이다. 생계적인 문제나 취업, 인복人福과 대인관계, 배우자나 부모자식 등 가족 친지의 문제 등에 끊이지 않는 어려움이 있다면 도대체 나의 운명은 왜 이리 풀리는 게 없을까 고립무의孤立無依의 심정으로 좌절하게 될 것이다. 생명은 시초부터 슬픈 것인가. 남부여대男負女戴하는 고달픈 삶이 인생이라고 했던가. 인생은 슬픔이란 보따리를 '등짐으로 지고 머리 위에 이고 가는 것'이라고 체념적 운명론으로 빠질 수도 있을 것이다.

그러나 한때 비관적 운명론자로 빠졌다 해도 이젠 다시 일어서야 할 일이다. 피곤한 손과 연약한 무릎을 일으켜 세우고(히 12:12) 다시 먼 길을 걸어가야 한다. 고난을 만나 포기하면 저주받은 인생이 되는 것이요, 고난을 만나 극복하면 축복받은 인생이 되는 것이다. 무거운 짐으로 인해 힘들 것이나 날마다 우리 짐을 지시는 주님의 은총으로 이겨낼 수 있다(시 68:19). 눈물의 선지자 예레미야는 나의 고초와 재난 곧 쑥과 담즙을 기억하면 낙심이 되나 중심에 회상한즉 오히려 소망이 있다고 하질 않았던가. 사람이 젊었을 때에 멍에를 메는 것이 좋다고 하지 않았던가. 주께서 인생으로 고생하게 하시며 근심하게 하심은 본심이 아니시라고 하지 않았던가 (애 3:19~21, 27, 33). 고난은 사람을 우뚝 크게 하는 것이다. 의인은 고난이 많은 법이다(시 34:19).

젊은 날의 다윗도 다르지 않다. 시편 곳곳에는 지치고 곤고한 다윗의 고백이 자주 나온다. 이스라엘 역사상 가장 뛰어난 성군聖君 다윗의 젊은 날은 힘들고 외로웠으며 대적들에게 쫓기는 참으로 곤비한 삶이었다. 그는 고백하기를, "여호와여, 나의 대적이 어찌 그리 많은지요. 일어나 나를 치는 자가 많소이다."(시 3:1), "주여, 나는 외롭고 괴로우니 내게 돌이키사 나에게 은혜를 베푸소서. 내 마음의 근심이 많사오니 나를 고난에서 끌어내소서. 나의 곤고와 환난을 보시고 내 모든 죄를 사하소서."(시 25:16~18)라고 하였으니 말이다. 많은 위대한 분들은 고난과 고생의 길을 기꺼이 겪으셨다.

사람이 곤고하고 궁벽한 처지에 있다는 건 장래를 위해 크게 쓰임을 받게 될 기회를 맞이했다는 말이다. 될 만한 그릇인지 어떤지 시험하시는 것이다. 이는 마치 비바람 휘몰아치는 광야로 내몰아 끈질긴 잡초같이 견디게 하는 것과도 같으니, 그래야 생명력이 더욱 강해지지 않겠는가. '풀'을 노래한 김수영金洙暎 시인의 노래처럼, 비를 몰아오는 동풍에 나부껴 풀은 눕지만 바람보다도 더 먼저 일어나는 법이다. 민초民草의 고단함은 끝내 이겨내는 법을 배웠으니 고단함이 민초들의 스승이었다는 말이다. 마치 풍랑을 많이 만난 뱃사공만이 숙련된 노를 저을 수 있는 것이요, 매화도 혹한과 눈을 많이 겪고 견디어야 더욱 붉어지는 법이다. 거친 비바람과 서리를 이기고 꽃을 피우는 오상지절傲霜之節의 국화가 더욱 향기롭다 하지 않는가. 농사를 지으려 해도 한 해 동안 꼬박 병충해와 가뭄과 홍수와 천둥 우박과 태양의 열기와 눈과 비와 찬 서리를 다 맛보는 법이다. 고생과 곤고함이 없는 달콤함은 인생에 없는 법이니, 맹자孟子도 고자장구하告子章句下에서 이에 대해 가르치었다.

天將降大任於是人也　必先苦其心志
勞其筋骨　餓其體膚　空乏其身
行拂亂其所爲　所以動心忍性　曾益其所不能

하늘이 장차 그 사람에게 큰일을 맡기려고 하면
반드시 먼저 그 마음과 뜻을 괴롭게 하고
근육과 뼈를 깎는 고통을 주고, 몸을 굶주리게 하며
그 생활은 빈궁에 빠뜨리고, 하는 일마다 어지럽게 한다
이는 그의 마음을 두들겨서 참을성을 길러주어
지금까지 할 수 없던 일을 할 수 있게 하기 위함이다.

입춘 무렵 유난히도 매섭게 불어대는 봄바람이 초목에는 꼭 필요하다고 한다. 나뭇가지가 많이 흔들려야 새잎을 내는 데 필요한 영양분이 뿌리로부터 위로 잘 올라오기 때문이라는데, 그래야 뿌리도 줄기도 더욱 강해져 나무가 튼튼하게 자란다는 것이다. 고난은 사람을 튼실하게 하는 것이다.

그러니 곤고함은 바로 기회요 스승이다. "사람이 어떤 때는 궁창의 광명을 볼 수 없어도 바람이 지나가면 맑아지느니라."(욥 37:21)라는 말씀과 같이 시련은 어차피 지나가는 것이며 곤고함과 상심은

더할 수 없는 기회다. 다윗도 하나님께 의지하여 모든 걸 이겨냈고 마침내는 이스라엘의 위대한 왕이 되었다. 고난을 영광으로 바꾼 것이다. 아니 고난이 있었기에 영광을 안게 되었다는 말이 더 적절하다. 고난은 그에게 영광을 얻는 기회요 위대한 스승이었다. 하나님께선 이렇듯 곤고한 자와 세상의 천하고 멸시받고 없는 것들을 택하여 기회를 주셨다.

"하나님께서 세상의 천한 것들과 멸시 받는 것들과 없는 것들을 택하사 있는 것들을 폐하려 하시나니"(고전 1:28)

"고난 당한 것이 내게 유익이라 이로 말미암아 내가 주의 율례들을 배우게 되었나이다."(시 119:71)

다윗이 그러했듯 여호와를 전적으로 믿고 의뢰하면 여호와께선 그 사람을 연단을 통해 훈련시키시고 발걸음을 인도해 주시며 큰 그릇으로 써주신다. 고난과 시련이 크면 클수록 그 그릇도 크다. 그의 인생이 주님으로 말미암아 활짝 피는 것이다. 욥은 "나의 가는 길을 오직 그가 아시나니 그가 나를 단련하신 후에는 내가 정금같이 나오리라."(욥 23:10) 말씀하였고, 잠언은 "도가니는 은을, 풀무는 금을 연단하거니와 여호와는 마음을 연단하시느니라."(잠 17:3) 라고 가르쳤다.

그러기에 고난을 기쁨으로 기꺼이 받은 분도 많다. 필자가 매우 좋아하는 찬송가 중의 하나인 '예수를 나의 구주 삼고'를 작시한 화니 제인 크로스비(Fanny Jane Crosby) 여사는 가장 불행한 인생을 살았으면서도 가장 행복한 인생을 살았다고 간증한 분이다. 그녀는 1820년 뉴욕의 작은 마을에서 출생하였으나 태어난 지 6주 만에 의사의 잘못으로 평생을 맹인으로 살게 되었다. 갓 돌을 지났을 때 아버지는 세상을 떠났고 어머니는 대도시 부잣집 하녀로 일해야만 했다. 그녀는 할머니 손에서 자랐는데 그나마 11살 때 할머니도 돌아가셨고, 38살 때 맹인 교사를 만난 결혼하여 아기를 낳았으나 곧 아기를 잃어버리는 슬픔을 당하고, 그 남편도 먼저 세상을 하직하였다고 한다. 사람이 가질 수 있는 온갖 불행을 다 겪으신 분이라고 할 수 있다. 그러나 그녀는 좌절하지 않고 평생 하나님께 감사하고 기도하고 성경 말씀을 공부하였으며, 술집과 거리의 여자들과 뒷골목의 건달들을 주님께 인도하고 영감어린 찬송시를 써 나갔으니 그게 무려 12,000곡이나 되며, 그중에는 우리 통일찬송가에 실린 것도 23곡이나 된다고 한다. 1905년 그녀의 나이 85세 때 뉴욕의 교회들은 '크로스비의 날'을 지정하여 그녀를 격려하였다. 그녀는 95세의 일기로 세상을 떴는데, 살아생전 자기에겐 늘 하나님의 인도하심이 있어 행복했노라고 간증했다고 한다. 고난스러웠기에 하나님께 더욱 매달렸고, 그러면서도 불우한 이웃들 속에서 하나님의 위로를 함께 나누었으니 불행의 조건들로 점철된 인생을 더할 수 없이 값지게 산 것이 아니겠는가.

여호와의 계획하심은 측량할 수 없다. "여호와께서 사람의 걸음을 정하시고 그 길을 기뻐하시나니 저는 넘어지나 아주 엎드러지지 아니함은 여호와께서 손으로 붙드심이로다."(시 37:23~24)라고 말씀하셨다. 바둑알 몇 수면 이미 모든 판세를 다 읽는 바둑 9단이 이제 발걸음을 뗀 초보자 앞에서 포석布石을 설명한들 이해나 할 수 있겠는가. 하나님은 인생들을 너무도 사랑하시기에 그 개인에게 예정하신 수가 정말 많으신 분이나, 그걸 어찌 다 미리 설명하겠는가. 그분의 각 인생에 대한 높은 수와 다양한 수는 인간이 미처 셈하지 못하는 법이다. "하나님이여, 주의 생각이 내게 어찌 그리 보배로우신지요. 그 수가 어찌 그리 많은지요. 내가 세려고 할지라도 그 수가 모래보다 많도소이다. 내가 깰 때에도 오히려 주와 함께 있나이다."(시 139:17~18)라고 말씀하셨다. 그 높은 수는 각 인생의 길을 지도하시고 이끄시는 법이다. "여호와여, 내가 알거니와 인생의 길이 자기에게 있지 아니하니 걸음을 지도함이 걷는 자에게 있지 아니하니이다."(렘 10:23) 라고 말씀하시지 않았던가.

곤고함이 있다고 쉽게 좌절하면 아니 된다. 채찍질 몇 번에 넘어지면 되겠는가. 그 앞에 무엇이 숨겨있을지 어찌 알고 좌절하는가. 많은 것이 가리어져 있고 비밀에 부쳐져 있는 게 인생이다. 늘 새로운 것이 있어 여행길에 나서듯, 자신이 모르는 장래가 있어 인생은 신이 나는 법이다. 재벌 고故 정주영 선생은 늘 새벽에 일어날 때마다 그날 해야 할 미지未知의 일로 가슴이 벅차올랐다고 한다. 곤고함에 낙망할 것인가 아니면 다가올 알지 못할 것들에 희망을 걸고 도전해볼 것인가.

하나님은 스스로 숨어 계시는 분이다(사 45:15). 우리는 단지 우리

에게 허락된 것만으로 그분을 알 수 있을 뿐, 우리의 가늠으로 그
분의 섭리를 측량할 수는 없는 일이다. 천하고 보잘것없는 인생들
을 불러주신 분, 참으로 곤고할 때 우리 곁에 다가와 위로해 주시
는 분, 그분이 바로 하나님이시다.

"형통한 날에는 기뻐하고 곤고한 날에는 생각하라. 하나님이 이 두
가지를 병행하게 하사 사람으로 그 장래 일을 능히 헤아려 알지 못하
게 하셨느니라." (전 7:14)

이판사판 인생

이판사판理判事判이란 말이 있다. 두산 백과사전에 의하면 조선 시대 불교 승려의 두 부류인 이판승 사판승을 합쳐서 부르는 말로서, 막다른 궁지 또는 끝장을 뜻하거나 뾰족한 묘안이 없음을 비유하는 말이라고 되어 있다. 조선은 신흥 유학 사대부士大夫 세력이 건국한 나라였다. 불교는 억불숭유抑佛崇儒정책에 따라 하루아침에 탄압의 대상으로 전락했으니 최하 계층의 신분으로 떨어진 승려들은 도성에서 쫓겨났고 출입도 억제되었다. 이들은 생계와 함께 사찰을 존속시켜 불법佛法의 맥을 잇고자 나서서 일부 승려는 깊은 산속에 은둔하여 참선 등을 통한 수행을 계속하였고, 일부 승려는 폐사를 막기 위해 종이 기름 신발을 만드는 잡역에 종사하였다. 이렇게 산속에서 수행하는 승려를 이판승理判僧, 잡역에 종사하는 승려를 사판승事判僧이라고 불렀다. 그러나 이판승이든 사판승이든 당시 승려가 된다는 말은 인생이 끝장났다는 걸 의미하였으므로 이판사판이란 말이 생겨났다고 한다.

세상 살아가기가 여간 힘들지 않다. 그러다 보니 이판사판의 마음으로 살아가려는 분들도 없지 않아 보인다. 아예 목숨을 끊는 분들도 많은데, 자료에 의하면 2013년 한국의 자살자는 14,427명이라고 하며, 하루 평균 40명이 목숨을 끊고, 10대~30대의 젊은이 사망 원인 1위가 자살이라고 한다. 또 OECD 국가 중 자살률 1위가 한국이라고 하니 얼마나 불행하고 안타까운 일인가. 한 생명은 천하보다 귀한 것이니, "사람이 만일 온 천하를 얻고도 제 목숨을 잃으면 무엇이 유익하리요. 사람이 무엇을 주고 제 목숨을 바꾸겠느냐."(막 8:36~37) 라고 말씀하셨다.

이판사판의 심정은 막다른 길까지 쫓기었다는 일이다. 인생 전반에 절망적인 패닉 상태가 왔다는 말이다. 누가 그 눈에서 눈물을 닦아주랴. 슬픔을 머리에 이고 가는 세상이다. 잠시 있다 가는 고난이나 때때로 조금 있다가 사라지는 슬픔이었다면 얼마든지 극복할 수 있지만, 그것이 해도 해도 안 되는 것이거나 연속으로 파탄만 이어진다면 운수소관을 넘어 숙명처럼 받아들여질 것이니 이러거나 저러거나 결국 이판사판의 심정이 되어 버리는 것 아닌가. 화불단행禍不單行이라고 불행이 겹쳐오고, 누군가 말했듯 운명은 눈앞에서 돌멩이가 날아오는 것이요 숙명은 뒤통수로 돌멩이가 날아오는 것이라면 어찌 삶이 고단하지 않겠는가.

해가 지고
검은 하늘이 동구 녘에 섰을 때
어두움은

자욱한 안개로
내게 스며들었다

고난의 자락들이
준비되었듯 떨어지고
그림자처럼 달라붙은 슬픔은
이제 내 것이 되어

얼어붙은 흙을 밟듯
조심스러이 걸어 보아도
움직일수록 작아지는 모습은
차라리 저주였다

푸른 하늘이 있었더냐
졸졸 흐르는 맑은 시냇물이
언제 있었더냐

절로 이는 슬픔
버려 두리
숙명의 그늘
이젠 내버려 두리

깊은 가을밤

세월 처연히 흘러

내 연緣의 다함이 있는 날까지

달도 지쳐

외딴 폭에 서는 날까지

-拙詩, '숙명宿命' 全文

　운명에 지쳐 이판사판의 심경이 되신 분들이야말로 치유가 필요
하며 힐링이 되어야 한다. 금전적인 것은 두 번째다. 예수님은 이런
분들을 부르시고 계시니 예수님 앞으로 나와서 하루속히 문제를
해결받아야 한다. 슬프고 소외되고 천시 받고 세상의 짐으로 인해
무한히도 곤비한 분들이야말로 예수님이 필요하다. 예수님은 사랑
이시기 때문이다(요일 4:16). 그분은 우리를 고아와 같이 버려두지 아
니하시며(요 14:18), 아비가 자식을 불쌍히 여김같이 우리를 불쌍히
여기시겠다고 약속하신 분이다(시 103:13). 우리의 무거운 짐을 대신
받아 주시고 그 눈에서 눈물을 씻어주신다. 성경은 "방백들을 의
지하지 말며 도울 힘이 없는 인생도 의지하지 말지니"(시 146:3)라고
하셨다. 오직 예수님께만 의지하여야 한다.

　슬프면 울어야 한다. 통곡하고 발버둥 치며 품에 안겨 흐느껴야
한다. 그 품이 바로 예수님의 품이다. 부모님도 형제도 자식도 친
구도 국가도 전부 해줄 수 없는 일이다. 슬프고 속상하면 그저 달

려가 울면 된다. 그러면 능력 많으신 하늘 아버지가 다 해결해 주신다. 예배당 마룻바닥에 엎드렸을 때 문제가 해결된다. 이른바 무릎으로 사는 인생이 해결 받는 것이니, 실컷 울면서 기도하는 인생에 해결되지 않는 문제는 없다. 하늘 아버지 품 안에 들어와 그냥 울고 또 울면 문제는 다 해결해 주신다. 눈물이 뜨거울수록 슬픔은 아물어 가는 법이다. 이판사판의 심정으로 아무렇게나 산다든지 목숨을 끊는 건 현명한 방법이 아니다. 왜 길이 있는데 놔두고 딴 곳에 가서 헤맨다는 말인가. 마음의 위로뿐 아니라, 물질의 문제도 해결된다. 이는 마치 시집간 딸이 친정에 왔다가 돌아갈 때면 절대 그냥 빈손으로 보내지 않고 뭐라도 들려서 보내는 것과 같다. 아무려면 하나님이 친정엄마만 못 하겠는가.

"너희는 여호와를 만날 만한 때에 찾으라. 가까이 계실 때에 그를 부르라."(사 55:6)

"나 여호와가 말하노라. 너희를 향한 나의 생각은 내가 아나니 재앙이 아니라 곧 평안이요, 너희 장래에 소망을 주려 하는 생각이라. 너희는 내게 부르짖으며 와서 내게 기도하면 내가 너희를 들을 것이요, 너희가 전심으로 나를 찾고 찾으면 나를 만나리라."(렘 29:11~13)

인생은 고달픈 것이요, 때론 허무한 생각도 드는 것이다. 성경도 이를 잘 알고 있으니, "일평생에 근심하며 수고하는 것이 슬픔뿐이라 그 마음이 밤에도 쉬지 못하나니 이것도 헛되도다."(전 2:23)라고 하였다. 시편 기자도 고백하였으니, "오직 나는 가난하고 슬프오니 하나님이여 주의 구원으로 나를 높이소서."(시 69:29)라고 하였다. 주님께서 인생의 고달픔과 슬픔을 잘 알고 계시다면 답까지 준비해 놓지 않으셨겠는가. 답도 그냥 답이겠는가. 최상 최고의 답이 아니겠는가. 그러니 새삼 고민하지 마시고 이미 다 아시는 하나님께 나아가 다 내려놓으면 된다.

예수님을 믿으면 문제가 해결되니 심지를 굳게 하여 예수님을 찾자. 그러면 이판사판의 인생은 사라지고, 문제를 해결 받는 은혜 가운데 거할 수 있다. "주께서 심지가 견고한 자를 평강에 평강으로 지키시리니 이는 그가 주를 의뢰함이니이다."(시 26:3)라고 말씀하셨지 않은가. 굳은 심지로 예수님을 찾으면 그게 바로 문제의 해결을 받는 비법이다. 이판사판의 인생, 그 깊은 절망 가운데 계신 분들께 희망의 불빛을 비춰본다.

"나를 기가 막힐 웅덩이와 수렁에서 끌어올리시고 내 발을 반석 위에 두사 내 걸음을 견고케 하셨도다."(시 40:2)

"여호와는 마음이 상한 자에게 가까이 하시고 중심에 통회하는 자를 구원하시는도다."(시 34:18)

눈물의 기도

눈물이란 무엇일까. 인간이 만들어지고 오늘까지 흘린 눈물의 양은 얼마나 될까. 현상적으로 따지면 눈물은 그저 눈물샘에서 나오는 분비물일 뿐이지만, 눈물은 인간이 살아 있음을 증거 하는 인성人性 그 자체요, 삶 자체라 할 수 있다. 오죽하면 '눈물바다'라는 말도 있지 않은가. 눈물을 흘리지 않는 건 무덤에 누운 자들과 사탄과 귀신들과 같은 사악邪惡한 영적 존재들과 극악무도하고 잔혹하여 이미 인간이기를 포기한 악한惡漢들과 마취로 의식이 없거나 식물 상태의 인간 정도라고 할까. 영적으로는 영혼이 죽어 에스겔 골짜기의 바짝 마른 뼈 같은 인생들일 것이다(겔 37:2).

인생들에게 있어 눈물은 무엇일까. 숱한 문학 예술작품은 인생의 눈물을 그려냈다. 유려한 문장에 달필로 이름이 난 문학가들은 정교한 필치로 눈물을 그려냈고, 음악가는 노래로, 미술가는 그림으로, 조각가는 형상으로, 연극과 영화는 표현과 연기로 그려냈다. 특히 문학가들은 눈물을 흘리는 모습이며 흔적이며 그 마음의 상태며 눈물을 소재로 하는 아름다움과 초라함과 슬픔과 기쁨과 고통과 감격의 모든 정경을 글로 적었다. 특히 한글은 그 우수성으로 눈물 어린 한과 정서를 섬세한 표현으로 잘 나타낼 수 있으니 한글은 눈물을 그려냄에 전 세계 최고의 언어라 할 수 있을 것이다.

(눈물을, 눈물이, 눈물에, 눈물로) 글썽이다. 괴이다. 거두다. 걷잡을 수 없이 나오다. 고이다. 가랑가랑 맺히다. 금치 못하다. 눈가에 그렁그렁하다. 닦다. 떨어지다. 터지다. 마를 날이 없다. 머금다. 번지다. 범벅이 되다. 시내를 이루다. 바다를 이루다. 복받치다. 배이다. 뿌리다. 스치다. 스미다. 시큰하다. 서럽게 흘리다. 삼키다. 솟아오르다. 솟구치다. 쏟다. 앞세우다. 아물거리다. 아롱지다. 어리다. 엉엉 울다. 울고불고하다. 앞을 가리다. 울부짖다. 지새다. 질질대다. 질금질금 나오다. 젖다. 자아내다. 좌르르 흘리다. 주르르 흘러내리다. 짜다. 찔끔거리다. 핑 돌다. 펑펑 쏟다. 터지다. 폭발하다. 하염없이 흐르다. 한없이 울다. 흘리다. 훔치다. 흩뿌리다…

어떻게 이 이상 눈물의 모습을 형용할 수 있을까. 그 표현들은 눈물의 색깔도 느낌도 정도도 호소력도 모두 다르다. 세상의 어느 언어가 이토록 미묘하게 눈물을 잘 표현해 낼 수 있을지 진실로 한글의 맛은 그 정교함과 순연함이 치열熾烈하고 정치精緻하여 표현의 묘미가 극에 달한 듯하다.

그 눈물로 우리는 이 삶을 살아왔으니 눈물이야말로 평생 우리의 지기知己요 동반자였다. 태어나면서 죽을 때까지 우리는 눈물의 짐 보따리를 풀었다 쌓았다 해야 한다. 그런 후 머리에 이고 지고, 가슴에 안고 담고, 흘리고 거두고, 주고받고 살아야 한다. 그 눈물은 영혼과 마음의 결정체요, 순수 그 자체다. 눈물을 잘 그려낸 시가 있다. 고故 茶兄 김현승 시인이 사랑하는 어린 아들을 잃고 썼다는 시 '눈물'은 슬픔을 눈물로 승화시킨 영혼의 시로 유명하다. 인간 존재의 유한성을 절감하고 종교적 세계에 절대적으로 귀의歸依하는 데 눈물은 다리가 된다.

더러는 옥토에 떨어지는 작은 생명이고저···

흠도 티도 금가지 않은 나의 전체는 오직 이뿐!

더욱 값진 것으로 드리라 하올 제

나의 가장 나중 지닌 것도 오직 이뿐!

아름다운 나무의 꽃이 시듦을 보시고

열매를 맺게 하신 당신은

나의 웃음을 만드신 후에

새로이 나의 눈물을 지어주시다

　눈물은 인생을 닦고 정화淨化한다. 거짓의 눈물과 악어의 눈물이 아닌 한 눈물로 인생은 평정을 되찾고 힘을 얻고 마음의 고통에서 벗어나고 기쁨과 감격은 배가 되며 슬픔은 승화하고 영혼은 맑아진다. 그러기에 눈물은 인간과 신의 매개체이며 생명의 표상이라고 부르는지도 모른다. 눈물은 아름다운 것이요 인생을 위로하는 것이다. 많은 문호들과 격언들은 눈물을 수도 없이 정의하였다.

"눈물은 성수聖水다." -셰익스피어

"눈물은 슬픔의 딸없는 딸이다." -볼테르

"눈물은 영혼에 내리는 여름날의 소나기라 같다." -알프레드 오스틴

눈물은 아름다운 것이요 인생의 아픔을 위로하고 상련相憐하는 것이다. 이런 눈물이 기쁨과 감사의 눈물로 인간 역사가 시작되었으면 얼마나 좋았을까. 그러나 불행하게도 인간 최초의 눈물은 살인과 엮여 있다. "가라사대 네가 무엇을 하였느냐. 네 아우의 핏 소리가 땅에서부터 내게 호소하느니라."(창 4:10) 가슴 아픈 일이다.

인류 최초의 피살자 아벨은 죽어가면서 살려 달라고 비명을 지르며 고통에 울었을 것이다. 아니 가인은 그런 시간조차 주지 않고 죽였을지도 모른다. 그러면 최초의 눈물은 아벨의 피살 소식을 들은 아담과 이브였을 것이며, 특히 이브의 눈물은 통곡의 바다를 이루었을 것이다. 그렇게 인류의 눈물이 시작되었다. 그러니 오늘날까지 눈물은 기쁘고 감격할 때보다는 슬프고 아플 때 흘리는 경우가 훨씬 많은 모양이다. 그러나 눈물은 슬플지언정 마침내는 복된 것이라 할 수 있다.

"눈물을 흘리며 씨를 뿌리는 자는 기쁨으로 거두리로다. 울며 씨를 뿌리러 나가는 자는 정녕 기쁨으로 그 단을 가지고 돌아오리로다."(시 126:5~6)

그러나 이 세대는 눈물이 말라버린 세대다. 울지도 않고 울어도 서로 관심이 없다. 고독한 영혼들이 메마른 심령으로 힐끗 쳐다보며 저마다의 욕심과 자고함으로 살아가는 세대다. 이천 년 전 예수님께서 이 땅에 오실 때도 마찬가지였다. 예수님은 그런 인사들을 질책하셨다. "이 세대를 무엇으로 비유할꼬. 비유컨대 아이들이 장터에 앉아 제 동무를 불러 가로되 우리가 너희를 향하여 피리를 불어도 너희가 춤추지 않고 우리가 애곡하여도 너희가 가슴을 치지 아니하였다 함과 같도다."(마 11:16~17). 그 말씀이 어찌 오늘의 현실에 이토록 딱 맞을까. 지금도 귓가에 들려오는 것 같다.

그 가르침은 이웃의 눈물에 엠퍼싱empathying하라는 말씀이시니 이웃의 눈물에 공감共感하고 동행하라는 것이다. 이는 동정함sym-pathying과 측은지심이라는 수동적 단계를 넘어서야 달할 수 있는 적극적 단계의 것이니 그 차원에 올라야 비로소 공감을 경험할 수 있을 것이다. 눈물이란 그런 것이다. 눈물은 인생의 비탄과 애도와 슬픔과 좌절과 절망과 아픔과 몸부림과 상실을 표현한다. 눈물은 그런 극한의 감정을 표현하는 것이니 바꿔 말하면 눈물은 살아 있다는 증거요 그만큼 건실하다는 반증이다.

그런 눈물로서 기도하라는 것이다. 그런 기도가 하늘 보좌를 움직이는 신령한 기도다. 기도는 호흡呼吸이니 기도가 쉬면 죽는 것이요, 기도할 때마다 우리 하나님 여호와께서는 우리에게 가까이 하신다(신 4:7). 기도를 항상 힘쓰고 기도에 감사함으로 깨어 있으라 가르치셨고(골 4:2), 너희 말이 내 귀에 들린 대로 내가 너희에게 행하겠다고 하셨다(민 14:28). 그러니 눈물 어린 기도는 모든 치유와 해결을 가져오는 것이다.

눈물은 아픈 만큼 건강한 것이다. 한센병 환자는 신경을 마비시키는 나균 때문에 일체의 통증을 모른다고 한다니 통증을 갖는다는 건 그만큼 건실하다는 말이요, 눈물이 있다는 건 그만큼 건강하다는 말이다. 건강하기에 여름 소나기처럼 한바탕 울고 나면 속이 청량해지고 기운을 다시 얻을 수 있다. 눈물은 감정의 배설排泄이기 때문이다. 마음의 깊은 것을 털어냈으니 이제 새것을 담을 수 있지 않겠는가. 특히 신앙생활을 하는 분들은 울고 또 울어야 한다. 그 울음은 물론 회개와 회한과 상련과 긍휼과 애통의 눈물이다. 더 높은 가치의 울음은 주님의 나라를 위한 눈물이어야 한다. 대표적인 분이 예레미야니, 그는 눈물의 선지자였다. 여호와를 떠나 버려 망해가는 조국의 안타까운 현실을 눈물로 호소하였으니 그의 애가는 통곡 그 자체였다.

"슬프다, 나의 근심이여. 어떻게 위로를 얻을 수 있을까. 나의 중심이 번뇌하도다. 어찌하면 내 머리는 물이 되고 내 눈은 눈물 근원이 될고. 그렇게 되면 살육당한 딸 내 백성을 위하여 주야로 곡읍哭泣하리로다."(렘 8:18, 9:1)

그러나 예레미야의 눈물은 유다 백성의 철저한 무관심과 냉담 속에 버려졌고 아무도 함께 울지 않아 결국 유다는 망하게 된다.

영혼의 눈물이 있어야 할 때 눈물은 꼭 흘려져야 한다. 눈물을 흘리면 흘릴수록 우리의 영혼은 맑아져 종국에는 눈물의 근원을 깨끗하게 씻기실 것이다. 우리의 눈에서 눈물을 제하시는 것 그게 하나님의 뜻이기 때문이다. 이 땅에서 눈물을 흘리면 저 하늘에서의 눈물은 없을 것이요, 이 땅에서 눈물이 없으면 저 하늘에서의 눈물은 피할 수 없을 것이다. 그게 성경의 가르침이다.

"사망을 영원히 멸하실 것이라. 주 여호와께서 모든 얼굴에서 눈물을 씻기시며 그 백성의 수치를 온 천하에서 제하시리라."(사 25:8, 同旨 계 21:4)

그 영혼이

  요즘 들어 부쩍 살기 어렵다는 분이 많아진 거 같다. 우리네의 삶이 왜 이리 고단하기만 하고 간단치가 않을까. 간혹 좋은 일이 있기도 하지만, 온 땅에 찔레와 가시덤불이 있는, 곧 질려蒺藜와 형극荊棘 속에 던져진 게 인생이다(사 7:24). 이 시대 우리는 어떻게 살아가고 있는가. 부익부 빈익빈의 격차가 갈수록 더해져가는 이 세상에 어느 날 불현듯 던져졌다. 다른 이의 것으로만 알고 내 것이라 생각지 않았던 노곤함과 빈궁이 우리 곁에 똬리를 틀었다. 기회조차 얻지 못한 많은 젊은이들과 서민들이 흐릿한 앞날에 좌절하며 힘들게만 살아가는 것 같다.

  떠밀려오는 세파는 왜 이리도 강하던가. 홀로 감당하기엔 너무 벅차고 생활의 곤고함은 오랜 친구인 양 붙어있을 때 영혼은 이리저리 휘청거리고만 있다. 경제적 어둠의 터널은 모든 세대에 불안의 근저根底가 되었으니 자신 없는 멍한 눈빛으로 오늘도 퀭하게 흩어진 하루를 주섬주섬 열어 갈 뿐이다. 굴곡진 삶의 여울에 지치고 찢어지고 넘어지고 있음인가. 한때는 꿈이 있고 영명英明한

날도 있었건만 갈수록 잃어버리는 상실감과 추락한 자존감과 척박한 세태에 지성知性이고 영성靈性이고 다 스러져만 가니 한여름 하늬바람조차도 청량하기는커녕 그저 눅눅하고 답답하기만 할 뿐이다. 생명은 시초부터 슬픈 것인가. 스멀스멀 멀어져가는 희망만큼 와스스 와스스 슬픔만 부쩍 다가왔다.

슬픈 이들이여
우리 여기 모여
우리의 조촐한 상喪을 차리자

눈시울 뜨거운 사연은
애당초
차마 다 풀어 놓을 수 있는 것도
몇 마디 말로 할 수 있는 것도 아니었다

상을 베풀고
너와 나의 자리를 잡아보자
푸르게 야위어 온 세월
슬픔은 본시 우리 몫이었지 않느냐
슬픔의 자리도 본시 우리 곁이었지 않느냐

이젠 눈물을 거두리라

세상의 무정함도 위로도

지새워 온 긴 세월의 침묵도

이젠 모두가 족하다

의식은 끝났나니

자, 슬픔의 상은 물리우자

묵은 얼룩 지워내고

문밖 새 일을 기다리자

-拙詩, '슬픈 이들을 위하여' 全文

 인생은 곤하고 슬픈 것인가. 피곤한 인생은 에덴동산에서의 아
담과 이브의 범죄로 인한 영적인 사망과 함께 시작되었다. 육신적
피곤, 정신적 피곤, 영적 피곤이 줄을 이었다. 그러니 어찌할 것인
가. 원래 하나님이 인간을 창조하실 땐 전혀 이런 뜻이 아니셨다.
하나님께서 천지를 창조하실 때, 그때마다 '하나님의 보시기에 좋
았더라.'를 연이어 다섯 번이나 말씀하시고, 마지막 6일째 사람을
만드신 날에는 '생육하고 번성하여 땅에 충만하라.'복을 주시고는
'보시기에 심히 좋았더라.'고 말씀하셨다. 여섯 번째의 보시기에 좋
았더라는, '심히'라는 말씀을 추가하실 만큼 사람을 사랑하시고 복
주시고 큰 기대를 하셨다. 그러나 아담과 이브의 범죄로 인해 모든
것은 바뀌었다. 불순종의 죄를 그냥 둘 수는 없는 일이었으니(롬

5:12), 사람은 낙원이었던 에덴동산에서 하루아침에 추방되고, 대신 찬바람 부는 슬픔과 인고의 세월이 시작되었던 것이다.

"아담에게 이르시되 네가 네 아내의 말을 듣고 내가 너더러 먹지 말라 한 나무 실과를 먹었은즉 땅은 너로 인하여 저주를 받고 너는 종신토록 수고하여야 그 소산을 먹으리라. 땅이 네게 가시덤불과 엉겅퀴를 낼 것이라. 너의 먹을 것은 밭의 채소인즉 네가 얼굴에 땀이 흘러야 식물을 먹고 필경은 흙으로 돌아가리니 그 속에서 네가 취함을 입었음이라. 너는 흙이니 흙으로 돌아갈 것이니라."(창 3:17~19)

그러니 살아가면서 고난과 수고는 피할 길이 없다. 낙원에서 추방되었으니 어찌 영혼의 안식이 있을까. 때론 숨이 막힐 듯하다. 하나님께서 분명히 '종신토록 수고하여야 그 소산을 먹으리라' 단언하시지 않았는가. 그러니 종신토록 평생 무거운 짐이 등짐에 지워졌다. 그뿐인가. 삶이 고단하고 피폐하니 마음도 영혼도 함께 낙망하고 시들어가는 것 같다.

그 영혼이
시름시름 앓는 이유는
설명하기엔 너무 많은 아픔
풀어 던지기엔 너무 많은 굴절

보잘 것 없는 미물로

메마름으로

삭아온 세월

덧입혀진 육신이

한껏 무겁다고 느껴질 때

영혼은 벌써

휘청 휘인 가지가 되었음이며

그 영혼이

시름시름 앓는 이유는

바람결에 실려 보낸 한恨만이

세월 여미며 침묵하였던

그만의 애처로운 사연

-拙詩, '그 영혼이' 全文

　천하의 명군 다윗도 절망하고 좌절하는 한때가 있었다. 시편에 나와 있는 그의 고백을 들어보면 그가 얼마나 절체절명의 고난 속에서 낙망했는지 알 수 있으니, "내 상처가 썩어 악취가 나오니 나의 우매한 연고로소이다. 내가 아프고 심히 구부러졌으며 종일토록 슬픈 중에 다니나이다. 내 허리에 열기가 가득하고 내 살에 성한 곳이 없나이다. 내가 피곤하고 심히 상하였으매 마음이 불안하여 신음하나이다. 나의 사랑하는 자와 나의 친구들이 나의 상처를 멀리하고 나의 친척들도 멀리 섰나이다."(시 38:5~8, 11)라고 탄식하였다.

그러나 그는 그럴수록 하나님을 붙들었고 매달렸다. 다윗은 시편에서 얼마나 자기의 마음과 영혼이 하나님을 붙들었는지 곳곳에서 고백하고 있으니, "내 마음이 눌릴 때에 땅 끝에서부터 주께 부르짖으오리니 나보다 높은 바위에 나를 인도하소서. 나의 영혼이 잠잠히 하나님만 바람이여. 나의 구원이 그에게서 나는 도다. 오직 저만 나의 반석이시요, 나의 구원이시요, 나의 산성이시니 내가 크게 요동치 아니하리로다."(시 61:2, 62:1~2)라고 매달렸다.

다윗뿐만 아니다. 그 온전하고 정직하고 의로워 동방 사람 중에 가장 훌륭한 자라는 칭송을 받던 욥(욥 1:1~3)도 자신의 고난이 절정에 달하자, "내 품위를 바람같이 날려 버리니 나의 구원은 구름같이 지나가 버렸구나. 이제는 내 생명이 내 속에서 녹으니 환난 날이 나를 사로잡음이라. 내 마음이 들끓어 고요함이 없구나. 환난 날이 내게 임하였구나."(욥 30:15, 16, 27)라며 절망했다. 그러니 우리 같은 범인凡人이야 곤고함에 지친 영혼의 낙망을 어찌 피할 수 있으랴.

그러나 하나님께서는 다시 길을 여셨다. 범죄 한 아담과 이브를 위해 가죽옷을 지어 입히셨을 만큼(창 3:21) 사랑 많으신 하나님께서 새로운 생명의 길을 여셨으니 곧 예수 그리스도를 이 땅에 보내신 일이다. 해는 또다시 떠오르는 법이다. "빛은 실로 아름다운 것이라. 눈으로 해를 보는 것이 즐거운 일이로다." 말씀하셨으니(전 11:7),

빛을 바라보며 이제는 영혼의 낙망과 근심을 떨고 일어나야 할 때다. 에덴동산에서의 노염은 있으셨을지라도 "그의 노여움은 잠깐이요 그의 은총은 평생이로다. 저녁에는 울음이 깃들일지라도 아침에는 기쁨이 오리로다."(시 30:5) 말씀하셨다. 피곤하고 곤비하더라도 하나님을 앙망하면 이 모두를 떨어버릴 수 있다.

"너는 알지 못하였느냐, 듣지 못하였느냐, 영원하신 하나님 여호와 땅 끝까지 창조하신 자는 피곤치 아니하시며 곤비치 아니하시며 명철이 한이 없으시며 피곤한 자에게는 능력을 주시며 무능한 자에게는 힘을 더하시나니 소년이라도 피곤하며 곤비하며 장정이라도 넘어지며 자빠지되 오직 여호와를 앙망하는 자는 새 힘을 얻으리니 독수리의 날개 치며 올라감 같을 것이요 달음박질하여도 곤비치 아니하겠고 걸어가도 피곤치 아니하리로다."(사 40:28~31)

상여를 바라보며

　죽음을 피할 수 있는 인생이 있을까. 아담이 범죄 한 후 인생에게는 흙으로 돌아가야 하는 숙명이 찾아왔다. "네가 얼굴에 땀이 흘러야 식물을 먹고 필경은 흙으로 돌아가리니 그 속에서 네가 취함을 입었음이라. 너는 흙이니 흙으로 돌아갈 것이니라."(창 3:19). "그 호흡이 끊어지면 흙으로 돌아가서 당일에 그 도모圖謀가 소멸하리로다."(시 146:4). 그러니 생을 마치고 한 줌 흙으로 돌아감은 당연한 일이다. 죽음을 맛보지 않고 산채로 하늘에 올리신 분은 에녹과 엘리야 두 분뿐이다. 죽음을 만드신 분이 하나님이시니 죽음을 건너뛰게 하시는 권능을 가지신 건 전혀 이상한 일이 아니다.

　죽음 중에서도 가장 가까운 가족의 죽음은 더욱 가슴 아픈 일이다. 아무리 신앙이 높은 분이고 하늘나라만을 사모하며 평생을 보내었다 한들 죽음은 슬픈 일이다. 요즘은 대부분 장례식장에서 조문 의례를 마친 후 고인의 유해를 차에 싣고 장지로 떠나는 게 보통이지만, 어쩌다 전통 장의 행렬인 상여 나가는 모습을 바라보고 있노라면 구구절절 애절한 유족들의 통곡 소리에 보는 이도 간

장이 끊어지는 듯 슬픔이 치밀어 오르게 된다. 오래전 양양군 손
양면사무소 마당에서 상여가 나가는 모습을 본 적이 있었는데, 어
찌나 구슬픈 마음이 솟던지 울컥 치미는 정에 그곳에 주차된 차
보닛 위에 종이를 펼치고 글을 써내려갔다.

인생이 가네
인생이 가네
또 하나의 인생이 가네

상여喪輿는 앞서 나가고
상주며 유족들은
줄지어 오열하며
그 뒤를 따라 가네

만장輓章은 바람에 휘슬리고
땡그랑땡그랑
운구運柩의 종소리
마음은 천 갈래로 에이는데

가을 하늘
시월의 바람은
왜 이리도 차갑게

가시는 길 재촉하나

상여는 떠나가고

누우셨던 곳 그 자리엔

낙엽만 뒹구는데

벌써 상여는 저만치나

혼자서 가고 있네

아버지 울 아버지

북받치며 흐느낀들

가신 님 오시겠는가만

그래도 가신님은

아직 아니 가시고

우리 곁에 계신 듯

상여는 떠나가고

가신 님 말 없어라

낳고 죽는 인생 한마탕이

처음부터 꿈이었던 것을

어느 누가 몰랐더냐

구름도 무심하고

가실 길은 멀어라

인생이 가네
인생이 가네
바람결 향기처럼
소리도 없이
또 하나의 인생이
우리 곁을 떠나가네

-拙詩, '상여를 바라보며' 全文

　죽음을 안식이라고도 말한다. 영면永眠하셨다는 말이 이를 뜻한다. 사람이 피로가 쌓이면 그날의 피로를 숙면으로 해소하는데, 영원한 숙면을 취한다는 것은 영원한 안식安息을 갖는다는 말이다. 오죽하면 너무 살기 힘들고 어려울 때 그만 스스로 목숨을 끊어 일찍 영면의 길을 택하는 이도 있을까. 그러나 부활 신앙을 믿는 그리스도인에겐 영면이란 적절치 않은 단어니 죽음이 안식일 수는 없고, 잠깐 잠을 자는 일에 불과한 것이기 때문이다(요 5:28~29).
　막다른 죽음에까지 몰도록 생의 고단함은 간단치가 않다. 한평생 냄새를 풍기다가 관 뚜껑을 덮어도 시끄러움이 끊이지 않는 게 인생들이다. 그런 인생을 살아가자니 벼랑 끝까지 쫓긴 사슴처럼 애달플 때도 많았을 것이고, 눈시울 온통 붉게 젖어 영혼조차 찢기듯 살아오신 분도 있을 것이다. 반목과 질시와 대립과 갈등 속에서 온갖 감정은 범벅이가 되었고, 때론 그 신열身熱이 뜨겁다 못해 강물도 덮다 말았을 것이다. 풍찬노숙風餐露宿과 간난신고艱難辛苦의 인생살이에 몸은 갈수록 수척해지고 어깨는 움츠려 가냘파지기만 했으니, 참으로 모진 나날이었으리라. 세월은 언제나 어두운 강물이련가. 이 풍진風塵 세월은 결국 혼자 뿐 이런가. 삶의 고통이 세월 가운데 그렇게 혼자 왔듯 휘적거리며 갈 때도 혼자 가는 세상이려니 긴 여로旅路에 잠시 만난 인연들은 시간이 다하면 스러지는 것이리라. 누구든 그런 홀로의 죽음을 앞두고 처연해지는 심정을 피할 수는 없을 것이다.

성경은 어떻게 죽음을 보고 있을까. 사람은 영靈과 혼魂과 육肉으로 구성되어 있는데, 성경은 육의 죽음에 큰 의미를 부여하고 있지 않으니, 죽음을 두고 '잠을 잔다'고 표현한 적이 많다(마 9:24, 행 7:60, 고전 15:18). 물론 살아생전 하나님을 경외하라고 가르치시지만, 성경의 더 큰 관심은 영의 죽음에 있다. 아담의 범죄의 결과로 들어온 영의 죽음을 이제 다시 살아나게 하는 영의 부활에 더 큰 관심을 두고 있다는 말씀이다. 사람은 영靈이 있는 영적 존재이기 때문에 거룩하신 성령聖靈님과는 같은 영靈으로 대화할 수 있지만, 짐승은 영이 없고 혼만 존재하니(전 3:21) 영적 존재인 성령님이나 인간과는 대화할 수 없는 것이다.

"또 너희 온 영과 혼과 몸이 우리 주 예수 그리스도 강림하실 때에

흠 없게 보전되기를 원하노라."(살전 5:23)

"하나님의 말씀은 살았고 운동력이 있어 좌우에 날선 어떤 검보다도 예리하여 혼과 영과 및 관절과 골수를 찔러 쪼개기까지 하며"(히 4:12)

죽음을 피할 수 없는 인생들에게 성경은 어떻게 살아가라고 가르치실까. 인생들이 잠시 살고 난 후 죽음의 영역에 들어가게 되면 이젠 엄청난 일들이 예정되어 있으니 모두가 일단은 부활한 후 심판대 앞에 서 판결을 기다리게 되어 있다는 것이다. 영생하거나 영벌을 받고(마 25:46), 생명의 부활로 나오거나 심판의 부활로 나오는 것이다(요 5:29). 그러니 반드시 영을 살려야 하고, 그게 인생의 전부여야 한다. 즉 성경에, "이는 우리가 다 반드시 그리스도의 심판대 앞에 드러나 각각 선악 간에 그 몸으로 행한 것을 따라 받으려 함이라."(고후 5:10), "손에 키를 들고 자기의 타작마당을 정하게 하사 알곡은 모아 곡간에 들이고 쭉정이는 꺼지지 않는 불에 태우시리라."(마 3:12)라고 말씀하셨으니 대비해야 하지 않겠는가. 그러나 죽음을 준비하는 마음도 시원치 않으니, 너무 연약한 인생이기에 늘 갈고 닦아도 미진할 뿐이다.

한평생 권고眷顧를 들고도
욕심과 세상 티끌로
가득 채우다 가는
저희들입니다

착한 행실과 보람은 잠시뿐

부끄러움과

회한悔恨만으로 이어진

어둡고 쫓기었던

인생들이었습니다

이제 또 하나의 인생이

이 생을 마감합니다

죽음 앞에서야 비로소

생의 하찮을 것 없음과

친히

저 세상과의 다리 되어 주신

주님을 생각합니다

한 줌 흙으로 돌아가는

하릴없는 인생들을

차마 낯 돌이킬 수 없어

스스로 희생양 되어

생명의 닻줄 만드신 주님

오, 주님

아침 이슬과 같은 인생

그 허물 사하시고

내리시는 은총 입어

죽음 이기신 주님 나라

들어가게 하소서

-拙詩, '죽음, 죽음 가운데서' 全文

인생은 잘 죽어야 한다. 잘 태어나는 건 자기가 할 수 없는 일이었지만, 잘 죽는 건 자기가 할 수 있는 일이다. 잘 태어나는 것도 중요하지만, 잘 죽는 것은 그보다 훨씬 더 중요하다. 왕실이나 공후백자남작公侯伯子男爵 같은 귀족 가문, 합스부르크 왕가나 메디치 가문, 굴지의 재벌가 가문에서 태어나는 것보다 한평생 예수님 잘 믿고 잘 죽는 게 백 배, 천 배 더 소중한 일이다. 우리의 영적인 중생과 부활과 영원한 생명이 잘 죽는 일에 달려 있기 때문이다.

"또 내가 들으니 하늘에서 음성이 나서 가로되 기록하라. 지금 이후로 주 안에서 죽는 자들은 복이 있도다 하시매"(계 14:13)

가난이여

세상이 먹고살 만하다고 하고 산해진미山海珍味가 넘친다고 하지
만, 아직도 우리 주변엔 눈물 젖은 빵을 먹는 분들이 많다. 가난
때문이다. 가난을 좋아할 사람이 있을까. 물론 없진 않다. 중세의
적지 않은 수도사修道士들에겐 절대적 가난이 필수적이었다. 그분
들은 심지어 쇠사슬로 자신의 몸을 엮기도 한 채 청빈, 겸손, 노동,
순결, 복종, 금욕, 침묵기도로 주님만 바라보며 한평생을 사셨으니
가난은 그들의 벗이었다. 이탈리아 아시시 출신의 성 프란체스코
는 가난을 매우 사랑하여 자기는 가난이란 여인과 결혼하였다는
말을 했다고 한다. 그러나 99.99%의 사람들에겐 가난은 싫은 존재
며 피하고 싶은 덕목이다. '어릴 적 고생은 사서 한다'고 하나, 그렇
다 해도 가난하고 싶은 사람은 없을 것이다. '가난하게 태어난 건
당신의 죄가 아니지만 가난하게 죽는다면 그건 당신의 죄다.'라는
말도 있고, 미국 속담엔 '가난이 앞문으로 들어오면 사랑은 옆문으
로 달아난다.'는 말도 있다고 하니 가난은 피하고 싶은 게 인지상정
이다. 가난 때문에 범죄도 인륜 파기도 이혼도 서슴지 않는 세태가

되었다.

　필자도 공직에 있다 보니 넉넉하질 못했다. 아버지는 교장선생님으로 퇴임하셨지만, 박봉에 무척이나 약주를 즐기셔서 어릴 적부터 가난은 당연하게 받아들여졌다. 80년대 딸아이가 유치원에 다닐 무렵, 수원의 어느 언덕배기 달동네에 산 적이 있었는데, 좁은 아파트의 발코니에서 환히 내려다보이는 농촌진흥청 시험답試驗畓, 논 수십만 평이 그렇게 아름다울 수가 없었다. 여름이면 파랗게 줄기가 올라오고 가을이면 황금들녘에 그 넉넉한 알갱이들을 가득 품고 머리를 숙이고 있는 벼들을 바라보고 있노라면 비록 내 것이 아니어도 그 풍요로움과 평화스러움에 세상 시름을 다 잊는 듯했다. 군자는 안빈낙도安貧樂道하며, ‘거친 밥을 먹고 물을 마시며 팔을 굽혀 베고 누워도 즐거움이 그 가운데 있다.(飯疏食飲水 曲肱而枕之 樂亦在其中矣)’는 말을 읊조리며 지냈다. 그러던 때 어린 딸이 초등학교를 다녀야 하는 시기가 다가왔을 때 아이가 매일 위험하고 꼬불꼬불한 골목길을 헤집고 다녀야 함을 깨닫자 당황하기 시작했다. 불현듯 가난한 집과 가난한 동네가 불편해지고 보다 편하고 안전한 곳으로 이사하고 싶은 생각이 들었던 것이다.

　가난이란 그런 것이다. 가난이란 것이 늘 기氣의 세계에선 현실과 이상 사이의 괴리를 벌이는 것인가. 그렇다면 그 간극은 늘 이理의 세계에 있는 ‘마음의 가난함’으로 메우라는 게 신의 섭리일 것인가. 그런 가난의 시절, 춘천이란 곳으로 발령이 나서 가족과 떨어지는 시간을 가져야 했을 때 가난은 한여름 음습하게 다가왔으니 어느 날 내리는 굵은 빗줄기 속에 홀로 긴 상념에 젖었다.

초복이 하루 지난 오늘

장대 같은 비가

주룩 내렸다

기숙사 독방에 누워

창밖을 올려다보니

밤하늘은 숯덩이처럼

검푸르기만 하다

이 작은

주체 못하는 몸뚱이

저 소낙비에 씻겨 내려

차라리 돌덩이 되어 버렸으면

세월은 언제나

어두운 강물이런가

긴 여름밤

창밖의 비는

오늘 따라 처연히 내리고

아!

서른셋 나이에 아직도

이런 삶을 살아가고 있는가

-拙詩, '자조自嘲' 中

가난은 성실해도 언제나 있을 수 있는 일이다. 물론 게으르고 방탕하고 재난을 당하고 사회적 불평등과 죄의 결과로도 올 수 있지만, 가난의 원인은 그렇게 간단치만은 않다. 역사적, 사회적, 정치적, 경제적, 시대적, 가정적, 지리적 상황에 따라 내 뜻과는 상관없이 얼마든지 가난할 수가 있지 않은가. 자기 죄가 아닌 가난도 너무 많다. 가난은 불편한 것이지만, 그러나 가난은 스승인 법이다. 가난을 즐길 줄도 알아야 하고, 가난 속에서도 행복을 찾을 줄 알아야 한다. 필자가 존경하는 분으로 『밤에 쓴 인생론』 등 많은 작품을 남긴 청록파 시인 박목월 선생님은 신혼 시절 사과 궤짝에 수저 두 벌 얹은 식탁에서도 행복하였다고 말씀한 적이 있다. 가난하셨기에 그 행복의 기억이 오래 남은 것이다. 부유하셨다면 기억도 하지 못하는 식탁이었을 것이다.

가난 때문에 생기는 탈도 많지만 오히려 부유함 때문에 생기는 탈이 더 많고 더 잔인하고 더 추한 법이다. 가난할 때 행복한 마음을 얻지 못하면 부자가 되어도 행복을 얻지 못한다. 네팔, 부탄 같은 세계적 최빈국이나 중남미 가난한 나라의 국민들 행복지수는 매우 높은 반면, 일인당 국민소득 3만 불을 앞두고 있는 우리나라의 국민 행복지수는 148개국 조사 중 97위였다는 갤럽의 조사 결과를 본다면, 물질적 가난과 행복은 결코 일치하는 게 아니라고 하겠다.

가난에 대한 성경의 접근은 세상 인식과 다르다. 가난한 자를 불쌍히 여기고 돕는 것은 창세기부터 요한계시록까지 면면히 흐르는 성경의 가르침 중의 하나다. 성경은 가난한 자의 호소에 귀 기울이고 채주(債主)같이 닦달하지 말며(출 22:21~27), 가난한 자를 불쌍히 여기는 자는 복이 있다고 했다(잠 14:21). 초대교회 성도들은 가난한 자들의 구제를 위해 적극적 연보를 펼쳐 사도 바울이 이를 칭찬하였고(고후 9:1~15), 시편 기자는 "저가 재물을 흩어 빈궁한 자에게 주었으니 그 의가 영원히 있고 그 뿔이 영화로이 들리리로다."(시 112:9)라고 말하였다.

그렇다고 성경이 가난을 좋게 여기신 것도 아니다. "너는 잠자기를 좋아하지 말라 네가 빈궁하게 될까 두려우니라."(잠 20:13) 했고, "가난한 자는 그 형제들에게도 미움을 받거든 하물며 친구야 그를 멀리 아니하겠느냐."(잠 19:7) 했으며, "재물은 많은 친구를 더하게 하나 가난한 즉 친구가 끊어지느니라."(잠 19:4)고 했다.

또한 부(富) 자체도 나쁘게 보신 건 아니다. 성경에 "가난한 자를 진토에서 일으키시며 빈궁한 자를 거름더미에서 올리사 귀족들과 함께 앉게 하시며"(삼상 2:8, 同旨 시 113:7~8)라고 하셨다. 영적인 생활에 필요하다고 판단되어 물질을 구하면 하나님은 기꺼이 채워 주신다. 하나님께서는 그 풍성한 대로 우리의 모든 쓸 것을 채워 주시는 분이다(빌 4:19). 인색치 않으신 분이다. 물질적 복을 채워 주시겠다고 약속하신 부분도 아주 많다(신 28:2~6). 다만, 재물이 영적인 신앙생활에 도움이 될 때는 채워 주시는 것이며, 만약 물질이 그 신앙인에게 영적으로 해가 된다면 그의 믿음을 생각하사 거둬 가실 것으로 믿고 있다.

가난은 그저 가난일 뿐이다. 상태狀態가 그렇다는 말이다. 가난하면 가난한 대로 부하면 부한 대로 의로움을 나타내시기를 원하신다. 재판할 때에는 세력 있는 자라고 두호하지 말듯이 가난한 자라고 편을 들지 말라고 했고(레 19:15, 同旨 출 23:3), 가난하다고 하나님을 섬김에 있어서 핑계를 댈 수 없으니 이는 가난해서 힘이 미치지 못하면 어린 양 대신 작은 비둘기로 속죄제와 속건제의 제물을 드릴 수 있도록 하셨음에서도 알 수 있다(레 14:21~32). 물질적으로 풍요하건 가난하건 간에 심령마음이 가난해야 한다. 그게 지혜롭고 복받은 사람이다.

예수님은 어떠하셨을까. 예수님은 공생애를 시작하기 전엔 유복하셨을까. 아니다. 그분은 말구유에서 태어나신 것을 시작으로 가난한 시골 목수의 아들로 자라셨다. 육신의 아버지 요셉은 의롭고 순종하는 분이었으니(마 1:19, 24) 세속의 요령을 피우며 돈을 많이 버셨을 리가 없다. 예수님의 나이 열두 살 때까지는 계셨으나(눅 2:41~42) 그 후에는 전혀 등장하지 않으니 예수님의 공생애 시작 전에 돌아가신 것으로 추정된다. 다만 자녀를 7남매 이상 두셨으니 아주 일찍 돌아가신 것은 아닌 듯하다. 예수님은 가난한 집안의 7 남매(또는 7남매 이상) 중 장남이셨다. 즉, 예수님의 육신의 동생들은 야고보, 요셉, 시몬, 유다가 남동생들이었고, 두 명 이상의 여동생들이 있었다(마 13:55~56, 막 6:3). 그러니 가난한 집안에 어머니 마리아까지 평소 아홉 식구가 생활하였으니 매우 빈궁하게 생활하셨을 것은 틀림없는 일이다. 자라실 때도 가난하게 자라신 분이 바로 예수님이시다.

예수님의 공생애 첫 말씀이 무엇일까. 놀랍게도 가난을 말씀하셨다. 가난을 직접 30여 년 체험하셨으니 그 교훈하심에 도움이 되셨을 것이다. 예수님께서는 물질적인 게 아닌, 심령의 가난을 말씀하시면서 "심령이 가난한 자는 복이 있나니 천국이 저희 것임이요"(마 5:3)라고 하셨으니 얼마나 중요한 말씀이기에 첫 마디로 그 말씀을 하셨을까. 예수님 스스로 먼저 본을 보이셨으니 부요하신 자로서 하늘의 것을 내려놓고 말구유에 태어나시면서 부터 평생을 가난하고 병들고 소외된 자의 친구가 되셨다. 물질적 가난은 영적 부요와 연결되는 것이니 이렇게 가난하게 되심은 그의 가난하심을 인하여 모든 믿는 자로 하여금 부요케 하시려는 뜻이셨다(고후 8:9). 계시록에도 "내가 네 환난과 궁핍을 아노니 실상은 네가 부요한 자니라."(계 2:9)라고 말씀하셨으니 물질의 가난과 영적인 부요 사이에는 긴밀한 관계가 있다고 하겠다.

물질적 풍요가 차고 넘치면 오히려 범죄를 하기 쉽고 하나님을 벗어나기 쉽다. 탕자의 비유(눅 15:11~32)가 그것 아닌가. 아버지가 부자인 탓에 벌어진 일이다. 부유함이 넘치면 대부분 썩게 되어 있으니 수천 년 인류 역사상의 숱하게 멸망明滅해 간 나라들의 역사가 이를 증명하고 있다. 성경에도 "네가 살찌고 부대富人하고 윤택하매 자기를 지으신 하나님을 버리며 자기를 구원하신 반석을 경홀히 여겼도다."(신 32:15)라고 말함으로써 부유함을 경계하셨다. 풍요롭다고 만족할 것 없고 가난하다고 불만할 것 없음은 성경이 가르치는 바니 그저 보통의 사람에겐 일용할 양식이 있는 게(마 6:11) 복인 것이요, 필요 충분한 조건이니 가난을 바라보는 지혜가 우리의 심성을 자유롭게 할 것이다.

"내가 두 가지 일을 주께 구하였사오니 나의 죽기 전에 주시옵소서. 곧 허탄과 거짓말을 내게서 멀리 하옵시며 나로 가난하게도 마옵시고 부하게도 마옵시고 오직 필요한 양식으로 내게 먹이시옵소서. 혹 내가 배불러서 하나님을 모른다 여호와가 누구냐 할까 하오며 혹 내가 가난하여 도적질하고 내 하나님의 이름을 욕되게 할까 두려워함이니이다."(잠 30:7~9)

제4부
아모스의 눈물

아모스의 눈물

　아모스는 기원전 8세기 중엽, 남 유다 웃시야 왕의 시대, 곧 북이스라엘 여로보암 2세 때 활동한 선지자였다. 그는 원래 유대 땅 베들레헴에서 남쪽으로 10킬로미터쯤 떨어진 드고야 고원에서(암 1:1) 목축을 하며 뽕나무를 재배하던 농부였을 뿐 평소 선지자 활동을 하거나 선지자의 아들도 아니었다(암 7:14). 그럼에도 순전한 마음으로 하나님을 섬기었기에 하나님의 부르심이 있었고, 소명을 받은 후에는 하던 농사일을 버려둔 채 북이스라엘로 들어가 예언 사역을 하면서 B.C. 760년 전후 구약성경의 30번째 성서인 아모스를 기록하게 된다. 그의 문체를 살펴보면 상당한 수준의 학문을 갖추었음을 엿볼 수 있으니 평범한 농부였다기보다는 은둔한 야인野人으로 보는 게 마땅할 것 같다.

　그가 활동하던 때 북이스라엘은 경제적으로 크게 번영하고 풍요를 구가하였으나 신앙과 윤리의 타락은 매우 심하였으니, 성도덕과 사회정의와 상업 윤리는 땅바닥에 떨어졌으며, 빈부 격차가 심해 가난한 사람들은 버려지고 소외되어 참으로 힘겹게 살던 시절이었다. 돈이 없으면 억울한 판결이 자행되었고, 빌린 돈을 갚지 못한 자는 마구 착취당하던 때였다. 궁전은 호화로웠고, 종교 지도자들은 부패했으며, 그 땅에 거하던 백성들은 모두 하나님에 대한 진정한 경외함 없이 형식적 제사만 드리던 시대였다. 좀 길지만 성경 말씀 그대로 그 시대 사회상을 옮겨본다.

"여호와께서 가라사대 이스라엘의 서너 가지 죄로 인하여 내가 그 벌을 돌이키지 아니하리니 이는 저희가 은을 받고 의인을 팔며 신 한 켤레를 받고 궁핍한 자를 팔며 가난한 자의 머리에 있는 티끌을 탐내며 겸손한 자의 길을 굽게 하며 부자父子가 한 젊은 여인에게 다녀서 나의 거룩한 이름을 더럽히며 모든 단 옆에서 전당 잡은 옷 위에 누우며 저희 신의 전에서 벌금으로 얻은 포도주를 마심이니라."(암 2:6~8) 하였고, "사마리아 산에 거하는 바산 암소들아, 이 말을 들으라. 너희는 가난한 자를 학대하며 궁핍한 자를 압제하며 가장에게 이르기를 술을 가져다가 우리로 마시게 하라 하는도다."(암 4:1) 하였다. 또한 "너희는 벧엘에 가서 범죄하며 길갈에 가서 죄를 더하며 아침마다 너희 희생을 삼일마다 너희 십일조를 드리며 누룩 넣은 것을 불살라 수은제로 드리며 낙헌제를 소리 내어 광포廣布하려무나. 이스라엘 자손들아, 이것이 너희의 기뻐하는 바니라."(암 4:4~5) 하였고, 공법公法을 인진(茵蔯, 독초의 일종, 쑥, 쓴 것)으로 변하며 정의를 땅에 던지는 자들이라고 탄식하였다(암 5:7).

뿐만 아니다. "무리가 성문에서 책망하는 자를 미워하며 정직히 말하는 자를 싫어하는도다. 너희가 가난한 자를 밟고 저에게서 밀의 부당한 세를 취하였은즉"(암 5:10~11) 하였고, "너희의 허물이 많고 죄악이 중함을 내가 아노라 너희는 의인을 학대하며 뇌물을 받고 성문에서 궁핍한 자를 억울하게 하는 자로다"(암 5:12) 하였으며, "화 있을진저 시온에서 안일한 자와 사마리아 산에서 마음이 든든한 자 곧 열국 중 우승하여 유명하므로 이스라엘 족속이 따르는 자들이여. 상아 상에 누우며 침상에서 기지개 켜며 양 떼에서 어린 양과 우리에서 송아지를 취하여 먹고 비파에 맞추어 헛된 노래를 지절거리며 다윗처럼 자기를 위하여 악기를 제조하며 대접으로 포도주를 마시며 귀한 기름을 몸에 바르면서 요셉의 환난을 인하여는 근심치 아니하는 자로다."(암 6:1, 4~6) 하였고, "궁핍한 자를 삼키며 땅의 가난한 자를 망케 하려는 자들아, 이 말을 들으라. 너희가 이르기를 월삭이 언제나 지나서 우리로 곡식을 팔게 하며 안식일이 언제나 지나서 우리로 밀을 내게 할꼬. 에바를 작게 하여 세겔을 크게 하며 거짓 저울로 속이며 은으로 가난한 자를 사며 신 한 켤레로 궁핍한 자를 사며 잿밀을 팔자 하는도다."(암 8:4~6) 하였다.

이런 기록을 보면, 북이스라엘이 얼마나 망조가 들었는지 알 수 있다. 이에 아모스는 나라의 멸망을 예견하면서 슬픔을 주체하지 못하고 눈물로서 하나님의 말씀을 대언하며 회개를 선포하게 된다. 애가哀歌를 지어 호곡號哭하며 온 이스라엘이 여호와께로 돌아올 것을 절절히 호소하였으니 그것은 아모스의 지극한 나라 사랑

민족 사랑의 눈물이었다. 그 호소는 질책과 통분과 경고함으로 가득 찬 눈물의 애가였다(암 5:1).

아모스는 경고하였다. "겨울 궁과 여름 궁을 치리니 상아 궁들이 파멸되며 큰 궁들이 결딴나리라. 이는 여호와의 말씀이니라."(암 3:15), "너희는 여호와를 찾으라. 그리하면 살리라."(암 5:6), "너희는 악을 미워하고 선을 사랑하며 성문에서 공의를 세울지어다."(암 5:15), "내가 너희 절기를 미워하여 멸시하며 너희 성회들을 기뻐하지 아니하나니 너희가 내게 번제나 소제를 드릴지라도 내가 받지 아니할 것이요, 너희 살진 희생의 화목제도 내가 돌아보지 아니하리라. 네 노래 소리를 내 앞에서 그칠지어다. 네 비파 소리도 내가 듣지 아니하리라. 오직 공법을 물같이 정의를 하수같이 흘릴지로다."(암 5:21~24), "만군의 하나님 여호와께서 가라사대 이스라엘 족속아 내가 한 나라를 일으켜 너희를 치리니 저희가 하맛 어귀에서부터 아라바 시내까지 너희를 학대하리라 하셨느니라."(암 6:14) 이런 눈물 어린 호소와 경고의 말씀을 끊임없이 전달하였던 것이다.

그러면서 주 여호와의 탄식과 결심을 대언하는데, 이후로부터는 하나님의 말씀을 듣지 못하는 말씀 기갈 현상이 온다는 것이었다. 율법과 선지자를 통해 '하나님의 말씀을 듣는 것'은 선민 이스라엘 백성의 특권이자 존재 이유였다. 그러나 이제 그 문이 닫히고 말씀이 거두어지게 되었다는 절박한 말씀이다. 이스라엘에 있어 말씀이 막히는 건 나라가 절단 나는 것과 하등 다를 바가 없었으니 말씀의 기갈, 즉 영적 빈곤 상태가 닥칠 거라는 예언은 실로 무시무시한 말씀이었다. 제일 큰 징벌이었다. 실제로 북이스라엘은 그 삼사십 년쯤 후인 B.C. 722년경 멸망하게 된다.

"주 여호와께서 가라사대 보라 날이 이를지라. 내가 기근을 땅에 보내리니 양식이 없어 주림이 아니며 물이 없어 갈함이 아니요, 여호와의 말씀을 듣지 못한 기갈이라. 사람이 이 바다에서 저 바다까지 북에서 동까지 비틀거리며 여호와의 말씀을 구하려고 달려 왕래하되 얻지 못하리니"(암 8:11~12)

필자는 구약의 인물 중 아모스 선지자를 무척 좋아한다. 농담으로 주위에 "아모스 선지자를 형님으로 모시고 있다. 나중 하늘나라에 가면 찾아뵙고 차茶 한잔 달라고 응석을 부려야겠다." 웃으면서 말하곤 한다. 그만큼 사모하고 존경하였다. 공직 재직 시에 그분의 대언 말씀, "너희는 악을 미워하고 선을 사랑하며 성문에서 공의를 세울지어다. 오직 공법을 물같이 정의를 하수같이 흘릴지로다." 하는 말씀을 감사관으로 전국 청을 다닐 때마다 강평 때 수사 공직자로서의 자세로 강조하였고, 연수원에서 강의할 때도 설파했으며, 심지어 퇴임의 고별사에서도 언급하였으니 필자의 그 분 존경은 끝이 없다.

특히 더 왜 그랬을까. 그건 아모스 당시 북이스라엘의 실상이 오늘의 대한민국의 현실과 너무나 닮아 있기 때문이다. 이 땅이 어떠한 나라였던가. 3,000년 유구한 역사에 숱한 국난을 극복하며 가진 자원이 없어도 착하고 어질고 근면함으로 하늘을 숭상하며 홍익인간의 이념으로 인간을 존중하던 휴머니즘의 나라였다. 청결한 윤리의식에 한국적 지조와 절개를 중히 여기는 고매한 선비의 나라요 동방예의지국이었던 이 나라가 산업화 민주화 이후 고도 산업사회 지식기반사회로 진입하면서 급격한 혼돈과 어두움의 양태를 보이고 있으니, 절대욕망과 이기주의, 극성스러운 범죄와 윤리와 도덕성의 상실, 신을 인정하지 않는 공산주의를 추종하는 좌경적 사고와 전통적 미풍양속의 붕괴, 무법과 무질서와 떼를 쓰면 다 통하는 것으로 아는 헌법보다 높은 '떼 법' 경향, 조용한 진리보다는 시끄러운 사위(詐僞)와 거짓이 판을 치는 걱정스러운 풍조가 꽈리를 틀고 말았다. 솔직히 교회의 예배조차도 아모스 시대의 질책 받은 예배(암 4:4~5, 5:21~23)와 거의 비슷한 모습을 보이지 않는가 생각되는 것이다.

대대손손 우리 자손들이 살아가야 할 이 땅은 어느덧 흐트러진 기강과 엄청난 빈부 격차와 노사 갈등, 빈부 갈등, 세대 갈등, 이념 갈등으로 안정되지 못하고 정의는 쇠퇴하고 진실은 호도되며 가난하고 억울한 사람들만이 힘겹게 살아가는 세상이 되었다. 그런 혼돈과 염량세태의 시류 속에서도 흔들림 없이 원칙과 정도를 걸어가는 분들을 뵙기가 쉽지 않다. 역사 앞에 두려움으로 순리와 금도(襟度)와 품격을 갖추려는 지성인의 모습도, 휴전 중인 분단국가에서 국방의 의무를 성실히 마친 당당한 정치 지도자나 고위 관료의 모습도, 오직 하나님만을 섬기며 백성을 바르게 이끌려는 올곧은 종교 지도자도, 정의와 인애(仁愛)를 펼치는 존경받는 큰 어른의 얼굴도, 높은 도덕성에 큰 경륜을 갖춘 우국(憂國)의 국가 지도자도, 나라의 장래를 걱정하는 청년의 드높은 기상도 갈수록 찾아보기가 어려우니 어찌 걱정스럽지 아니하며 북이스라엘 사회와 어찌 비슷하다고 말하지 않을 수 있으랴.

더욱이 교회를 바라보면 더욱 안타깝다. 교회는 무엇인가. 유물론적 물질 생산성의 논리로만 따지면 연필 하나도 못 만드는 게 교회지만, 그런 교회가 존경받았던 이유는 신의 가르침을 목숨 삼아 그 정신적 청결함과 지도력으로 이 땅의 정신세계를 올곧게 이끌어 주었고, 부패한 사회에 대하여 일갈하는 높은 윤리와 도덕성을 실천해 주었기 때문이었다. 그것으로 가정을 지켰고 사회를 이끌었으며 국가를 위해 기도했다. 세파에 찌든 영혼을 위로하며 세속의 더러움을 말갛게 씻어주는 그 청아함의 본질과 사명을 다해 주었다. 그러나 이제는 걱정거리가 되었고 조소의 대상이 되어가고 있다. 이를 그냥 안 믿는 자들의 훼방이요, 마귀와 귀신들의 장난이라고 그저 치부하고 말 것인가.

역사는 돌고 돈다더니, 북이스라엘 멸망 직전 선포된 아모스의 눈물의 애가는 그 후 남 유다 멸망 직전에 예레미야에 의해 똑같은 내용으로 또다시 선포된다. 즉, B.C. 760년경 북이스라엘을 걱정하는 아모스의 눈물의 애가가 있었는데, 그 후 130년 정도가 지난 B.C. 628년경에 남 유다를 걱정하는 예레미야의 눈물의 애가가 또다시 되풀이되었으나, 남 유다 역시 회개치 않고 멸망의 길을 걸었던 것이다.

그러니 일부 구설수에 오르는 극소수의 한국 교회여 어찌할 것인가. 아모스의 애가를 거울삼아 돌이켜 삼가고 옷깃을 여밀 것인가 아니면 이를 소홀히 여겨 북이스라엘이 망했듯 우리도 망할 것인가. 우리 교회가 아모스 시대의 예배와 같이 물질맘몬주의에 빠져 있는 건 아닌지 자성하여야 하지 않겠는가. 도덕과 윤리의 타락, 말씀에의 무지함과 말씀의 기갈, 종교 지도자들의 위선과 부패, 경건치 않고 성화되지 않은 신도들의 삶, 형식과 퍼포먼스에 치우친 예배, 뒷전으로 숨어버린 예수 생명과 예수 부활, 강조되지 않는 지옥과 고난과 십자가의 도, 거짓의 질편함 등을 생각하니 아모스 선지자의 눈물의 애가哀歌는 곧 한국 사회와 교계, 그리고 너와 나의 가슴에 던져주는 하나님의 경고 메시지나 다름이 없다고 생각된다.

하나님의 경고 말씀을 갖고 북이스라엘로 가서 눈물로 호소한 아모스처럼 우리도 불의와 미움, 더러움과 욕심, 거칠고 무례함, 무질서와 불법, 빈부 격차와 무정함, 교만함과 감사치 않음으로 가득한 오늘의 한국 사회를 보시고 애통해 하시는 하나님의 마음을 느껴야 한다. 죄로 가득 찬 세상이지만 그래도 이 나라에 희망과 빛을 전달하고 믿음으로 건강하게 회복시켜야 하기 때문이다. 회복의 복음이 필요하다. 그런 점에서 2,760여 년 전 북이스라엘 땅에 절절히 흘렀던 아모스의 눈물의 애가는 지금 곧 한국 땅을 향하여 흘리는 눈물의 애가라고 하겠다.

"너희 절기를 애통으로 너희 모든 노래를 애곡으로 변하며 모든 사람으로 굵은 베로 허리를 동이게 하며 모든 머리를 대머리 되게 하며 독자의 죽음을 인하여 애통하듯 하게하며 그 결국으로 곤고한 날과 같게 하리라."(암 8:10)

예수님의 우심

예수님도 눈물을 흘리시며 우셨을까. 성경에는 세 번 우셨다고 나와 있다. 한 번은 예루살렘 멸망을 앞두고 우셨고, 한 번은 사랑하는 나사로의 죽음을 보고 우셨고, 한 번은 수난을 앞두고 기도하며 우셨다.

먼저 예루살렘 멸망을 앞두고 우신 것부터 살펴보자. 성경에 "가까이 오사 성을 보시고 우시며 가라사대 너도 오늘날 평화에 관한 일을 알았더면 좋을 뻔하였거니와 지금 네 눈에 숨기웠도다. 날이 이를지라 네 원수들이 토성을 쌓고 너를 둘러 사면으로 가두고 또 너와 및 그 가운데 있는 네 자식들을 땅에 메어치며 돌 하나도 돌 위에 남기지 아니하리니 이는 권고받는 날을 네가 알지 못함을 인함이니라 하시니라."(눅 19:41~44)라고 기록되어 있다.

이 사건은 그로부터 약 37년 후인 A.D. 70년 예루살렘이 멸망할 것을 예언하시며 우신 사건이다. 전쟁으로 예루살렘성과 성전이 철저히 파괴되고 불살라지게 되는데, 멸망 당시를 목격한 유대인 역사가 요세푸스에 의하면 예루살렘은 이때 완전히 폐허가 되었다고 한다. 당시의 예루살렘 성전은 B.C. 20년경부터 헤롯대왕이 공사를 시작하여 A.D. 64년에 완공되었으니 84년간 화려하게 지은 성전이었고 '헤롯성전'으로 불리었다. 예수님 당시에는 공사가 상당히 진행되어 있었다. B.C. 959년 완공된 솔로몬의 첫 성전만은 못하였으나 B.C. 516년 완공된 스룹바벨의 두 번째 성전(스 6:15)보다는 훨씬 잘 지은 성전이었다.

요세푸스 기록에 의하면 이 성전의 전면은 모두 광택 있는 흰 대리석으로 되어 있었고, 지붕은 황금으로 입혀져 있었으며 성전 동남쪽 모서리 기둥은 높이가 11미터나 되었다고 하며 헤롯대왕이 황금 포도나무 장식을 기증하였는데 그 포도송이가 사람 키만 하였다고 한다. 그러나 완공된 지 6년 만인 A.D. 70년 로마의 티투스 장군에 의해 완전히 불살라지게 되는데, 그때 성전 내부와 지붕에 도금되어 있던 금들이 모두 녹아 성전 돌 틈 사이로 흘러들자 로마군이 그 금을 채취하기 위하여 성전의 돌들을 모두 헐어 헤쳐 놓았다고 하며, 이로써 예언이 성취되었다. 이때 유대인 약 110만 명이 죽고 97,000여 명이 포로가 되어 끌려갔으며, 포위된 성에서 먹을 게 없어 여인들이 서로 번갈아 자기 자식을 잡아먹기까지 하였다 하니 그 참상을 필설로 다하기 어려운 것이었다.

헤롯성전이 완전히 파괴되고 통곡의 벽이라 불리는 서쪽 성벽만 덩그러니 남은 후, 그 자리에 A.D. 135년 로마황제 하드리안이 주피터 신전을 지었고, 다시 A.D. 691년 오마르 샤리프가 황금 돔 사원을 지어 오늘에 이르고 있으니 이를 훤히 내다보신 예수님의 말씀 가운데 그분의 지극하신 슬픔을 읽을 수 있다.

"예루살렘아, 예루살렘아, 선지자들을 죽이고 네게 파송된 자들을 돌로 치는 자여, 암탉이 그 새끼를 날개 아래 모음같이 내가 네 자녀를 모으려 한 일이 몇 번이냐. 그러나 너희가 원치 아니 하였도다. 보라, 너희 집이 황폐하여 버린바 되리라."(마 23:37~38), "예수께서 성전에서 나와서 가실 때에 제자들이 성전 건물들을 가리켜 보이려고 나아오니 대답하여 가라사대 너희가 이 모든 것을 보지 못하느냐. 내가 진실로 너희에게 이르노니 돌 하나도 돌 위에 남지 않고 다 무너뜨리우리라."(마 24:1~2) 라고 탄식하셨던 것이다.

두 번째 우심은 베다니 마을에 살던 마르다와 마리아 자매의 오빠인 나사로가 죽었을 때였다. 성경에 "예수께서 그의 우는 것과 또 함께 온 유대인들의 우는 것을 보시고 심령에 통분히 여기시고 민망히 여기사 가라사대 그를 어디 두었느냐 가로되 주여 와서 보옵소서 하니 예수께서 눈물을 흘리시더라."(요 11:33~35)라고 기록되어 있다.

예수님께서는 본래 이들 삼 남매를 사랑하셨는데, 나사로가 병 들었다 함을 약 3킬로미터 떨어진 가까운 곳에서 들으시고도 계시던 곳에서 이틀을 더 유하며 늑장을 부리셨다. 그리고 나사로가 무덤에 있은 지 이미 나흘이 되었을 때 가셨던 것이다. 예수님께서 굳이 늦게 가신 이유는 이미 확실하게 죽은 나사로임을 모두에게 확인시키고 그런 나사로를 생생하게 부활케 하는 현장을 보여주심으로써 "나는 부활이요 생명이니 나를 믿는 자는 죽어도 살겠고 무릇 살아서 나를 믿는 자는 영원히 죽지 아니하리라."는 것을 가르치시기 위함이었다(요 11:25~26).

당시 랍비들의 전통에 의하면 죽은 자의 영혼은 육체와의 재결합을 위해 사흘 동안 육체 주위에 머문다고 한다. 따라서 나사로가 무덤에 있은 지 이미 나흘이라 함은 마지막 희망마저 없어져 완전히 죽었다는 걸 뜻한다. 만약 예수님이 나사로를 죽은 지 하루이틀 내지 사흘 만에 살리셨다면 잠시 혼절 상태인 나사로를 살린 것이라고 불복하였을지도 모른다. 그래서 일부러 늦게 가셨던 것이다. 그러나 막상 무덤이 있는 곳에 와서 그 누이 마리아가 슬피 우는 것과 또 함께 온 유대인들이 우는 것을 보시고 평소 나사로를 아끼시던 예수님도 심령에 비통히 여기시고 눈물을 흘리신 것이었다. 부활을 통한 영생을 가르치시기 위함이었어도 차가운 교훈 전달에 그치시지 않고, 사랑하는 이들의 울음에 진정으로 참지 못하시고 함께 우신 것이다. 예수님의 여리시고 인정 어리신 마음을 보게 된다. 여기서 "예수께서 눈물을 흘리시더라."(요 11:35)는 성경에서 가장 짧은 절이니, 예수님이 우시는데 이 세상의 무슨 설명이나 미사여구가 더 필요하겠는가. 거기에 뭔가를 덧대는 것은 참으로 송구스러운 일이다.

세 번째 우심은 십자가에 달리시는 사명을 앞두고 간절히 기도하실 때였다. 성경에 "그는 육체에 계실 때에 자기를 죽음에서 능히 구원하실 이에게 심한 통곡과 눈물로 간구와 소원을 올렸고 그의 경외하심을 인하여 들으심을 얻었느니라."(히 5:7)라고 기록되어 있다.

그 기도는 간절하였고 진지하였으며 처절하였고 뜨거웠다. 일생 일대의 능욕과 고통의 사역을 눈앞에 두고 심히 무거우셨을 것이다. 그 무거운 사명은 기꺼이 짊어진 것이었으니 성부 아버지께 자신의 심경을 피를 토하며 눈물로 기도하지 않을 수 없으셨을 것이다. 예정된 고난을 받으실 결단은 비장하셨다. 그 예정된 고난을 피하지 않으시고 처절한 눈물의 기도 끝에 예정된 구속 사역을 스스로 수행하기로 결단하신 것이다. "아버지께서 나를 사랑하시는 것은 내가 다시 목숨을 얻기 위하여 목숨을 버림이라. 이를 내게서 빼앗는 자가 있는 것이 아니라 내가 스스로 버리노라. 나는 버릴 권세도 있고 다시 얻을 권세도 있으니 이 계명은 내 아버지에게서 받았노라 하시니라."(요 10:17~18) 말씀하셨다.

여기서 주의할 것은 성부 하나님께 올리는 예수님의 기도조차도 '그의 경외하심을 인하여 들으심을 얻었느니라'(히 5:7) 하는 대목이다. 경외란 두려움과 지극한 경건을 말한다. 현대인의 성경에 의하면 '경건한 복종으로 하나님의 응답을 받으셨다'라고 되어 있다. 철저하신 순종을 보이셨고 그래서 하나님의 응답을 얻으셨다는 말씀이다. 그래서 바로 이어지는 8절, 9절에 예수님도 순종함을 배워서 온전하게 되셨다고 기록되어 있다.

우리들이 보통 생각하기엔 예수님께서 간절히 기도하시고 하나님이 이를 들으셨다면 다 되는 것임에도 불구하고, 굳이 '그의 경외하심으로 인하여 들으셨다'라고 표현한 이유는 무엇일까. 예수님께서 먼저 순종의 미를 보이심으로써 예수님을 믿는 모든 이에게 순종을 가르치신 게 첫째요, 우리가 평소 예수님께 기도할 때 친근하게 기도하는 것도 좋겠지만 때로는 기도 제목에 따라 온 심령을 다하여 엄청난 두려움과 경건과 복종의 자세로 기도하는 것도 필요하다는 게 둘째 가르침이라 할 것이다.

　예수님은 세 번 우셨다. 한 번은 하나님의 백성의 도성이 멸망할 것을 예견하시고 우셨고, 한 번은 사랑하는 자녀의 죽음을 보고 우셨으며, 한 번은 대속의 구속사를 이루는 사역을 감당하기 위해 우셨다. 오로지 하나님의 나라와 하나님의 백성을 사랑하시기에 울고 또 우셨던 예수님, 그분이 바로 우리의 구주시다. 세상의 어느 신神이 이처럼 자기 백성을 위하여 운다는 말인가. 좋은 친구를 두면 좋은 결과를 얻는 법이니 예수님께 관심을 한번 가져보면 어떨까.

국운

나라의 운명과 운세를 국운國運이라고 한다. 나라가 흥하느냐 쇠하느냐, 지금 흥하는 길로 가고 있느냐 아니면 쇠락의 길로 가고 있느냐는 굳이 나라를 크게 걱정하는 사람이 아니더라도 누구나 생각해 보는 명제다. 우국지사가 아니더라도 이 나라의 초동목부樵童牧夫, 갑남을녀甲男乙女라면 한 번쯤은 다 생각해 보는 문제다.

국운이 흥하려면 정치체제, 민족성, 뛰어난 지도자, 시운, 역사의 흐름, 주변의 환경, 인구 및 자원, 국민들의 근면성과 자질, 도덕성과 준법성, 선진의식과 정직성, 문화 역사적 기반, 기업가 정신 등 많은 요소들이 있을 것이다. 그중에서 가장 중요한 건 무엇일까. 도대체 무엇이 있어야 국운이 융성하고 흥할 것인가.

아무래도 으뜸으로 꼽는 건 탁월한 현실 정치 지도자일 것이다. 수많은 세계의 역사가 이를 증명하기 때문이다. 조선시대만 하더라도 세종, 영조, 정조 등 명군名君이 있을 땐 국운이 융성했다. 반면에 난정亂政 시대를 열다간 혼군昏君도 적지 않다. 동서양을 막론하고 철인정치 도학정치를 주장한 분들도 없진 않지만 현실에선 어려웠다. 한·일 간의 예를 들어봐도, 일본은 700년간의 오랜 칼잡이 막부시대를 접고 1867년 메이지 천황明治天皇 왕정복고를 이룬 후, 이듬해인 1868년 메이지유신을 단행하여 근대국가의 틀을 이뤘지만, 조선은 1881년 신사유람단을 보내 일본의 선진 문물 현장을 보고서도 뒤늦게 1894년부터 갑오개혁이 실시되는 바람에 일본에 비해 무려 26년 이상 개혁이 늦어졌다. 그 바람에 일본은 세계가 인정하는 경제적 초일류 선진국가가 되었지만, 우린 아직도 중진국 수준에 머무르고 있는 실정이니 훌륭한 정치 지도자의 존재와 판단이 얼마나 중요한지 알 수 있다 하겠다.

조선 말기는 어떠했을까. 조선은 '굿판에 망한 나라'라고 하면 지나친 것일까. 내정은 피폐하고 외세의 침탈 앞에 국가의 운명이 풍전등화와 같던 시절, 대궐 한복판은 굿거리와 잡신과 무당과 점쟁이가 횡행하고 매관매직이 판을 쳤다. 야사野史인 황현黃玹의 매천야록梅泉野錄과 1948년 8월 1일에 간행된 『개벽開闢』 잡지 79호에 정부 수립을 앞두고 반면교사로 삼자는 취지에서 게재한 구한말 정국의 이면비사裏面秘史 특집 '밤의 여왕 신령군'이라는 글의 내용과 조선왕조실록 및 승정원일기 등을 종합하면, 명성황후가 1882년 임오군란으로 충주 장호원에 도피해 있을 때 용하다는 무녀 박창열이 얼추 환궁 날짜를 맞히자 그녀를 데리고 환궁한 후 진령군眞靈君에 봉하고 관우 사당도 지어주었는데, 그 무녀는 고종과 황후의 총애를 등에 업고 하루가 멀다 하고 대궐에서 굿판을 벌리고 매관매직을 일삼으며 국정을 농단했다고 한다. 그러니 어찌 나라가 온전하겠는가.

"너는 무당을 살려 두지 말지니라."(출 22:18)

"영매나 무당은 남자이건 여자이건 반드시 돌로 쳐 죽여라. 이런 사람은 죽어도 마땅하다."(레 20:27, 현대인의 성경)

"내가 또 복술卜術을 너의 손에서 끊으리니 네게 다시는 점쟁이가 없게 될 것이며"(미 5:12)

백성들은 피죽도 못 먹던 시절, 왕실은 명산대찰에 치성을 드려 수만금을 낭비하고 내탕금은 바로 바닥이 났으며, 양반집 아녀자들도 덩달아 굿판을 벌려 한양의 무당들은 모두 살판이 났었다고 한다. 또한 경상도 출신으로 한양에서 건달 생활을 하던 이유인이란 자는 귀신도 부리며 풍우를 일으킨다는 소문을 내고 야밤에 '동방청제장군은 현신하라' 소리치는 사술로 스스로를 대단히 신령한 자로 꾸몄는데 진령군이 이자를 자기 아들로 삼기까지 했으며 그는 1887년 10월 고종의 특명으로 희천군수에 임명된 후 양주목사, 병조참판, 한성부판윤, 함남병마절도사를 거쳐 법부대신에까지 올랐다고 한다. 기가 막힌 일이었다. 야사는 그렇다 치고 정사正史인 조선왕조실록과 승정원일기承政院日記를 살펴보자.

고종 30년, 1893년 8월 21일 전 정언 안효제가 올린 상소문이다.

…(전략) 우리 전하가 북관왕묘北關王廟를 더 지은 것도 다 같이 훌륭한 뜻에서 나온 것인데 어찌하여 근래에 와서는 시속이 거짓과 야박하는 것을 숭상하고 굿을 하는 것이 풍속을 이루어 …(중략)… 요사이 일종의 괴이한 귀신이 몰래 여우같은 생각을 품고 성제聖帝의 딸이라고 거짓말을 하며 스스로 북관왕묘의 주인이 되어 요사스럽고 황당하며 허망한 말로써 중앙과 지방의 사람들을 속이고 함부로 군君의 칭호를 부르며 감히 임금의 총애를 가로채려 하였습니다. …(중략)… 겉은 마치 잡신을 모신 사당이나 성황당 같은데 부처를 위해 둔 제단에서 무당의 염불 소리는 거의 없는 날이 없고 걸핏하면 수만금의 재정을 소비하여 대궐 안에서의 재계齋戒와 제사와 관한 일들을 마치 불교행사 하듯 하는 것은 무엇 때문입니까. 소경 점쟁이와 무당이 이 때문에 마음대로 돌아다니며 …(중략)… 백성은 이 때문에 곤궁에 빠지며 조정의 정사는 이 때문에 문란하게 되는데 그 근원을 따지면 모두 귀신에게 제사를 지내는 것을 숭상하기 때문입니다. (하략)…

고종 35년, 1898년 3월 30일 전 시독 김석룡이 올린 상소문이다.

법부대신 이유인은 먼 지방의 미천한 사람으로서 요사스러운 좌도左道의 무당과 점쟁이의 잡술로 외람되어 폐하의 은혜를 입었습니다. (하략)…

고종 41년, 1904년 9월 2일 의정부 참정 신기선이 올린 상소문이다.

…(전략) 지금은 하찮고 간사한 무리들이 폐하의 곁에서 가까이 지내는가 하면 점쟁이나 허튼 술법을 하는 무리들이 대궐에 가득합니다. …(중략)… 항간의 무당 할미 따위들이 대궐에 마구 들어갑니다. …(중략)… 굿판이 대궐에서 함부로 벌어지고…임금의 관상과 운명은 점쟁이에게 물어볼 것이 못 된다는 것을 자연히 알게 될 것입니다. (하략)…

또한 승정원일기에도 나와 있다. 고종 31년, 1894년 7월 5일 전형조참의 지석영이 올린 글이다.

…(전략) 憑藉神靈, 眩惑至尊, 稱托祈禱, 消融國財, 竊弄樞要, 出納方伯, 威福誣民, 榮寵傲世, 妖女, 所謂眞靈君, 而擧世人民之欲食其肉者也.

사실이 이렇다면 어찌 조선이 망하지 않을 수 있었겠는가. 조선은 정도전이란 걸출한 인재를 만나 성리학을 기반으로 국가 이념체계를 반듯이 한 나라였다. 물론 건국 초기엔 소격서昭格署를 두고 도교의 제사를 지내고, 성수청星宿廳을 두어 국가 무당으로 하여금 굿을 전담케 하는 일도 있었으나 사대부들의 탄원으로 흐지부지 되었으니 조선은 어디까지나 백성을 하늘같이 받드는 민본(民

本, 民惟邦本의 준말) 국가였다. 인정仁政과 덕치德治와 같은 왕도정치王道政治가 숭상되고, 왕이 사는 궁궐보다도 왕실의 정통성을 상징하는 종묘宗廟, 백성을 배불리 먹여 민심을 아우르는 의미의 사직단社稷壇, 도덕과 윤리의 나라를 뜻하는 문묘文廟를 더 소중히 할 만큼 유교적 이념에 충실한 농본민생의 국가였다.

그런 나라를 통치함에 있어 백성의 모범이 되어야 할 왕실이 나라의 상징인 대궐 한복판에서 허구한 날 무당 무녀와 함께 굿판을 벌리고, 무녀가 국정을 농락하고 매관매직을 하였다면 나라가 망하지 않는 게 이상할 일이었다. 무당과 점쟁이가 설치면 이미 국운이 끝난 것이다. 곧이어 조선이 멸망한 후 얼마나 많은 이 땅의 백성들이 죽어나가고 탄압받고 강간당하고 수탈당하고 총알받이와 위안부와 징용으로 끌려 나갔었던가. 왕조시대 국정 최고 지도자와 국모로서 책임감을 통감해야 마땅할 것이다. 이 과정에 일제가 한 나라의 황후를 난자 시해하고 시신마저 불태워 없앤 것은 전대미문의 극악무도한 행위니 통탄스러운 일이다.

1885년에는 선교사 언더우드 아펜젤러가 들어왔다. 이제 하나님께서는 이 땅의 백성을 사랑하시어 한국을 복음화하시기 위한 놀라운 예정 섭리를 갖고 계셨음이 틀림없다. 그런 시국에 국가의 근간중추根幹中樞인 대궐부터 한양 도성이 온통 무당 굿거리로 밤낮을 지새웠다고 하니 하나님이 보시긴 어떠하셨을까. 1893년, 갑오개혁 직전만 하더라도 전국의 교회와 신도들이 36개의 기독 계통의 학교를 설립 운영하여 복음 전파와 기독 인재 양성이 이루어지고 있었다고 한다. 그런 시대의 흐름 속에 마침내 1895년에는 국치 國恥 명성황후 시해 사건이 있었으며, 곧 이어 단발령이 있고, 1896 년에는 아관파천과 독립협회 결성이 있었으니 그 시대 일련의 사건들이 어떤 의미인지 역사의 흐름 속에서 세상을 읽을 필요가 있다 하겠다. 급속히 붕괴되는 정치체제와 이에 따른 백성들의 급속한 의식의 변화가 한국의 복음화 진행과 어떤 연관이 있을 것 같은 느낌은 아니 드는 걸까.

이스라엘의 국운은 어떠했을까. B.C. 1446년경 출애굽을 한 이후, 사사시대를 거쳐, 사무엘, 사울, 다윗을 이어 B.C. 970년경에는 솔로몬이 등극하였다. 일천번제의 신앙심을 보인 그는 하나님의 복으로 전무후무한 지혜를 얻었고, 그 지혜로 슬기롭게 나라를 다스려 당대 최강의 나라를 건설하였다. 그러나 그의 노년, 1,000명이나 되는 처첩과 후궁을 위해 하나님을 버리고, 수많은 산당을 짓고 우상을 섬기게 되면서, 나라가 분단되고 기울어지기 시작했다. 열왕기상 11장에는 이렇게 기록되어 있다. "솔로몬 왕이 바로의 딸 외에 이방의 많은 여인을 사랑하였으니 곧 모압과 암몬과 에돔과 시돈과 헷 여인이라. 왕은 후궁이 칠백 명이요 첩이 삼백 명이라 그의 여인들이 왕의 마음을 돌아서게 하였더라. 솔로몬이 여호와의 눈앞에서 악을 행하여 그의 아버지 다윗이 여호와를 온전히 따름같이 따르지 아니하고 모압의 가증한 그모스를 위하여 예루살렘 앞산에 산당을 지었고 또 암몬 자손의 가증한 몰록을 위하여 그와 같이 하였으며"(왕상 11:1~7).

솔로몬의 그와 같은 행동으로 결국 그의 사후 왕국이 북이스라엘, 남 유다로 갈라지고, 그 나라들은 결국 각각 B.C. 722년경, B.C. 586년경에 멸망하고 말았다. 그가 하나님께 충성했을 때 "네 이스라엘의 왕위를 영원히 견고하게 하겠다."(왕상 9:5)라는 복을 받았지만, 그가 하나님을 버렸을 때 나라가 절단이 나 결국 "이스라엘은 모든 민족 가운데에서 속담거리와 이야깃거리가 될 것이며"(왕상 9:7)라는 경고 말씀이 사실로 되어 버리고 말았던 것이다.

그 당시는 제정일치의 사회였다. 솔로몬은 최고의 왕으로서 정치 지도자일 뿐 아니라 종교 지도자였다. 정치 지도자로서의 솔로몬은 별로 나무랄 게 없었지만, 종교 지도자로서의 솔로몬은 망조가 들었던 것이다. 절대적 종교 지도자였던 그의 잘못된 처신은 나라를 분열시켰고, 결국은 국운이 기울어 망하게 되었다. 국운이 흥하느냐 망하느냐는 똑똑한 정치 지도자 여부보다는 그 시대 종교 지도자가 하나님을 얼마나 잘 섬기느냐에 달려 있다는 말이다.

그의 사후 왕국이 분단되고, 북이스라엘은 북이스라엘대로 남 유다는 남 유다대로 간간이 하나님을 잘 섬기는 왕도 나왔지만, 결국 대부분 하나님을 버림으로써 두 나라 모두 망하였다. 하나님은 그때마다 많은 선지자와 예언자를 보내 돌아설 것을 호소하고 경고했지만 끝내 무위에 그치고 말았다. 돌아서기는커녕 심지어 바른 선지자들을 핍박하고 조롱하고 잡아 죽였는데, 그 한가운데는 왕 이외에 거짓 선지자, 부패하고 썩은 채 편안한 명예만을 추구하는 악한 선지자들이 있었다. 그 당시 왕과 더불어 절대 권력을 행사했던 종교 지도자들의 부패와 안일함이 국운을 절대적으로 기울게 했고, 결국 나라를 절단 낸 셈이다.

국운에 있어 특히 그 나라의 서울이 잘되어야 한다. 수도首都는 그 나라의 상징이요 가슴이요 심장부요 얼굴이다. 수도 예루살렘이 점령되면 이스라엘은 망한 것이나, 이스라엘의 모든 도시가 점령당했어도 예루살렘이 건재하다면 이스라엘은 아직 망하지 않은 것이다. 물론 지방도 잘되어야 하지만 수도는 특히 그렇다는 말이다. 수도의 방위, 질서, 준법, 도덕, 경제 등은 여타 도시와는 달라야 한다. 수도는 한 국가의 격格이요 핵核이며, 중추中樞이기 때문이다. 수도 이전 운운하는 건 진중해야 한다. 수도를 중시함은 국운 상승에 도움이 된다. 그런데 수도 예루살렘에는 아무나 살 수가 없었다.

"백성의 지도자들은 예루살렘에 거주하였고 그 남은 백성은 제비 뽑아 십분의 일은 거룩한 성 예루살렘에서 거주하게 하고 그 십분의 구는 다른 성읍에 거주하게 하였으며 예루살렘에 거주하기를 자원하는 모든 자를 위하여 백성들이 복을 빌었느니라."(느 11:1~2)

왜냐하면 예루살렘은 적들의 주요 공격 목표가 되어서 위험했기 때문에 백성들이 거주하기를 꺼렸기 때문이었다. 예루살렘의 성 둘레는 64킬로미터가 되었다고 한다. 성경엔 "그 성은 광대하고 거민은 희소하여 가옥을 오히려 건축하지 못하였음이라."(느 7:4)라고 기록되어 있다. 그 넓은 지역에 거주민이 적어 유사시 방어에 어려웠으므로 그 보강과 강성함을 위하여 방백과 장로, 귀인과 족장 등 지도자들은 당연히 거주하고 백성 중 일부를 선발하여 거주케 하였다는 말이다.

국토방위도 하나님의 지키심이 있어야 한다. 군인교회에 나가 보면 흔히 듣는 기도가 "여호와께서 집을 세우지 아니하시면 세우는 자의 수고가 헛되며 여호와께서 성을 지키지 아니하시면 파수꾼의 경성警醒함이 허사로다."(시 127:1~2)의 말씀이다. 시편 기자도 이르기를, "많은 군대로 구원 얻은 왕이 없으며 용사가 힘이 커도 스스로 구하지 못하는도다. 구원함에 말馬은 헛것임이여 그 큰 힘으로 구하지 못하는도다."(시 33:16~17)라고 하였다.

국운과 관련하여 교회의 책임도 막중하다. 지금 한국의 개신교계 현실은 어떠한가. 많은 분들이 걱정하고 있으니, 숱한 부흥사들이 동방의 예루살렘이라고 칭하였던 한국의 지금 현실은 어떠한가. 교회 지도자들이 바로 서 있는가. 교회 지도자들이 그 한 몸에 국운이 달려 있다는 책임감으로 옷을 찢는 자세로 제대로 서 있는가 아니면 종교 사업가나 종교 장사꾼으로 변신하여, 부귀와 영예, 일신의 영달만 꾀하고 있는가. 국운이 흥하려면 하나님을 잘 섬기는 교인들과 교계 지도자가 있어야 한다. 하나님을 잘 섬기면 국운이 흥할 것이요, 하나님을 멀리하면 국운은 기울어질 것이다. 교회 지도자들이 부패하지 않았다면 한국의 국운은 융성할 것이요, 교회 지도자들이 부패하였다면 별 노력을 다하여도 한국의 국운은 기울어질 것이다. 심한 말로 세상의 모든 것은 썩어도 된다. 그러나 결단코 교회 지도자는 썩어서는 아니 된다. 하나님은 그만큼 교회 지도자들의 책무와 역할을 중하게 여기시기 때문이다. 그것이 성경이 가르쳐준 교훈이다.

교인 한 사람 한 사람도 바르게 서야 한다. 정말 하나님의 나라를 생각하고 올곧은 정신으로 교회를 바로 세워 일반인의 존경 속에 국운이 융성되도록 행동하여야 한다. 그저 끼리끼리의 편협한 사고에 갇혀 교회 지도자라면 무턱대고 머리를 조아리고 복종하는 게 바람직한 현상일까. 만약 그가 부패한 지도자라면 그 순종이 정말 복일까. 순종은 하나님의 말씀에의 순종이 되어야 한다. 잘못된 길에의 순종이라면 잘못된 길을 함께 걷는 것이니, 악惡과의 동행에 다름 아니다. 단연코 거부하고 성경적인 옳은 길을 권면하여야 한다. 분별없는 무조건적인 따라감으로 말미암아 지금처럼 한국 교회가 어려움과 사회적 비난에 봉착한 것은 아닌지 자문해봐야 한다. 물론 극소수의 한국 교회에 해당되는 말이다.

복은 하나님이 주시는 거다. 오로지 그분만이 복을 주실 수 있다. 교인들도 정녕 무엇이 하나님이 원하시는 것인지 성경을 잘 읽고 올곧게 서야 한다. 만약 이 땅에 부패한 종교 지도자들이 어른인 양 행세하는 일이 만연하다면, 거기엔 무지한 교인들 탓이 많다고 생각된다. 민주주의의 성공 여부를 보려면 그 나라의 국민성을 보라고 했다. 교인들이 현명하고 지혜로우면 교회도 올곧은 아름다움을 쌓아가 사회의 존경을 받을 것이요 숭앙崇仰의 대상이 될 것이다. 그렇게 되면 부패한 종교 지도자들은 발붙일 구석이 없다. 그러나 교인들이 무지할 때 여호와의 진정한 말씀은 들려지지 않는다. 말씀의 기갈飢渴이 지배하는 것이다. 진리의 말씀에 기갈이 왔는데 무슨 생명이 있고, 무슨 국운이 트이겠는가. 기갈이 오면 그 우매함을 기롱欺弄하여 말씀이 자의적으로 해석되고 허례 허식적 믿음이 그럴싸한 믿음으로 위장되며 교계와 세상은 갈수록 혼돈스러워져 결국 국운마저 기울게 되어 있다.

아모스 시대 예배 행위가 그저 겉치레에 맴돌고(암 4:4~5, 5:21~23) 사회는 극도로 어지러웠을 때 하나님께서는 다음과 같이 지적했다. 말씀의 기갈, 즉, 교인들이 성경을 몰라도 너무도 모른다는 질책이셨던 것이다. 모든 원인이 신도들의 성경 무지에 있었던 것이다. 즉, "주 여호와의 말씀이니라. 보라, 날이 이를지라 내가 기근을 땅에 보내리니 양식이 없어 주림이 아니며 물이 없어 갈함이 아니요, 여호와의 말씀을 듣지 못한 기갈飢渴이라."(암 8:11)라고 경고하셨다.

천하흥망 필부유책(天下興亡 匹夫有責)이라는 말이 있다. 천하 대사의 흥함과 망함에는 필부들도 책임이 있다는 말이다. 교회의 부패가 있다면 거기엔 분명히 교인의 책임도 있다는 말이겠다. 훌륭한 교회 지도자들도 필요하지만, 올곧은 교인과 말씀의 기갈이 없는 교인들은 더욱 필요하다. 건강한 요소들이 모여야만 건강한 몸을 이룰 수 있다. 그리스도는 교회의 머리요, 교회는 그의 몸이다(엡 1:22~23). 교회는 그 구성 요소인 하나하나의 교인들이 건강해야 한다. 건강한 교인들이 교회를 건강하게 하고, 건강한 교회가 나라를 융성케 할 수 있으니 건강한 교회 지도자, 건강한 교인들이야말로 군사, 정치, 경제력보다 더 국운國運을 융성케 하는 요소일 것이다.

"여호와를 자기 하나님을 삼은 나라 곧 하나님의 기업으로 빼신 바 된 백성은 복이 있도다."(시 33:12)

"네가 네 하나님 여호와의 말씀을 삼가 듣고 내가 오늘날 네게 명하는 그 모든 명령을 지켜 행하면 네 하나님 여호와께서 너를 세계 모든 민족 위에 뛰어나게 하실 것이라."(신 28:1)

가상칠언

가상칠언架上七言은 예수께서 십자가에 달려 돌아가실 때 마지막 남기신 일곱 가지 말씀을 말한다. 시저의 월력에 따르면 A.D. 30년 경 4월 7일 금요일, 예루살렘 북쪽의 성벽 밖에 있는 골고다 언덕에서 십자가에 달려 돌아가시면서 그 십자가에 달리신 채 일곱 말씀을 남기셨다. 세상을 일단 떠나면서 마지막으로 남긴 말씀이니 유언이라고도 할 수 있지만 부활하셔서 사십 일간 다시 몸을 보이셨고 부활 후에도 많은 말씀을 남기셨으니 유언이라고는 할 수 없는 일이다. 그러므로 세인들의 사세구辭世句 또는 스님들의 임종게 臨終偈와는 전혀 다른 것이다.

예수님은 제3시(아침 9시)에 십자가에 못 박히셨고, 제6시(정오, 12시)에 온 땅에 어두움이 임하였으며, 제9시(오후 3시)에 운명하셨다. 6시간 동안 십자가 위에 계셨던 셈이다. 어두움은 정오부터 오후 3시까지 3시간 동안 계속되었는데, 이후에는 성소의 휘장이 찢기고 땅이 진동하며 바위가 터지고 무덤이 열리며 자던 성도들의 몸이 일어나되, 심지어는 저희가 예수님 부활 후에 거룩한 성에 들어가 많은 사람에게 보이는 등(마 27:51~53) 경천동지驚天動地, 천지개벽天地開闢할 기이한 사건들이 일어났다.

가상칠언은 처절한 마지막 말씀이라 너무나 장중하고 무겁고 슬프고 감동적이어서 음악으로도 노래되었다. 프란츠 요셉 하이든은 1796년, 오라토리오oratorio 형식으로 가상칠언을 노래하는 장엄한 걸작을 남기기도 했는데, 이것은 사순절 묵상 기간 동안 교회에서 재연되기도 한다.

예수님이 지셨던 십자가 나무는 전나무, 떡갈나무, 층층나무 설이 있지만 확인되진 않았고, 다만 당시 흔하게 구했던 나무였을 것으로 추측된다고 한다. 그 무게 또한 나무 재질에 따라 다르니 일률적으로 말할 수는 없지만 40킬로그램 정도라고 하는데 학자에 따라서는 60킬로그램이라는 말도 한다고 한다. 쌀 한가마니가 80킬로그램이니 실로 무거운 십자가였다. 당시 십자가 처형은 세로로 세우는 막대는 형장에 미리 박아놓고, 죄인은 가로로 메는 횡대의 막대기만 짊어지고 형장으로 갔다고 하는데, 횡대의 두께는 12.7센티미터, 길이는 180센티미터였다고 하며, 못은 13센티미터 내지 18센티미터라고 한다. 십자가의 높이는 당시 갈대(우슬초)로 길이가 측정되었는데 약 210센티미터 정도로 추정된다고 한다.

또한 못은 손바닥에 박으면 몸무게 때문에 찢어져 지탱하지 못하므로 손목 부위 양 갈래 뼈 사이에 박았다고 한다. 칠언의 말씀은 전통적으로는 순서가 정해져 내려오나, 성경에는 그 순서가 없으니 실제 무슨 말씀부터 하셨는지는 정확히 확인되지는 않는다. 칠언의 말씀은 사대복음서에 흩어져 기록되고 있는데, 특히 의사인 누가가 쓴 누가복음과 사도 요한이 쓴 요한복음에 각 세 번 말씀이 기록되어 있고, 마태복음과 마가복음에도 각 한 번씩 기록되어 있다.

첫 번째 말씀은, "아버지여, 저희를 사하여 주옵소서. 자기의 하는 것을 알지 못함이니이다."(눅 23:34)이다. 이 말씀은 십자가 못 박는 철없는 군인들을 위한 마지막까지의 사죄의 기도 말씀이다. 최후의 순간까지도 인류를 사랑하셨던 용서의 극치를 보여주신다.

두 번째 말씀은, "내가 진실로 네게 이르노니 오늘 네가 나와 함께 낙원에 있으리라."(눅 23:43)이다. 마지막까지 구원의 도를 행하셨다. 한 영혼을 귀히 여기시고 한 생명이라도 건지시려는 진실함이 느껴진다. 사실 예수님 좌우에 매어달린 강도들은 처음엔 예수님을 함께 비방했던 자들이었다(마 27:44, 막 15:32). 그러나 그 치열한 고통 속에서도 조금도 흔들리지 않고 의연하게 죽음을 맞이하는 예수님의 모습에 감화 감동된 한쪽의 강도가 뉘우치면서 다른 쪽 강도의 비방하는 말에 "네가 동일한 정죄를 받고서도 하나님을 두려워 아니하느냐. 우리는 우리의 행한 일에 상당한 보응을 받는 것이니 이에 당연하거니와 이 사람의 행한 것은 옳지 않은 것이 없느니라." 하면서 예수님께 "예수여, 당신의 나라에 임하실 때에 나를 생각하소서."라고 고백할 때(눅 23:39~42), 예수님께서 내리신 구원의 말씀이 바로 이 말씀이었다. 의연함을 잃지 않으시고 인류에의 사랑을 끝까지 보여주신 모습에 한쪽 강도를 구원하실 수 있으셨다.

세 번째 말씀은, "여자여, 보소서. 아들이니이다. 보라, 네 어머니라."(요 19:26~27)이다. 피범벅이 되신 채 마지막 그 치열한 고통 속에서도 십자가 아래에서 슬피 울고 계신 육신의 어머니 마리아를 위로하시며 사랑하는 제자 요한에게 그 앞날을 부탁하시는 진지함이 배어 있다. 이제 육신의 마지막 단계에서 하나님의 원래 모습으로 가시는 순간에도 육신의 어머니를 생각하시는 긍휼하심은 글로 다 표현할 수 없다.

이 말씀은 주기철 목사님이 일경의 체포를 앞두고 1939년 2월 평양 산정현 교회당에서 마지막 유언 같은 설교를 하실 때 2,000여 청중 앞에서 행한 기도 소원의 하나와도 비슷하다. 즉 그분께서 처절한 목 메임으로 "죽음의 권세를 이기게 하여 주옵소서. 장기간의 고난을 견디게 하여 주옵소서. 의에 살고 의에 죽도록 하여 주옵소서. 노모와 처자와 교우들을 주님께 부탁하나이다. 내 영혼을 주님께 부탁하나이다." 이렇게 다섯 가지 소원을 드릴 때 팔십 노모와 어린 처자를 부탁하셨으니 실로 귀한 분의 마지막 가시는 길의 기도조차도 주님의 마지막 말씀을 닮으셨다.

네 번째 말씀은, "엘리 엘리 라마 사박다니."(나의 하나님, 나의 하나님, 어찌하여 나를 버리셨나이까.)(마 27:46, 막 15:34)이다. 인류의 죄를 온통 뒤집어쓰고 가시는 길이었다. 가시 면류관 쓰신 머리부터 대못 박히신 발목까지 홍건히 피를 흘리시고 생살이 너절히 찢기신 채 매어달린 몸의 무게로 양 손목의 뼈가 휘청 휘일 정도가 되셨을 것 같은 처절한 고통만이 현장에 무겁게 깔려 있다. 창으로 옆구리를 찔러 마지막 피 한 방울까지 다 흘리셨으니, 십자가가 깊이 꽂힌 땅바닥

여기저기에도 검붉은 혈흔이 낭자했을 것이다. 공의公義의 실현을 위하여 어차피 짊어지실 일이었지만, 그 죄를 너무도 미워하신 하나님의 철저한 외면하심은 두려울 정도셨다. 죄의 청산을 위한 수난의 아픔이 구구절절 느껴온다.

다섯 번째 말씀은, "내가 목마르다."(요 19:28)이다. 피 흘리심과 아울러 온몸의 물기와 진액이 다 빠지신 육신의 극한 고통을 읽을 수 있는 대목이다. 그러나 여기엔 죗값으로 죽는 영혼은 이처럼 영적으로 목이 마르는 법이니, 너희는 그 목마름이 없도록 하라는 마지막 교훈도 실려 있을 듯하다. 십자가에 달리시기 전 군병들이 고통을 줄이는 몰약沒藥을 탄 포도주를 주었으나 받기를 거부하시고 온전한 고통 가운데 십자가 수난을 당하셨다. 못 박히실 때부터 이미 그 목마름은 충분히 예상된 것이었다(막 15:23). 타는 목마름이셨다. 얼마나 목이 마르셨을까.

여섯 번째 말씀은, "다 이루었다."(요 19:30)이다. 인류 구원의 섭리와 역사를 마침내 다 이루셨다는 뜻이다. 십자가를 지기 위해 어린 양으로 오신 예수님의 사명 완수 말씀이다. 인류 최대의 사건이 마무리됨을 선언하시는 귀한 말씀이다. 이로써 사단의 모든 궤계詭計를 물리치고 인류를 죄와 사망으로부터 건지시는 구속사救贖史의 종결 선언이 이루어진다. 구속사뿐 아니라, 넓게는 창세로부터 마지막까지의 온 인류와 세상에 대한 하늘의 섭리와 사역을 다 이루신 것이었다.

일곱 번째 말씀은, "아버지여, 내 영혼을 아버지 손에 부탁하나이다."(눅 23:46)이다. 마지막 순간까지 성부 아버지 하나님을 찾으며 성부께 순종하시는 모습을 볼 수 있다. 스데반 집사는 돌로 맞아 순교하면서 "주 예수여, 내 영혼을 받으시옵소서. 주여, 이 죄를 저들에게 돌리지 마옵소서." 하였다(행 7:59~60). 주기철 목사님도 내 영혼을 주님께 부탁하나이다 말씀하셨으니 어찌 이리 다 비슷한가. 우리 신자들도 마지막 세상을 떠날 때 예수님께 이 말씀을 드릴 수 있을 만큼 부끄럽지 않게 살아야겠다는 생각이 드는 말씀이다.

이런 십자가 수난의 현장을 기억하고자, 가톨릭교회에서는 예수님이 빌라도에게 재판을 받은 곳에서부터 골고다 언덕까지의 약 800미터의 길과 골고다 언덕 위 등 예수님 행적이 있던 곳에 14곳의 지점을 선정하여 기도처를 설치하고, 순례자들의 수난 의식을 거행하고 있다고 한다. 그 길을 라틴어로 비아 돌로로사(Via Dolorosa), 십자가의 길이라고 부른다는데 14세기 프란체스코 수도사들에 의해 확정되었다고 한다.

그중 제1지점은 빌라도 재판정이고, 제2지점은 로마 군병들이 가시관을 씌우고 홍포를 입혀 희롱한 곳이며, 제3지점은 예수님께서 십자가 무게를 못 이기시고 처음 쓰러지신 곳이며, 제4지점은 슬퍼하는 어머니 마리아를 만난 곳이다. 제5지점은 구레네 시몬이 대신 십자가를 잠시 짊어졌던 곳이다. 구레네는 지금의 리비아의 수도 트리폴리 지방인데, 시몬이 무슨 일로인가 예루살렘에 와서 예수님 수난을 옆에서 지켜보다가 로마 군병에 의해 십자가를 강제로 짚어지게 된다. 성경은 이에 대하여 "마침 알렉산더와 루포의 아비인 구레네 사람 시몬이 시골로서 와서 지나가는데 저희가 그를 억지로 같이 가게 하여 예수의 십자가를 지우고"(막 15:21)라고 기록한다. 구레네 시몬이 십자가를 짚어지고 간 거리는 얼마 되지 않았던 것 같다. 바울이 "루포와 그 어머니에게 문안하라. 그 어머니는 곧 내 어머니라."(롬 16:13) 한 적이 있는데, 이 루포가 바로 구레네 시몬의 아들이었으니, 바울이 영적 어머니로 언급한 이 여인은 바로 구레네 시몬의 아내였다. 구속사에 잠깐 참여한 구레네 시몬에게 얼마나 큰 축복이 임하였던가.

제6지점은 베로니카라는 이름의 여인이 손수건으로 예수님 얼굴의 피땀을 닦아드렸는데 그 손수건에 예수님의 얼굴이 남았다고 전해지는 곳이며, 제7지점은 예수께서 두 번째 쓰러지신 곳이며, 제8지점은 예수님이 "예루살렘의 딸들아, 나를 위하여 울지 말고 너희와 너희 자녀를 위하여 울라. 보라, 날이 이르면 사람이 말하기를 수태 못하는 이와 해산하지 못한 배와 먹이지 못한 젖이 복이 있다 하리라. 그때에 사람이 산들을 대하여 우리 위에 무너지라 하며 작은 산들을 대하여 우리를 덮으라 하리라. 푸른 나무에도 이같이 하거든 마른 나무에는 어떻게 되리요."(눅 23:28~31)라고 말씀하신 곳이다. 숨을 헉헉 몰아쉬며 극도의 지치고 고통스러운 상태이셨을 텐데도 불행에 임박한 그 여인들에 대한 안타까움으로 그 긴 교훈을 하시는 예수님의 마지막 메시지가 처절하다. 제9지점은 예수님이 세 번째 쓰러지신 곳이다. 제10지점부터 제14지점까지는 골고다 언덕 위의 지점으로 옷 벗김을 당하시고, 못 박히시고, 운명하시고, 시신이 내려놓게 되시고, 장사 지내신 곳이라고 한다.

　다만, 가상칠언을 상고하면서 느낀 것은 예수님 고통의 생생한 흔적이 잘 기록되질 않았다는 것이다. "내가 목마르다"라는 말씀과 구레네 시몬이 대신 잠깐 십자가를 짊어진 것만 기록되고 있을 뿐이다. 사복음서 모두 예수님이 세 번 쓰러지셨다거나 손수건으로 피땀을 닦으신 건 기록되어 있지 않다. 십자가 사건 수십 년 후에 기록된 거라 증거 증인의 산실散失로 그리 된 것인지, 아니면 세상 죄를 청산하는 가혹한 심판의 현장에서 죄인의 고통을 하나님께서 철저히 외면하심 때문인지, 아니면 구속사의 엄정한 사건들을 기록한 성경에 그런 장면들이 수록되는 건 감상적感傷的 접근으로 구속사의 본질을 흐릴 수 있어 그런 것인지, 성령님의 감화로 복음서를 기록할 때 예수님께서 '순종의 길을 걸었을 뿐인데, 대수롭지 않은 그 부분은 넣지 말라고 하신 겸손함 때문인지, 아니면 적당한 궁금증은 남겨 두셔서 이후 하늘나라 새 하늘 새 땅의 백성이 되었을 때 회고의 말씀거리로 두려고 하시는 건지 모르겠다.
　하나님의 뜻을 어찌 바닷가의 모래알 같은 우리가 측량할 수 있으랴. 가상칠언架上七言! 그것은 극도의 고통 속에서도 최후의 일각까지 우리 죄를 씻어주시고 안위하시고 사명을 완수하시기 위한 예수님의 피어린 생명의 절규絶叫이셨고 성부聖父 아버지께의 순종이셨으며 인류에의 극진하신 사랑의 토로이셨다.

예수, 그 뜰 위에 서신 밤

인류 역사상 가장 긴 고뇌와 슬픔의 밤은 어느 누구의 밤이었을까. 대답하기 쉽지 않을 것이다. 이천 년 전 대제사장 가야바의 뜰 위에 홀로 서신 예수님의 그 밤이라고 하면 어떨까. 그 밤은 가장 거룩하신 분께 모질게도 가장 치욕스러운 굴레가 씌워졌던 밤이었다. 그 밤은 아담의 범죄 이후 그 죄의 삯을 어찌 해결할 것인가 숱하게도 고민하셨을 하나님의 결정이 실행되는 첫 밤이었으니, 산천의 초목도 바위도 풀벌레도 짐승도 하늘의 천사도 모두 숨을 죽인 밤이었으리라. 그 밤은 처절한 수난이 무엇인지를 극명하게 보여준 밤이요, 단 한 분의 희생으로 온 인류가 사망에서 생명으로 옮기는(요 5:24) 기적의 역사가 일어난 밤이었으니, 인류사 최대의 수난과 축복의 밤이었다.

기원후 30년경 첫째 달, 니산월(바벨론 포로기 이전에는 아빕월로 불림) 14일 밤 예수님께선 가야바의 뜰 위에 홀로 외로이 서 계셨다. 몸은 묶이신 채였으며 얼굴에는 노곤함이 짙게 배어 있으셨다. 바야흐로 유월절 절기가 시작되는 밤이었다. 어둠을 밝히는 횃불과 군중들의 웅성웅성하는 소리가 밤하늘을 갈랐다. 대제사장들과 서기관과 장로들과 공회원들과 성전 경비병들과 천부장과 로마 병정과 비속들과 구경꾼들의 소란함과 와자지껄하는 시끄러움 속에 검과 몽치(마 26:47)가 번뜩이며 언제라도 폭도로 변할 듯 험악한 분위기는 자못 공포스럽기까지 했다. 거대한 역사의 물줄기 속에 태산보다 높은 파도가 광풍처럼 거세게 몰아치려는 순간이었다. 이 파도가 물러간 후 그 넓은 대양人洋에는 신세계의 여명黎明이 찬란하게 드리워질 것이었다.

큰 무리들이 어디서 알고 이처럼 몰려왔을까. 개중에는 평소 예수님을 따르는 무리도 있었고(마 21:8, 요 12:12) 힐난하며 죽이라고 악을 쓰는 무리도 있었을 터였다. 어디선가 돌멩이도 날아왔을는지 모른다. 그들은 모세의 율법 이래 유난히도 돌멩이에 익숙한 백성들이었다. 그 험악한 모습은 평소 위세 높던 로마 총독 빌라도조차도 스스로는 예수께서 아무 죄가 없음을 세 번이나 인정하였으면서도(요 18:38, 19:4, 6) 혹 소요로 번져 가이사Caesar의 신임을 잃어버릴지도 모른다는 그들의 협박에 겁을 먹었을 정도였으니(요 19:12), 참으로 거친 백성들이었다. 하나님도 어쩌시질 못하는 목이 곧은 백성들이었으니(신 9:6, 출 32:9), 목의 힘줄은 무쇠 같았고, 이마는 놋과 같아 강퍅하고 완악하기 짝이 없는 백성들이었다(렘 7:24, 사 48:4).

차가운 밤공기가 으스스 몸을 에워쌌다. 해발 780미터의 고원지대에 위치한 예루살렘은 바람이 조금만 불어도 서늘함이 쉽게 체온에 느껴져 오는 곳이었다. 기온은 11도 정도나 되었을까. 들판의 보리는 추수할 시기였고, 얼마 전엔 늦은 비까지 내렸는지도 모를 터였다. 그러니 한기寒氣까지 느낄 정도의 싸늘한 기운이 감돌았으리라. 대제사장의 집 뜰 한가운데는 추위를 달래느라 종과 하속들이 숯불 한 뭇을 피웠고(눅 22:55, 요 18:18), 사람들은 서거니 앉거니 하며 곁에서 불을 쬐고 있었다. 오늘의 사태의 추이를 관망하는 자도 있었고, 비난의 말을 아무렇게나 던지는 자도 있었지만, 예수님을 변호하는 말은 찾기 어려웠다. 감히 그런 말은 대제사장의 뜰에서는 할 수 없는 일이었다. 하속들이 오가는 가운데, 뜰에는 이따금 무거운 침묵이 흘렀다. 결박당하신 예수님만 홀로 남으셨다. 제자들도 어느 백성도 우군友軍은 없었다. 예수님의 공생애 삼 년은 늘 아버지 하나님과 보혜사 성령님이 함께하시는 생활이었지만 이제는 달랐다. 이제는 인자人子로서 사람의 아들로서 그 흉악한 죄를 모두 짊어지고 천형天刑의 길을 혼자서 다 감당해내야 한다. 이제는 철저히 인자의 몫이다. 지그시 입술을 물으셨다.

예수님은 곤고하셨다. 오늘 하루는 참으로 고단하신 하루였다. 가야바의 뜰 위에 서서 담장 넘어 들려오는 군중들의 웅성거리는 소리를 귓전으로 흘려들으면서 말없이 잠시 먼 하늘을 응시하셨다. 이미 밤이 깊어 하늘은 어두울 대로 어두웠다. 곧 채찍질이 시작되고, 피가 튀고 살이 뜯겨져 나가는 고통이 머리부터 어깨와 등, 팔과 다리, 허리와 발목, 그리고 발끝까지 창끝처럼 찔러 오리라. 침통한 정적靜寂이 아주 잠시나마 흘렀다. 검은 하늘의 빛깔은 예나 지금이나 변함이 없었으나 유난히도 이날따라 짓누르듯 무겁고 침울한 기운이 감돌았다. 어둠 가운데 대제사장의 집은 더욱 드높아 보였으니 이렇게도 높았던가. 그의 권세처럼 크고 넓고 웅장한 모습에 하늘의 날짐승도 쉬 내려앉지 못할 위세였고 한껏 교만해진 남녀 비속들도 많아 보였다. 전임 대제사장 안나스와 현 대제사장 가야바는 장인과 사위 관계였으나, 실권은 나이 든 안나스에게 더 있다고 해야 했다. 집도 나란히 붙어 있었으리라. 그 무렵 가야바는 군중몰이에 영합하는 기회주의적이고 정치적인 인물이었으니, "너희가 아무것도 알지 못하는도다. 한 사람이 백성을 위하여 죽어서 온 민족이 망하지 않게 되는 것이 너희에게 유익한 줄을 생각지 아니하는도다."(요 11:49-50)라고 말하여 그 스스로가 반의反義속에 진의眞義가 들어 있음을 깨닫지 못한 채 어리석은 훈시를 하고 있었다.

　대제사장이 얼마나 대단한가. 아무도 넘보지 못하는 교권敎權에, 산헤드린 공의회 의장에, 넉넉한 재물에, 많은 하속들에, 하나님을 배경으로 도도하게 앉은 그는 얼마나 당당한 세도가인가. 더할 수 없는 거만한 위치에 누구도 함부로 말대꾸조차 할 수 없었으니 명실 공히 유대 사회 최고의 실세였다. 아무도 이의를 걸지 못했지만, 걸었다 한들 그의 말은 곧 하나님의 이름으로 정죄되는 판국이었으니 평범한 여느 백성들은 쉽게 접근조차 하기 어려운 존재였다. 심지어 그 명칭도 그냥 대제사장이 아닌, '하나님의 대제사장'으로 불리었다(행 23:4). 많은 유대인들이 젖먹이부터 시작하여 초라한 백성은 말할 것도 없고 소위 배웠고 가졌고 누렸다는 모든 이도 우러러보는 대상이었다. 레위인에게는 꿈만 같은 동경憧憬의 대상이었다. 그는 거의 불가근不可近의 존재와도 같이 여겨졌고, 언제나 하나님을 내세우는 그의 일거수일투족은 하늘의 권세가 그의 밑바탕인 양 불가침不可侵의 위세를 가졌다. 조금 후면 보잘것없는 그의 하속下屬조차도 손으로 예수님의 뺨을 치며 감히 '네가 대제사장에게 이같이 대답하느냐'며 참람한 짓을 할 정도였으니(요 18:22), 그 주인의 위세는 어떠하였으랴. 그런 대제사장이었다.

예수님은 잠시 상념에 잠기셨다. 그 뜰 위에 초라하게 묶이신 채 하속들과 군병들 몇이 혹 도망갈세라 곁에 지키고 서 있었다. 서늘한 밤기운이 뜰 안자락에 흐르고 추위와 모멸감이 옷 속을 파고들 때에 예수님은 만감이 교차하셨다. 공생애 삼 년의 기억들이 뇌리에 생생했다. 어찌 단 하나라도 잊을 수가 있을까. 어리석고 우매하고 무거운 짐을 진 백성들이 늘 애처롭고 안타까웠다. 깨우치고 또 깨우치려 했건만 이미 율법과 장로들의 유전과 관습과 겁박에 길들여진 그들은 쉽게 그 올무를 벗어나질 못하였다. 사실 그들은 구약의 말씀을 쉽게 접하기가 어려웠으니 하나님의 진정한 뜻을 깨우칠 기회도 별로 없었다. 구약의 말씀은 서기관 등 지배층의 전유물처럼 감춰지지 않았던가. 이를 무기로 힘없는 백성들의 어깨에 짐을 더 얹으며 기회만 있으면 옭아매고 착취하고, 툭하면 사회적 매장이나 다름없는 출교黜敎로 겁박하던(요 9:22) 그 악하고 회칠한 대제사장들과 장로들과 바리새인과 서기관들을 생각하면 노여움으로 불끈 주먹이 쥐어졌다. 성부聖父 아버지의 백성을 돌이키게 하기 위해 얼마나 기도하며 숱한 비유와 절절함으로 가르쳤던가. '진실로 진실로 네게 이르노니'를 반복하면서 얼마나 안타깝게 이르고 설명하였던가.

그들의 병을 고치시고, 말씀을 선포하시고, 제자들을 기르시고, 믿음을 가르치시기 위해 숱한 기적을 베푸셨으니 복음서에 기재된 이적異蹟만도 35회요, 비유를 들어 가르치신 것도 32회나 되었다. 예수님은 그 지난 시간들을 돌이켜 보시었다. 그동안 하나님의 아들로서, 이스라엘의 구원자로서, 인자人子로서, 이스라엘의 거룩한 선생으로서, 의원醫員으로서, 생명의 떡으로서, 영원히 목마르지 않는 생명수로서, 세상의 빛으로서, 선한 목자로서, 예언자로서, 종의 위치로서, 참 포도나무로서, 중보자로서, 양의 문으로서, 길과 진리와 생명으로서, 위로자로서, 제자들을 파송하는 스승으로서 지내온 삼 년의 짧지 않은 생애였다. 이제 남은 건 고난을 당하여 십자가에 매달려야 하고, 죽음을 이기고 부활하여 하나님께로 돌아가시는 승천昇天의 사역을 온전히 이루어야 하는 것이었다.

기억을 더듬어 보셨다. 공생애 종반 예수님께서는 예루살렘으로부터 약 190킬로미터 떨어진 헬몬 산기슭의 성읍인 가이사랴 빌립보 지방에 이르게 되었으니 그곳은 로마황제의 신전이 있고 우상숭배로 유명한 곳이었다. 이제는 자신의 죽음과 부활을 처음으로 언급하실 때가 되었다고 판단하셨다. 이른바 '수난의 예고'였다. 유월절 절기가 가까워 오고, 자신은 유월절 절기에 맞춰 십자가 고난을 당해야 했기 때문이었다. 비장한 마음이 들었다. 그러나 그보다 걱정되는 건 사랑하는 제자들의 복음 전도의 일이었다. 과연 이 제자들을 삼 년간 부단히 가르치고 기도해 주었지만 믿음은 제대로 들어선 걸까. 이제 내가 떠나가 보이지 않아도 남은 전도 사역을 잘 감당할 수 있을까. 이걸 확인하여야 한다.

제자들에게 물으셨다. "너희는 나를 누구라 하느냐." 당연히 성질 급한 베드로가 확신에 찬 어조로 답한다. "주는 그리스도시요, 살아계신 하나님의 아들이시니이다."(마 16:16). 아, 믿음이 자리 잡은 것인가. 드디어 입을 여신다. 그래. "인자人子가 예루살렘에 올라가 장로들과 대제사장들과 서기관들에게 많은 고난을 받고 죽임을 당하고 제 삼일에 살아나야 하리라."(마 16:21, 막 8:31, 눅 9:22). 자신을 삼 년간이나 따라다닌 제자들에게 비로소 이 같은 '수난 예고'의 말씀을 첫 번째 이르셨다. 베드로가 펄쩍 뛰었다. "주여, 그리 마옵소서. 이 일이 결코 주에게 미치지 아니하리이다."(마 16:22). "사탄아, 내 뒤로 물러가라." 예수께서는 단호히 야단치셨으니, 반드시 고난 받으셔야 하는 걸 확실하게 인식시키기 위해서라도 강한 어조가 필요하셨으리라.

수난의 예고는 네 번이나 해야 했다(마 16:21~23, 17:22~23, 20:17~19, 26:2). 예정된 십자가 처형을 미리 거듭해서 확실하게 일러두어야 제자들이 흔들리지 아니하리라. 그래야 이후 언젠가 구속사救贖史의 의미를 깨닫게 될 때 증거가 되고 많은 도움이 되리라. 제자들의 믿음이 굳건해야 폭포수 같은 성령 강림을 통해 하늘의 복음이 널리 퍼질 수 있지 않겠는가. 제자들의 신앙이 굳건해져야 한다.

그래야 구속사의 사역이 정진될 수 있다. 그러기에 수난을 직전에 두고 그 치열한 시간을 할애해서 제자들의 믿음을 위해 간절히 기도하시기도 했던 것이다(요 17:6~19).

엿새가 지났을까. 예수님은 베드로와 야고보와 요한을 데리고 변화 산에 올라가 기도하시기에 이르셨다. 제자들에겐 이미 수난을 예고해 놓은 터였다. 하나님께서 모세와 엘리야를 내려 보내셨으니 이제 닥칠 수난에 대해 위로와 격려의 말씀을 하심으로써 예수님에게 힘과 용기를 주시고, 그 제자들에겐 수난의 구속사적 의미를 깨닫게 하는 데 도움이 될 광경을 보여주는 게 필요하다고 생각하셨던 것일까. 하나님의 사려 깊으신 배려셨다. 예수님께서 모세와 엘리야를 만나는 동안 저희 앞에서 변형되사 얼굴은 해같이 빛나고 옷은 빛과 같이 희어져 광채가 났으니 세상에서 빨래하는 자가 그렇게 희게 할 수 없을 만큼 희어졌다(마 17:2, 막 9:2~3).

제자들은 너무도 놀랍고 두려웠다. 자기들이 모시는 예수님이 목수 요셉의 아들을 넘어 랍비요 선지자이신 줄은 알았지만, 그토록 위대한 영웅 모세와 엘리야가 하늘에서 내려와 예수님과 함께 말씀을 나누시리라는 것과 예수님의 용모와 자태가 그토록 말할 수 없이 신비스러운 광채光彩의 모습을 보여주시리라곤 꿈에도 생각지 못한 일이었다. 이건 미리 보여주신 메시아로서의 영광스런 모습이었다. 아, 예수님은 그러신 분이었구나. 모세도 부활해 살아계시는구나. 승천하셨다는 엘리야도 분명히 하늘에 살아계시는구나. 확신의 희열喜悅이 온몸으로 전율처럼 느껴져 왔다. 제자들은 이젠 죽음도 두렵지 않다고 생각했다. 두려움 속에서도 드디어 자기들의 믿는 바와 아는 바가 분명히 맞는 것임을 확인받는 순간이었다.

그러나 그들은 곧 깊은 잠에 빠져들었다. 그분들이 무슨 말씀을 나눴는지는 잘 기억나질 않는다. 다만 예수님께서 예루살렘에서 장차 별세하실 것을 말씀한 것만 기억날 뿐이었다(눅 9:31~32). 조금 후 모세와 엘리야가 떠날 때에 홀연히 빛난 구름이 와서 그들을 덮으며 소리가 나서 "이는 내 사랑하는 아들이요 기뻐하는 자니 너희는 그의 말을 들으라." 하늘의 소리가 들려왔다(마 17:5, 막 9:7, 눅 9:35). 하나님이 직접 증거 하시는 거룩하신 말씀이었다. 우레의 소리(요 12:29) 같았을 것이다. 두려움과 경외함으로 엎드리어 몸서리를 쳤다. 엄청난 충격이었다. 창졸간에 벌어진 황홀한 광경에 하나님의 목소리를 직접 들어 보다니 경천동지驚天動地할 일이었다. 신앙적으로 영적으로 경이驚異의 충격을 맛보는 순간이었다고나 할까. 그들이 보고 들은 이 광경은 앞으로 있을 평생의 전도와 인내와 순교까지 두고두고 큰 힘이 되리라. 만나는 사람들마다 간증거리의 첫 번째가 될 것이었다. 꿈에도 그리던 선지자요, 성경에서만 읽었던 그 위대한 모세와 엘리야도 그토록 정중히 받드는 예수님이라니, 너무도 믿기지 못할 일이 바로 눈앞에서 벌어졌던 것이다.

예수님께도 큰 위로가 되셨다. 모세와 엘리야를 영광 중에 보내 주시고 장차 곧 벌어질 예루살렘에서의 별세를 말씀하시면서 격려와 위로를 주시다니 성부 아버지께 감사할 뿐이었다. 자신은 이제

더러운 인간의 죄악들을 송두리째 짊어지고 철저히 외면당한 채 치욕과 고통과 수난을 겪어야 할 인자人子가 아니던가. 수난의 순간까지도 함께 하시겠다는 성부 하나님의 극진하신 위로와 배려는 잊을 수가 없는 일이었다. 이젠 철저히 인자로서 버림받고 온갖 치열한 수욕羞辱과 부끄러움, 수치와 경멸, 조소와 수난을 겪어야 하리라. 굳게 마음을 먹으셨다(눅 9:51).

수난의 날이 엿새 앞으로 다가왔으니, 고난주간이 시작되기 직전 주週의 토요일이었다. 베다니 문둥이 시몬의 집에서 식사를 하시게 되었을 때 마리아가 귀한 향유 한 옥합을 자신의 머리에 부었다. 이는 이미 쏟아진 물이 다시 담을 수 없는 거와 같이 구속사의 시간표가 째깍째깍 초읽기에 들어갔음을 보여주는 일이었다. 장례를 위해 시체에 향유를 바르는 건 오랜 유대인의 관습이었다. 그러기에 그녀가 귀한 향유로 자신의 장사葬事를 예비할 때에는(요 12:3, 마 26:7, 막 14:3) 시시각각 다가오는 성부 하나님의 숙명의 시간이 본격 시작되었음을 절감하시고는 더욱 굳게 마음을 잡수셨다. 그 향유는 300데나리온이었으니 노동자 하루 품삯으로 300일 치가 될 정도의 귀한 것으로 팔레스타인에서는 재배되지 않고 히말라야 산맥이나 인도에서 길러져 수입되어 온 향기 가득한 '나드' 향이 아니었던가. 솔로몬의 아가서에 등장하는(아 1:12, 4:14) 그 귀한 나드 향이 이제 자신의 장사葬事를 앞두고 부어졌으니 고난의 시간표는 한 치의 어긋남이 없었다.

향유가 자신에게 부어지는 건 이번이 두 번째이자 마지막이었다.

바리새인 시몬의 집에서 죄인인 여인이 눈물로 자신의 발을 적시고 머리털로 씻긴 후 입을 맞추고 향유를 붓지 않았던가(눅 7:38). 비록 여인의 입에선 한마디 말도 없었지만, 예수님의 발 곁에 서서 울었던 그 여인의 내면의 심정이야 굳이 말하지 않아도 이미 그 중심과 폐부를 읽으시는 (삼상 16:7, 렘 17:10) 예수님께서 다 아시고, 그 눈물의 그 정성에 그녀의 죄를 사해 주지 않았던가. 이제 마리아의 집에서 막상 향유가 부어지었을 때 바짝 육 일 앞으로 다가온 십자가 수난이 더욱 가까워졌음을 실감하게 되는 것이었다.

이제 예루살렘 성에 입성入城하여야 한다. 이는 "선지자가 예루살렘 밖에서는 죽는 법이 없느니라."(눅 13:33)는 자신의 예고를 실행하는 것이기도 했다. 향유가 부어진 다음 날인 종려주일 아침, 예수님은 나귀 새끼를 타시고 한 무리들의 '호산나 다윗의 자손이여!' 소리를 들으시며 그들이 깔아놓은 종려나무 위로 입성하셨다(마 21:9). 그들은 '찬송하리로다. 주의 이름으로 오시는 왕이여. 하늘에는 평화요 가장 높은 곳에는 영광이로다.'(눅 19:38)를 외치었으니, 이는 33년여 전 자신이 베들레헴에서 태어날 때 허다한 천군이 그 천사와 함께 찬송하던 '하나님께 영광, 땅에서는 평화'(눅 2:14)의 말과 비슷한 것이었다. 탄생의 목적을 이제 이루려 함에 많은 이가 말로 먼저 증거 하는 것이리라. 공생애 처음으로 받아보는 영화스러운 모습이었다.

그러나 아, 이 길은 수난의 길인데, 그들은 열두 군단도 더 되는 천사를 거느리는(마 26:53) 막강한 권능을 가진 메시아를 열망하는 마음으로 환영하고 있구나. 그러나 저 예루살렘 성이 곧 닥칠 환난으로 돌 하나도 돌 위에 남지 않고 다 무너뜨려지고(마 24:2) 그 피비린내 나는 재난 속에서 저들의 집이 황폐하여 버려진바 되며(마 23:38), 그들은 자식들과 함께 땅에 메어침을 당할 것을(눅 19:44) 생각하니 그 장래 일이 너무도 슬프셨다. "예루살렘아, 예루살렘아, 선지자들을 죽이고 네게 파송된 자들을 돌로 치는 자여, 암탉이 그 새끼를 날개 아래에 모음같이 내가 네 자녀를 모으려 한 일이 몇 번이더냐. 그러나 너희가 원하지 아니하였도다."(마 23:37) 절망처럼 탄식하시고, 마침내 성을 바라보시고 우시었다(눅 19:41). 다 버리고 가시는 길에 예수님은 자기 백성을 생각하사 눈물의 길을 걸으셨으니 지극하신 안타까움의 눈물이셨다.

그때에 성전에서 매매하는 자들을 내어 쫓으시고 성전에 들어가 가르치시고, 하나님 사랑과 이웃 사랑을 마지막 훈화하시며, 회칠한 지도자들을 책망하시고, 예루살렘의 멸망과 세상 끝의 환란과 재림과 최후의 심판을 말씀하셨다.

드디어 화요일에 다시 마지막 네 번째로 제자들에게 유월절에 맞춰 십자가에 못 박히실 수난 예고의 말씀을 하시었다(마 26:2). 이때 예수님은 심경을 솔직하게 토로하셨으니 "지금 내 마음이 민망하니 무슨 말을 하리요. 아버지여, 나를 구원하여 이때를 면하게 하여 주옵소서. 그러나 내가 이를 위하여 이때에 왔나이다. 아버지여, 아버지의 이름을 영광스럽게 하옵소서."라고 기도하셨을 때, 하늘에서 소리가 나서 "내가 이미 영광스럽게 하였고 또다시 영광스럽게 하리라."(요 12:27-28) 응답이 들려왔다. 우레와 같은 큰 말씀이시었으니 어떤 이들은 천사가 저에게 말하였다고 하기도 하였다(요 12:29). 특히, '이때를 면하게 하여 주옵소서'의 기도는 마치 이틀 후의 겟세마네의 기도를 미리 듣는 듯하다. 그러실 만큼 예수님은 그 처절한 십자가의 고통을 피할 수만 있다면 피하고 싶어 하셨으니, 심적 고통이 크시었다. 그러나 십자가의 고난을 당하기 위하여 자신이 왔음을 아주 잘 알고 계셨다.

그때를 맞춰 대제사장들은 백성의 장로들과 함께 가야바의 집 아문衙門 뜰에서 임시 산헤드린 공회를 열었으나 예수님을 따르는 군중이 많은지라 민요民擾가 날까 두려워 명절에는 하지 말자고 의견을 모았다(마 26:5). 예수님이 예루살렘 성에 입성하실 때 큰 무리가 종려나무를 들고 호산나 찬송하리로다 외치었고, 이는 죽은 나사로를 살리신 표적으로 인해 무리가 많이 모여들었기 때문이었다. 십자가 수난을 당당하게 받으시겠다는 예수님의 자세에 그만 당황하여 지지부진코자 하는 사단의 궤계詭計가 그들을 지배하였을지도 모를 그 순간이었다. 그러나 구속사의 일정표는 착착 진행되고 있었으니 이때에 가룟 유다가 대제사장들에게로 가서 예수를 넘겨줄 것을 말하고 저희는 기뻐하여 돈을 주기로 약속하기에 이르렀던 것이다(막 14:10~11).

이틀이 지나 드디어 '수난의 밤'이 왔다. 예수님께서는 그날 목요일이 저물매(막 14:17) 유월절을 위해 가야바의 집 남쪽에 있는 마가의 집에서 제자들과의 최후의 만찬을 가지셨다(마 26:20). 고민하시고 슬퍼하시느라(마 26:37) 잔과 떡을 별로 드시지 못하셨을 자리임에도 그 유월절 만찬 갖기를 얼마나 원하고 원하였던가(눅 22:15). 승천昇天하시기 전 공생애 삼 년을 함께 한 제자들과 마지막 만찬 자리를 가지면서 사랑의 계명인 '새 계명'도 주고, 특히, 구약의 오랜 유월절 어린 양의 시대를 마무리하고 이제는 직접 새로운 포도주와 떡으로 자신의 피와 살을 먹는 성찬예식聖餐禮式을 제정制定함으로써 자신의 고난이 갖는 구속사적 의미를 영원히 새기게 하는 것이 필요하였기 때문이었다. 만찬 후 제자들과 함께 찬미하며 감람산으로 나아가셨으니(마 26:30), 죽음을 앞둔 인자로서의 예수님이 제자들과 함께 성부 아버지께 올리는 마지막 찬송이었다. 찬송으로 사흘 후 승천하실 하늘의 문을 여실 준비를 하고 계심이었을까. "찬송함으로 그 궁정에 들어가서"(시 100:4)라고 하셨으니 말이다.

예수님께서는 생각하셨다. 이제 자신은 '마지막 아담'으로서(고전 15:45), '처음 아담'이 지은 죄로 말미암아 들어온 온 세상의 죄를 대속하기 위해 죽어야 한다. 아담의 죄로 하나님과 원수가 되었던 것을 화목하게 하기 위하여(롬 5:10) 화목제물로서 바쳐져야 한다(요일 2:2). 그래서 아담의 죄에 갇혀 지냈던 인생들의 속박을 풀어 주어야 한다. 그러나 흉악한 죄에 대한 보응은 철저하실 것이었다. 차마 감내하기 어려운 채찍에, 가시 면류관에, 못 박힘에, 그리고 이어지는 참혹한 수모와 저주와 증오와 멸시와 돌팔매질과 조롱과 손가락질과 발가벗겨짐은 생각할수록 몸서리치는 일이었다. 육체적 고통뿐인가. 벌레 같고 구더기 같고 지렁이 같은 인생(욥 25:6, 시

22:6, 사 41:14)들을 위해 자신은 고통 가운데 목숨을 바치건만 감사는 커녕 수욕羞辱을 당할 것을 생각하니 배신도 그런 배신이 없는 일이었다. 끔찍함이었다. 그러나 자신은 구약부터 예정된 죄 짊의 길을 걸어가야 한다. 이제 그 진저리치는 멸시의 순간, 태초에 하나님과 가졌던 영광과 위엄은 온데간데없을 것이었다. 허나, 내 목숨은 내 스스로 버린 것이 아니던가(요 10:18).

그러나 고민의 이유는 그뿐이 아니었다. 자신이 십자가를 짐으로써 그 십자가의 도를 전하고자 사랑하는 제자들도 대부분 따라서 십자가를 감당해야 하는 수순을 밟을 것이고(막 8:34, 요 13:36), 그리고 그 후로도 믿음을 간직하려는 수많은 자신의 자녀들이 자신처럼 십자가에 매달려 순교하거나 고난을 받으며 살아가야 할 것(히 11:36~38)을 생각하니 가슴이 아프셨을 것이다. 자신은 이제 사랑하는 제자들과 자녀들에게 그들이 장차 받을 고난의 본까지 보여야 하는 셈이었다. 긍휼이 많으신 예수님은 그 점이 마음에 걸리셨고 매우 고민하여 죽을 정도가 되시었다(마 26:38). 아. 정녕 십자가의 길밖에는 없는 것인가.

연한 순筍이신 예수님(사 53:2)은 고민하여 죽을 정도가 되신 데다 천근만근 되는 온 인류의 죄의 과중함까지 겹쳐 급격한 탈진 상태가 온 듯하셨다. 그 옛날 갈멜 산상에서 홀로 아합과 이세벨의 상에서 먹는 바알과 아세라의 선지자 팔백오십 인과 맞서 싸워 당당히 승리의 기치를 올렸던 엘리야가 그 후 급격한 탈진 현상을 겪으면서 광야에 들어가 로뎀나무 아래에서 죽기를 소원하였었는데(왕상 19:4), 그 엘리야가 우리와 똑같은 성정의 사람이라고 하더니(약 5:17), 공생애 삼 년을 때론 성자聖子로서 때론 인자人子로서 치열하게 사역해온 자신도 이 순간 탈진 상태가 온 듯했다. 이 심정을 엘리야가 경험해서 알겠기에 일전에 모세와 함께 엘리야가 왔었던 건지도 모를 일이었다.

그 탈진은 하나님의 상실喪失과 하나님과의 절교絶交가 가져다주는 절망 때문이었고, 천근 바윗덩이보다 무거운 대속의 죗값의 과중함으로 인한 힘겨움 때문이었다. 거기에다 예수님이 미처 골고다 언덕에 닿기도 전에 육체의 탈진으로 쓰러져 십자가 고난을 결코 당치 못하게 하려는 사탄의 농간이 더해졌을 것이다. 사탄은 예수님을 죽이려 탄생 때부터(마 2:16), 갈릴리 나사렛에서(눅 4:29), 바다 폭풍을 거세게 일게 하여(마 14:24~32) 계속 기회를 엿보았지 않았던가. 그 외에도 숱한 영육간의 피곤이 누적되셨으니 예루살렘에 들어가 수난을 당하리라 굳게 다짐하던 때로부터(눅 9:51) 날로 잘 주무시지도 못하고 잘 잡수시지도 못하셨을 터이니 육체는 기진하여 쇠잔해져 가셨던 것이다.

세상 죄를 짊어지고 가는 하나님의 어린 양(요 1:29)으로서 형벌을 받는 것이지만, 수난의 십자가를 지기에 너무 힘이 드는구나. 습관을 좇아 감람산으로 가자(눅 22:39). 겟세마네 동산에서 기도를 드려 성부 아버지의 뜻을 다시 헤아리고 용기를 얻고 다짐을 하여 이 고난을 능히 감당해야 한다. 이 밤은 인자人子가 이 땅에서 성부 하나님께 기도할 수 있는 마지막 시간이다. 이 시간이 끝나면 곧 흉포하기 짝이 없는 능욕의 밤이 시작되리라. 발걸음이 심히도 무거웠다. 죄의 무게는 이런 것이었으며 하나님과의 단절은 이토록 고통스러웠던가. 다시는 죄로 인한 고통이 인간에게 없어야 한다. 인간과 하나님과의 단절의 고통을 끊어내야 한다. 십자가의 처절한 고통 속에서 크게 소리 내어 "엘리 엘리 라마 사박다니" 나의 하나님, 나의 하나님, 어찌하여 나를 버리셨나이까, 하는 마지막 말(막 15:34)을 모두가 듣도록 남겨야만 하는가. 죗값이, 죄의 무게가, 하나님과의 단절이, 하나님의 진노의 잔盞이, 하나님의 버리심이 얼마나 고통스럽고 참담하며 반드시 대가를 치러야 하는 것인가를 모두가 알도록 처절히 버림받아야 하리라. 그래서 인생들이 회개함으로 죄를 청산할 수 있는 길을 열어주고 다시는 죄 짓지 않고 하나님과의 관계를 회복해 이어가도록 해야 하는 마지막 숙제를 십자가상에서 '다 이뤄야' 하지 않는가(요 19:30).

겟세마네 기도가 시작될 때 예수님의 심정은 이처럼 말할 수 없이 비통하셨다. 기도가 시작되었다(마 26:36~44, 막 14:32~42, 눅 22:41~44). 예수님은 마음이 심히 놀라고 슬퍼하셨고(막 14:33), 고민하고 슬퍼하셨으며(마 26:37), 매우 고민하여 죽게 되셨다(마 26:38, 막 14:34). 죽음과 같은 고통과 하나님의 진노를 앞두고 고뇌만이 가득 차올랐다. 그나마 옆에는 삼 년을 함께 먹고 마시고 행동한 살붙이 같은 제자들이 있었으니 인자의 그 고통에 한 가닥 힘이 되어줄 수 있을까. 무거운 심정으로 제자들에게 이르셨다. "내 마음이 심히 고민하여 죽게 되었으니 너희는 여기 머물러 나와 함께 깨어 있으라."(마

26:38, 막 14:34). 그러나 제자들은 슬픔과 눈의 피곤함으로 인하여 잠들어 있었다(눅 22:45, 마 26:40, 43, 막 14:40).

이 예루살렘 안에 고통을 나눌 사람은 아무도 없다. 홀로 이 잔을 마셔야 하겠거늘 이 잔은 감당하기에 너무 힘들고 고통스러운 잔이구나. 하나님의 분노와 심판의 잔이었고(시 75:8, 사 51:17, 22), 저주와 진노의 잔이었다. 그게 인간의 것으로도 힘들겠거늘 하나님의 엄하신 정죄定罪의 죗값이었으니 얼마나 참혹할 것인가. 피할 수만 있다면 피하고 싶었고, 다른 방법이 있다면 그 길을 찾고 싶었다. 아버지께는 모든 것이 가능하지 않는가(막 14:36). 얼굴을 땅에 대고 엎드렸다(마 26:39). "내 아버지여, 만일 할 만하시거든 이 잔을 내게서 지나가게 하옵소서."(마 26:39), "아바 아버지여, 아버지께는 모든 것이 가능하오니 이 잔을 내게서 옮기시옵소서."(막 14:36), "아버지여, 만일 아버지의 뜻이어든 이 잔을 내게서 옮기시옵소서."(눅 22:42). 세 번이나 눈물로 간절히 기도를 드리셨다. 심한 통곡과 눈물의 기도였다(히 5:7). 허나 그 옮겨달라는 말씀을 드리면서는 예수님 스스로도 마음이 편치 않으셨을 터이다.

하늘은 묵묵부답이시었다. 기도를 단 한 마디도 놓치지 않고 다 들으셨음에도 침묵만이 성부聖父 하나님의 대답의 전부셨다. 확고하셨다. 철저한 죄의 청산을 독생자로 하여금 감당케 하신 그 찢어지는 성부 아버지의 마음은 자신보다 더한 피눈물을 흘리고 계심이라. 역시 다른 방법은 없겠으니 성부 아버지께서도 오죽 이 길을 택하신 것임에랴. 순종하여야 한다. 이 받는 고난으로 순종함을 배워서 온전하게 되어야 한다(히 5:8~9). 기도를 아버지의 뜻에 맞춰 다시 이으셨다. "그러나 나의 원대로 마옵시고 아버지의 원대로 하옵소서."(막 14:36), "내 아버지여, 만일 내가 마시지 않고는 이 잔이 내게서 지나갈 수 없거든 아버지의 원대로 되기를 원하나이다."(마 26:42) 기도는 내 뜻대로 하는 것이 아니라 아버지의 뜻대로 하는 것임을 영원한 모본模本으로 보여 주어야 하리라. 사자가 하늘로부터 나타나 힘을 도왔다. 이에 힘쓰고 애써 더욱 간절히 기도하니 땀이 땅에 떨어지는 핏방울같이 되었다(눅 22:43~44). 눈물의 기도는 타들어가던 영혼을 정갈하게 씻기고 힘을 주었다. 기도를 드리며 자신보다 더 가슴 찢어지신 '아바 아버지의 마음'을 읽으셨으니, 성부 아버지의 단장斷腸의 아픔이 절절히 느껴져 왔다.

다른 공관복음과는 달리 요한복음에서는 이 피땀 어린 겟세마네 기도는 기록하지 않고 대신 '대제사장적 중보기도'를 기록한다. 그러나 이 기도는 종전의 기도와는 다른, 드높은 기도의 경지를 보여주시었다. 요한복음 17장 전체는 체포당하시기 직전 예수님의 이 땅에서의 마지막 기도나 다름이 없으셨다. 예수님은 이 기도에서 "세상 중에서 내게 주신 사람들"(요 17:6)을 핵심어로 짚으시면서 하나님의 것이었다가 이제는 자기에게 주신 사람들을 위한 간절한 중보기도를 올리신 것이었다. 성부와 성자인 자신의 영광을 구하고(요 17:1~5), 제자들을 위해 기도하고(요 17:6~19), 예수님을 믿을 모든 성도들을 위해 기도하는(요 17:20~26) 중보기도의 모범을 남기셨던 것이다. 체포와 죽음을 목전에 두고 마지막 올린 기도는 이처럼 지극하면서도 신성神聖의 품위를 지닌 '사랑의 중보기도'였던 것이니, 그 사랑과 어지심을 헤아릴 길이 없다. 세상 어느 누구가 처절한 죽음을 앞에 두고 다른 이를 위한 기도에 매달린다는 말인가. 그 중보의 간구는 하나님 우편에 앉아 계신 지금까지도 이어지고 있다(롬 8:34).

겟세마네 동산에서 기도를 다 마치신 후 예수님께서는 가룟 유다와 함께 온 큰 무리에 의해 체포당하셨다(마 26:47). 이들은 대제사장들과 서기관들과 장로들로부터 파송된 자들로 검과 몽치로 무장하였다. 제자들은 황급히 흩어져 다 도망가 버렸고(마 26:56, 막 14:50), 값비싼 베 홑이불을 두르고 예수님을 따라오던 마가 요한도 황급히 놀라 홑이불을 버리고 벗은 몸으로 도망가 버렸다(막 14:52). 그들은 예수님을 잡은 후 결박하여 먼저 전임 대제사장 안나스의 집으로 끌고 가니 거기엔 서기관과 장로들이 모여 있었다. 악한 무리가 모여 둘러서고 심문이 준비되는 아주 잠깐 동안 가야바의 뜰에서 이렇듯 예수님은 잠시 회고의 시간을 가질 수 있으셨을 것이다.

그러나 아주 잠깐의 회상의 시간도 끝이 났다. 심문이 준비되었으니 잠시라도 가만히 둘 그들이 아니었다. 죽이지 못해 안달한 그들은 지체할 겨를이 없었다. 사단의 회가 몰고 오는 거대한 흑암의 기운이 그들을 뒤덮고 있었으니 그들의 눈은 사악함으로 흘기었으며 개처럼 숨을 헐떡였다. 어떻든지 간에 한시라도 빨리 처리해야만 직성이 풀릴 표정들이었다. "개들이 나를 에워쌌으며 악한 무리가 나를 둘러" 있다는(시 22:16) 말씀이 이루어지는 현장이었다. 그들은 개들이었다. 그들은 살인자들이요 거짓말을 지어내는 자들이었다(빌 3:2, 계 22:15). 우매한 군중들의 험악한 비방과 성난 소리들이 밤하늘에 퍼지며 담장을 넘어 들어왔으니 예수님께서는 사람이 아닌 벌레요, 훼방거리로 백성들의 조롱을 받으셨다(시 22:6).

예수님께서는 비장함으로 마음속으로 소리 없이 성부 아버지께 기도를 올리셨다. "나는 물같이 쏟아졌으며 내 모든 뼈는 어그러졌으며 내 마음은 촛밀 같아서 내 속에서 녹았으며 내 힘이 말라 질그릇 조각 같고 내 혀가 잇틀에 붙었나이다. 성부께서 또 나를 사망의 진토에 두셨나이다."(시 22:14~15). 내장의 하나까지도 다 뜯겨지는 심정이었다.

전임 대제사장 안나스를 비롯한 그들의 광포狂暴한 폭언과 힐문이 이어졌다. 그러나 이젠 자신은 침묵할 때요, 잠잠한 양같이 침잠해야 할 때다. 그간 제자들과 백성들에게 하늘나라에 대해 부지런히 가르치지 않았던가. 이제는 십자가의 고난만 남은 게다. "그가 곤욕을 당하여 괴로울 때에도 그 입을 열지 아니하였음이여. 마치 도수장으로 끌려가는 어린 양과 털 깎는 자 앞에 잠잠한 양같이 그 입을 열지 아니 하였도다"(사 53:7)의 말씀도 다 이루리라. 하늘 영광의 보좌를 버리고 자신을 비워 종의 형체를 가져 사람의 모양으로 나타나기까지 낮춘 지가 삼십여 년, 이제 십자가에 죽음으로 복종하기까지(빌 2:6~8) 그 지난至難한 대속사代贖史의 여정을 묵묵히 마치리라. 그리하여 영생의 지평을 새로 열리라.

저 하늘의 아버지께서도 묵묵히 지켜보고 계실 터였다. 인류의

모든 죄를 대속하는 값을 치르되 초라하거나 흐트러지거나 성부^聖
父 아버지의 위엄에 단 한 올이라도 누가 되어서는 아니 된다. 지나
간 시간들에 대한 사색도 아주 잠시, 다가올 일련의 고난과 '중차
대한 사역을 온전하게 아버지의 뜻대로 감당해야 한다'는 무거움이
어두운 하늘만큼이나 짓눌러왔다. 이제는 모든 인간의 사악하고
더러운 죄며, 세상 온통 구석구석에 쑥대밭처럼 번진 죄를 한 몸에
뒤집어쓰고 잠시 후면 아사셀의 염소가 되고(레 16:10) 유월절 어린
양이 되어(출 12:3) 희생되어야 한다. 자신은 이를 위해 이 밤 대제사
장의 뜰 위에 서 있는 것이었다. 거기엔 단 한 치의 자비나 용서나
느슨함은 있을 수 없다. 하나님의 철저하신 버림이 있으실 터이고,
참혹하리만치 가혹한 외면이 있으실 것이었다.

각오는 단단히 하였으나, 연약한 자신의 육체가 이를 잘 감당할
수 있을지 걱정도 들었다. 사실 자신의 육신은 그리 우락부락하고
건장함이 넘치는 왕성한 체력의 타입도 아니었다. 자신은 이사야
의 말처럼 연한 순 같고 마른 땅에서 나온 줄기 같아서 고운 모양
도 없고 풍채도 없었으며(사 53:2, 슥 6:12 同旨), 빌라도의 재판정에서
북쪽 다메섹 문을 통하여 골고다 언덕까지 40~60킬로그램의 무거
운 십자가 형틀 목木을 어깨와 등으로 짊어지고 800여 미터의 고갯
길을 오르면서 열두 번이나 멈추시고 세 번이나 쓰러질 정도로 약
한 편이 아니던가. 닥쳐올 고통과 육체의 찢김도 걱정이 아니 되는
건 아니었지만, 그보다도 끝까지 십자가를 지고 골고다 언덕에 오
르는 길의 육체적 과중함에 실신하지 않고 잘 견디어 십자가에 매

어 달려야 할 텐데 하는 걱정이 앞서셨다. 죗값은 사망뿐이었다. 사망한다 함은 "사망으로 말미암아 사망의 세력을 잡은 자 곧 마귀"(히 2:14)의 세계에 들어가 죗값을 다 치러야 하는 것이요, 죽음의 십자가에서 피를 다 흘려 예수 생명의 보혈寶血을 인생들에게 다 주어야 한다. 무척 힘이 드셨다. 아버지여, 힘을 주옵소서. 으스스 처연함 속에 중압감이 물밀 듯 밀려왔다.

　뜰 안에는 잿빛이 흩뿌려진 듯 을씨년스러운 기운에 잠시 적막감마저 감돌았다. 소란 속에서도 숨죽이며 사태의 추이를 살펴보는 이도 있었으리라. 겨우내 말랐던 나뭇가지들은 어둠이 내려앉은 담장 위로 아직도 남은 추위에 거뭇거뭇 위축되어 초라한 모습이었다. 간간이 옅은 흐느낌이 떨리듯 담장 밖으로부터 들려왔다. 예수님을 따르던 여인네들을 비롯한 무리들이(눅 23:27) 숨죽이며 흘리는 눈물이었으니 그들의 슬픔에 돌틈 사이의 풀잎도 가늘게 떨리었다. 그들의 소리 없는 울음은 잠시 후 십자가를 지며 골고다로 가는 길에서는 가슴을 치며 이어지리니, "예루살렘의 딸들아, 나를 위하여 울지 말고 너희와 너희 자녀를 위하여 울라."(눅 23:28) 하리라. 곧 닥쳐올 예루살렘의 환난을 너희가 피할 수 없으리니 불쌍해 어이할까. 예수님도 소리 없이 그들과 함께 속으로 우시었다.

　사위四圍는 어둠에 묻혀 있었으나, 곳곳의 횃불이 사방을 밝히는 중에 예수님 서 계신 곳은 훤히 밝혔을 터이다. 낯선 뜰 위에서 속박이 된 채 민낯을 보이심이 여간 불편하지 않으셨다. 권위는 송두리째 땅바닥으로 추락하였고 눈은 피곤하심으로 퀭하셨으니 겟세마네 동산에서의 땀이 핏방울같이 되어 떨어지는 기도에 실핏줄이 두어 군데 터졌을지도 모를 일이었다. 문득 포승줄이 너무 불편했다. 자신을 칭칭 묶은 이 포승줄은 저 간악한 무리들이 수천 년간 율법律法과 유전遺傳의 이름으로 내내 나의 백성들을 속아서 얽어 맸던 악행의 밧줄이었으니, 이젠 단호히 끊어주어야 하리라. 예수님은 고난의 그 순간에도 어린 백성들에 대한 긍휼과 측은하심이 절절히 흐르는 강물과 같으셨으니 그야말로 신열身熱이 끓는 듯 자기 백성에 대한 애절한 짝사랑의 연가戀歌는 십자가에 닿기까지 이어지셨다. 다 내 백성들이느니, 얼마 후면 너희들이 울며 나의 사랑을 깨달으리라.

뜰 안 저쪽 어둔 불빛 아래 어스름히 베드로가 보였다. 그를 보니 몇 시간 전 자신이 붙잡혔을 때의 그의 모습이 뇌리에 어른거렸다. 베드로는 처음 자신이 결박당하는 현장에선 옆에 있는 자신을 믿고 칼로 대제사장의 종 말고의 오른편 귀를 베어 버릴 정도의 용기를 보였지만(요 18:10), 정작 자신이 체포되자 험악한 무리들의 위세에 급격히 위축되었다. 그러나 그는 명색이 수제자였다. 체면상 자기라도 따르지 않을 수가 없었을지도 모른다. 아니면 매사 성질이 행동적이요 직선적인 탓에 일의 결국을 보지 않고는 못 배기기에(마 26:58) 따라온 것인지도 모른다. 어쨌든 그는 자신을 멀찍이 따라오다가(마 26:58, 막 14:54, 눅 22:54), 대제사장의 집에 이르러 들어오지는 못하고 문밖에 서 있다가 요한이 문 지키는 여자에게 말해 주어 뜰 안까지 들어와 함께 불을 쬐며 사태가 어찌 되나 지켜보고 있는 것이었다(요 18:15~18).

　다른 제자들은 이미 다 도망가 버린 터였다. 그걸 보니 문득 제자들에게 "너희도 가려느냐."(요 6:67)고 물었던 기억이 떠올랐다. 그때 베드로가 "주여, 영생의 말씀이 계시매 우리가 뉘게로 가오리이까."(요 6:68) 했었지. 그래, 그래도 아직 내 곁에 남아 있구나. 그러나 베드로마저도 하찮은 아랫것들의 물음에도 겁이 나 두 번이나 부인하더니 마지막 세 번째는 저주하며 맹세하여 '그 사람을 알지 못하노라'부인할 때(마 26:74) 닭이 곧 두 번 우는 소리가 들렸다(마 26:74, 막 14:72). 그 닭 우는 소리에 말없이 뜰 저쪽의 베드로를 돌이켜 쳐다보니, 베드로는 '오늘 닭 울기 전 네가 세 번 나를 부인하리라'는 말이 기억났는지 밖에 나가 심히 통곡하였다(눅 22:61~62). 그 울음소리가 문밖으로부터 휘이 휘이 들려왔다. 사랑하는 제자의 후회로 범벅이 된 그 끊일 듯 이어지는 통한의 울음소리에 찢기듯 아파왔다. 베드로의 울음소리는 그칠 줄을 몰랐다. 베드로의 인생이 바뀌는 회심의 순간이었으리라. 사랑하는 베드로야, 제자들아, 울어주니 고맙구나. 너희들의 아픔은 내 맘속에 선연한 자욱으로 남았느니, 자책하지 말고 눈물을 거두어라. 나는 세상에 더 있지 아니하나 너희는 세상에 있을 것이요(요 17:11), 그런 통곡의 아픔이 너희를 더 강하게 하리니 이제 곧 너희들은 나의 부활의 증인으로 세상 끝까지 서야 하리라.

　예수님께서는 거기서 안나스의 심문을 받으시고 비속卑屬에게 얻어맞으시는 능욕을 당하신 후(요 18:22), 결박당하신 채 다시 가야

바에게로 보내졌다(요 18:24). 대제사장들과 장로들과 서기관들과 온 공회가 예수님을 정죄할 증거를 찾았으나 얻지를 못하고 증인도 나왔으나 증언도 서로 일치하지 않았으며, 예수님은 침묵하시면서 그 증언에 대해 일절 대답치 아니하셨다(막 14:55~61). 수난의 한가운데 서 계시면서도 의연함을 잃지 않으셨다. 침통한 정적靜寂이 잠시 흘렀다. 그들은 증거를 얻지 못하자 당황했고, 급기야 대제사장이 직접 "네가 찬송 받을 자의 아들 그리스도냐" 물어왔을 때 비로소 "내가 그니라" 답변하심으로써(막 14:61~62) 그들은 드디어 목적하는 바를 얻었다. 이에 대제사장은 모세율법에 자기 옷을 찢을 수 없음에도 불구하고(레 10:6, 21:10) 하나님에의 지극한 충성된 종인 양, 놀람과 분노의 표시로 자기 옷을 찢으면서 "저가 참람僭濫한 말을 하였으니 어찌 더 증인을 요구하리요. 보라, 너희가 지금 이 참람한 말을 들었도다. 생각이 어떠하뇨." 물었고, 무리들은 "저는 사형에 해당한다"며 그날 밤 바로 그 자리에서 죽이는 것으로 일차적 정죄를 마치었다(마 26:63~66, 막 14:64).

그들이 정죄한 예수님의 죄목은 모세율법 상의 신성 모독죄였다. "여호와의 이름을 훼방하면 그를 반드시 죽일지니 온 회중이 돌로 그를 칠 것이라. 외국인이든지 본토인이든지 여호와의 이름을 훼방하면 그를 죽일지니라."(레 24:16) 바로 이 조항에 해당되었다는 것이다. 예수님은 근본 하나님의 본체이신데(빌 2:6, 요 1:1~3), 하나님이 하나님을 훼방하였다니 실로 어처구니가 없는 일이었다.

참람함은 심문에만 그치지 않았다. 예수님께서 체포당하시고 대제사장의 뜰에 서 계실 때 결박되신 예수를 지키는 사람들은 자기들도 대제사장 권세의 그늘 아래 있음을 과시하며 거리낄 것 없는 농지거리를 부리기 시작했다. 예수님을 희롱하고, 때리고, 눈을 가린 후 술래잡기 놀이하듯 '누가 너를 친 사람인지 알아맞혀 선지자 노릇을 하라'고 조롱하기도 하고, 예수님께 침을 뱉었는가 하면, 어떤 사람은 주먹으로 치고, 대제사장의 하인들은 손바닥으로 예수님을 치기도 하고, 이외에도 많은 욕설을 내뱉었으니(마 26:67, 막 14:65, 눅 22:63~65), 그 능욕은 망극하기 이를 데가 없었다. 비속卑俗의 극악함이 엄위하신 분의 지존함을 처절히도 파훼시켰다.

특히 얼굴은 몸 가운데서도 고귀한 인품이 가장 잘 드러나는 곳으로 함부로 대하는 것이 절대 금기시되는 부분이었다. 하나님의 얼굴은 뵈기만 해도 죽는 것이었다(출 19:21, 33:20). 항차 모세 같은 이도 하나님의 얼굴을 직접 뵈질 못하고 등만 볼 수 있었다(출 33:23). 그만큼 존엄하신 얼굴이셨다. 뿐만인가. 여호와의 얼굴은 죄를 뉘우치고 사죄를 청할 때 구하는 얼굴이요(호 5:15), 은혜와 평강을 나타내는 얼굴이었다. "여호와는 그 얼굴로 네게 비취사 은혜 베푸시기를 원하며 여호와는 그 얼굴을 네게로 향하여 드사 평강 주시기를 원하노라."(민 6:25~26). 이처럼 얼굴은 존엄과 은혜와 숭고함의 본체셨다.

그럼에도 그 지존하신 얼굴을 처음 안나스 전 대제사장 집의 하속下屬 하나가 손으로 치는 망극함을 자행하였으니, 참았던 예수님도 얼굴이 붉게 달아오르시며 침묵을 깨고 일갈하셨다. "내가 말을 잘못하였으면 그 잘못한 것을 증거 하라. 잘하였으면 네가 어찌하여 나를 치느냐."(요 18:23). 참으로 참람하기 그지없는 망극한 일이었다. 그러건만 가야바의 집 비속卑屬들까지 손으로 눈을 가리고 술래잡기를 하고 침을 뱉고 주먹으로 치는 극악한 행패를 계속하였으니 예수님은 차라리 눈을 감으시고 입을 다무셨다. 차마 뵙기조차 민망한 그 처참하신 수욕에 이루 형언할 수 없는 마음의 어지러움과 일그러짐이 있으셨으리라. 망연자실하실 극도의 모멸에 하늘도 통분하시며 불같이 노하실 일이었다. 예수님을 신성 모독으로 정죄한 그들 자신이 정작 신성 모독을 하고 있는 것이었다. 감히 뒷모습을 보는 것만으로도 엎드려 만족해야 할 죄인들이 부르르 떨릴 모골송연毛骨悚然한 짓을 거리낌 없이 자행하였다. 예수님께서는 치욕의 벼랑 끝까지 몰리셨으나 조금도 자세를 흐트러뜨리지 아니하셨다. 분기탱천하사 당장에라도 열두 군단이 더 되는 천사로(마 26:53) 그 모두를 벌하실 수도 있으셨지만 참으시고 또 참으셨다. 고통과 수모가 슬픔을 넘어 숨이 막힐 정도에 이를지라도 의연하신 모습을 잃지 않으셨으니 그 초연하심에 흔들림의 동요는 전혀 찾아볼 수가 없으셨다.

　이젠 때가 되었다. 성부 하나님께서 유대 백성을 지극히 사랑하사 그 땅에 살던 가나안 족속과 헷 족속, 아모리 족속과 브리스 족속, 히위 족속과 여부스 족속, 기르가스 족속들을 얼마나 진멸珍滅하시었으며(창 15:20~21, 출 3:8, 신 7:1), 곡식과 포도주와 기름으로 배불리시고(신 7:13, 11:14), 때론 칼과 기근과 전염병으로 징치하셨건만(렘

14:12, 겔 6:11) 그들은 정말 목이 곧은 백성이었다(신 9:6). 이제는 이 유대 백성을 넘어 이방 백성의 구원에 나서야 한다. 돌 감람나무인 이방인들을 참 감람나무에 접붙여 뿌리의 진액을 함께 받는 자가 되게 해야 한다(롬 11:11~24). 이제는 죽음으로써 유대 백성의 메시아를 넘어 모든 백성들의 메시아가 되어야 하는 시간이었다.

  날이 새매 곧 성聖 수난의 금요일이 되었다. 새벽에 대제사장들이 즉시 장로들과 서기관들 곧 온 공회를 정식으로 소집하고 의논하여 신성 모독의 죄로 결론지은 후 바로 예수님을 결박한 그대로 빌라도에게 넘기었으니(마 27:1, 막 15:1, 눅 23:1, 요 18:28), 예수님은 이제 대제사장의 뜰을 떠나 빌라도의 관정官廷으로 옮기시게 되었다. 지난 밤 밤새도록 말할 수 없는 기롱譏弄과 능욕을 당하시면서 때론 침묵으로 때론 답변으로 악의 무리들을 대하시매 심신은 지칠 대로 지치셨다. 많은 군중들은 그 결말을 보려 꾸역꾸역 몰려들고 있었다. 그들은 이제 조금 후면 빌라도의 무죄 심사에 반기를 들고 한목소리로 "이 사람을 놓아주면 가이사의 충신이 아니니이다."라고 겁박하면서(요 19:12) 끈질기게 '십자가에 못 박으라' 소리치고 "그 피를 우리와 우리 자손에게 돌릴지어다."(마 27:25)라는 극언도 서슴지 않을 사람들이었다. 인자人子 예수님은 지치셨다. 종려주일 예루살렘 입성 후부터, 아니 그 전에 수난을 받기 위해 예루살렘에 올라가시리라 굳게 다짐하신 때부터 오늘에 이르기까지 얼마나 곤비한 밤을 지새웠던가. 극심한 심신의 기진 상태에서 과연 십자가 형틀 목을 짊어지고 골고다 언덕까지 갈 수나 있을 것인가. 아, 그러나 기필코 이 능욕을 지고 성문 밖 고난을 받아야 한다(히 13:12~13).

결단코 십자가에 달려야 한다. 찢어져야 한다. 몸이 찢길 때 죄로 인해 막혔던 저 지성소의 휘장도 찢겨져 아버지가 내게 주신 성도들이 직접 나아갈 수 있게 해야 한다. "휘장은 곧 그의 육체니라."(히 10:20) 했으니 육신이 십자가 위에서 찢기는 순간 모든 성소의 휘장도 위로부터 아래까지 찢겨져(마 27:51, 막 15:38) 모든 인류에게 새롭게 살 길을 열어주어야 한다(히 10:20). 너희가 아직 연약할 때에 아직 죄인 되었을 때에 아직 원수가 되었을 때에 십자가의 고난으로 하나님과 화해를 시켜야 한다(롬 5:6~11).

그리하여 절명의 마지막 순간에 '다 이루었다'는 가상架上의 말을 남겨 내 백성에게 구속사救贖史의 완성을 알리리라. 그리하여 그 십자가를 통해서 성부 하나님의 뜻과 섭리와 경륜이 다 이루어졌음을 알리리라. 새벽이 걷히고 빌라도의 법정에 날이 훤히 밝아왔다. 간 밤 그 고지대 예루살렘의 유월절 해 진 후의 그 어둡고 추웠던 그 밤, 예수님께서 대제사장의 뜰 위에 홀로 서신 그 밤은 무던히도 길고 긴 처절한 형극荊棘의 밤이었다.

살며 사랑하며 소묘하며

사랑의 정언명령

정언명령定言命令이란 사전적 의미로 정언적定言的 명령, 단언적斷言的 명령, 무상無上 명령이라고 한다. 무조건적인 명령이다. 독일의 저명한 철학자이자 근대철학을 집대성한 임마누엘 칸트(1724~1804)의 철학에서 말하는 정언명령이란 행위의 결과에 구애됨이 없이 행위 그것 자체가 선善이기 때문에 무조건 그 수행이 요구되는 도덕적 명령을 가리킨다고 한다.

인류 역사에 있어 하늘이 내린 정언명령定言命令은 사랑이다. 하나님은 본체 사랑이신데, 인간을 만드실 때 당신의 형상을 따라 만드시고 당신의 호흡을 불어 넣으시면서 '사랑'이란 인자因子를 인간에게 나눠주셨다. 하나님과 인간 사이에 사랑이 흐르고, 다시 인간과 인간 사이에 사랑이 흐르는 것은 하나님이 만드신 사랑의 법칙이다. 그렇게 만드셨고, 그렇게 명하셨다. 그래서 사랑은 지순 지고한 정언명령이다.

사랑은 수천 년 전이나 지금이나 인류 역사가 존재하는 한 똑같다. 아니 그것은 인류가 끝나고 새 하늘 새 땅의 시대에도 영원히 흐를 기쁨과 감사의 주제이다. 성경의 가르침도, 성현의 말씀도, 수천수만 가지의 철학과 사상도, 수많은 문학작품과 예술이 추구하는 것도, 인류의 위대한 인물들이 지향한 것도 모두 다 사랑이다. 신에 대한 사랑, 가족에 대한 사랑, 조국과 민족에 대한 사랑, 이웃에 대한 사랑, 사랑은 각양각색 그 대상이 다양하지만 사랑의 본색은 하나다. 그러기에 누구나 사랑에 감동하며 사랑에 눈물을 흘리며 사랑에 목숨을 건다. 부한 사람이나 가난한 사람이나, 높은 자나 천한 자나 할 것 없이 누구나 그 가슴속에 사랑의 겨자씨를 주셨다. 우리의 사랑의 겨자씨는 살아 움트고 생명력이 있는 걸까.

　흔해 빠진 게 사랑이라고 한다. 그럴까. 사랑은 흔해 빠진 길거리의 돌멩이 같은 것이거나 마구 굴러다니는 게 아니다. 사랑 비슷하게 생겼어도 사랑이 아닌 게 너무 많고, 사랑의 이름으로 사랑이 아닌 것을 사랑이라고 희롱하기도 한다. 특히 남녀 간의 만남과 이별을 겪으신 분들은 깊이 이해가 되리라. 인간의 사랑은 제한적이요, 이기적이요, 표피적이요, 말초적이요, 기회주의적이요, 계산적인 경우가 많기 때문이다. 그것은 숭고한 태초의 사랑이 인간을 만나 변질되어 기형물로 변했기 때문이다. 하나님께서는 이를 다시 원형의 사랑으로 회복시키고자 노력하신다. 그것이 극진하신 하나님의 사랑이다.

　사랑은 위대하고 더없이 아름다운 것이다. 사랑은 우리 각자의 가슴에 붙여진 위대한 이름표다. 하나님이 달아주셨다. 무슨 일을 하던 사랑의 이름표를 붙여야 한다. 한 예를 들어보자. 1990년대

한때 『도시락 편지』가 유명했던 시절이 있었다. 어느 어머니가 자녀들이 가져가는 점심 도시락에 꼭 사랑의 말 한마디를 써서 넣어 주었더니 아이들 교육에 좋았다는 간증의 이야기였고 아이들에게 보낸 편지 100여 편이 실려 있었다. 그 책의 겉표지에는 이와 같이 써져 있다. "도시락은 어머니의 젖줄입니다. 아이들은 도시락에서 어머니의 마음을 먹습니다. 도시락에 곁들인 어머니의 편지에서 사랑을 먹습니다." 얼마나 아름다운 말인가. 요즘 무상급식 때문에 말이 많다. 점심 한 끼를 주어도 그 부모님이 사랑의 이름표로 주어야 하는데 나라 예산이라는 '돈'으로 군인처럼 단체급식을 제공하니 이러쿵저러쿵 말이 많은 것이다. 우리의 소중한 아이들인데 밥과 함께 사랑을 먹어야 하지 않겠는가. 밥 한 끼를 굶겨도 사랑만 먹인다면 아이는 올곧게 클 수 있다.

그런데 이 사랑은 거저 생긴 것이거나 저절로 생긴 것이거나 사람이 훌륭해서 만들어낸 게 아니라, 하나님께서 비로소 만들어 주시고 친히 보여 주시고 우리에게 내려 주신 것이다. 하나님이 사랑의 본체시고, 사랑의 창조자란 말씀이다. 세상살이 녹록치 않지만, 그 내려 주신 사랑에 감사하며 고운 사슴의 눈매로 선하게 인생을 그려낼 수 있다면 얼마나 따스할까. 거친 세파에도 흔들림 없이 봄눈 녹아 흐르는 개울가의 돌돌거리는 그 여린 시냇물처럼 늘 맑은 마음으로 사랑을 노래할 수 있다면 얼마나 아름다울까. 그분의 사랑은 절대적이고 무조건적이고 보편적이고 끝이 없는 사랑이시다.

"하나님은 사랑이시라."(요일 4:16)

"새 계명을 너희에게 주노니 서로 사랑하라. 내가 너희를 사랑한 것 같이 너희도 서로 사랑하라."(요 13:34)

성경의 주제는 사랑이다. 성경은 사랑의 대서사시大敍事詩이다. 사랑은 허다한 죄를 덮는다고 했으니(벧전 4:8), 성령 훼손 죄 외에는 용서받지 못할 죄가 없다. 어떠한 논리와 변명도 사랑을 이길 수 없고 사랑의 흐름을 막을 수 없다. 사랑은 알파와 오메가요, 처음과 나중이요, 시작과 끝이니(계 22:13), 이 세상 끝에 남는 유일한 것은 오직 사랑뿐이다. "사랑은 언제까지든지 떨어지지 아니하나 예언도 폐하고 방언도 그치고 지식도 폐하리라." 했다(고전 13:8). 다가오는 새 예루살렘과 새 땅에 거하는 것은 오직 한 가지 사랑뿐이니, 사랑의 하나님과 사랑의 예수님과 사랑의 보혜사 성령님과 사랑을 전하는 천사와 사랑의 인자를 가슴속에 갖고 있는 구원받은 성도들뿐이다.

사도 요한은 사랑의 사도였다. 사랑을 썼고 실행했으며 가르쳤다. 사도 바울이 쓴 고린도전서 13장, '사랑의 장'은 너무도 유명하여 믿지 않는 분들도 좋아한다. 창세기부터 요한계시록까지 '인간에 대한 따뜻한 사랑'이 끊임없이 펼쳐져 있는 게 성경이다. 그분께선 인간을 만드시고 사랑하사 심히 좋았다며 기뻐하셨고(창 1:31), 인간을 사랑하사 그 독처하는 것이 좋지 못하다며 돕는 배필을 지으셨으며(창 2:18), 수많은 인생들이 죄악 가운데 사는 이 세상을 이처럼 사랑하사 독생자를 주셨고(요 3:16), 마지막 때엔 수정같이 맑은 생명수 강이 흐르고 생명나무의 열두 가지 실과가 맺히는 아름다운 성에 사람들이 만국의 영광과 존귀를 가지고 들어오기까지 인생들을 너무도 사랑하고 계신다(계 21:26~22:2).

예수님께선 원수를 사랑하며 원수를 위해 기도하라 하셨다(눅 6:27~28). 욥의 환난은 그 원수처럼 덤비던 세 명의 친구를 위해 욥이 기도할 때 하나님이 기뻐 받으시고 비로소 환난에서 돌이키셨다(욥 42:8~10). 이웃을 사랑하기란 정말 쉽지 않은 일이다. 그러나 성경은 '인간에 대한 따뜻한 사랑'을 교훈하사 목마른 자에게 냉수 한 그릇을 주는 것도 상賞을 잃지 아니한다 하셨고(마 10:42), 어떤 사람이 여리고로 내려가다 강도를 만나 옷도 빼앗기고 매를 맞아 죽게 된 것을 그 상처를 싸매고 주막으로 데리고 가 돈까지 주며 돌아보게 한 선한 사마리아인의 사랑을 가르쳐 주셨으며(눅 10:30~37), 주릴 때에 먹을 것을 주고, 목마를 때에 마시게 하고, 나그네 되었을 때에 영접하고, 벗었을 때에 옷을 입히고, 병들었을 때에 돌아보고, 옥에 갇혔을 때에 와서 본 자들에게 창세로부터 예비된 나라를 상속받는 복을 주시겠다며 인간에 대한 따뜻한 사랑을 자세히 가르쳐 주셨다(마 25:31~46). 예수님께서도 인간에 대한 따뜻한 사랑으로 세 번이나 우셨다(눅 19:41, 요 11:35, 히 5:7). 우리들은 얼마나 그런 울음을 울며 이 세상을 살아가고 있는가.

'인간에 대한 따뜻한 사랑', 이것만이 이 세상을 아름답게 만든다. 아무리 철학과 사상에 빼어나고, 숱한 경험과 경륜으로 인생살이에 정통하고, 많이 배우고 잘나고 똑똑하며, 잘난 자식을 두고 출세하고 가진 게 많다 한들, 그것으로 사람들의 존경을 받거나 하늘의 뜻이 땅에서도 이루어지지는 못한다. '인간에 대한 따뜻한 사랑'을 가진 사람만이 세상을 아름답게 하고, 사람의 존경을 한 몸에 받을 수 있다. "사람은 그 인자함으로 남에게 사모함을 받느니라."(잠 19:22)라고 했다. '인간에 대한 따뜻한 사랑'만이 이 세상을 아름답게 만든다. 수직적垂直的 신에 대한 사랑과 수평적水平的 이웃에 대한 사랑으로 인류 역사는 참혹한 가운데서도 끝없는 사랑이 펼쳐졌다. 그래서 인류 역사는 아직도 존재한다. 인간에 내린 하늘의 정언명령, 그 '사랑'을 듣는다.

감사와 추수감사절

감사感謝는 고맙게 여기는 마음 또는 고마움을 나타내는 인사다. 감사는 인간 사회에도 큰 역할을 한다. "말 한마디로 천 냥 빚을 갚는다."는 말이 있듯이 감사의 말이란 모든 문제를 풀어가는 최고의 보약이다. 감사할 줄 모르는 사람에게는 다시는 은혜를 베풀어 주고 싶지 않음은 물론 괘씸한 생각도 들 것이다. 베푼 은혜가 크면 클수록 더욱 그럴 것이다. 심지어 부모 자식 간에도 사위 며느리 간에도 감사하지 않으면 더 베풀어주고 싶지 않은 게 인지상정人之常情이다. 하나님에 대한 관계에서도 마찬가지다. 감사는 인간이 하나님께 드릴 수 있는 가장 쉬우면서도 지선至善의 답례요 겸손함의 표현이다.

성경에는 '감사하라'는 말이 175번이나 나온다고 한다. 예수 믿는 모든 사람들에게 이런저런 많은 덕목의 가르침들이 있으나, 세월을 살아볼수록 정말 필요한 건 '감사'와 '겸손'이 아닌가 생각해 보는 적이 많다. 감사하지 않고 불평불만 하는 예수교인, 겸손하지 않고 무례하고 교만한 예수교인은 참으로 안타까운 일이다. 무례하고 교만한 자를 이름 하여 망령된 자라 했다(잠 21:24). 감사와 겸손은 최고의 덕목이다. 아무리 무능하고 보잘 것 없고 가진 게 없고 초라하더라도 감사와 겸손만 있으면 얼마든지 세상을 헤쳐 나갈 수 있는 것 같다.

감사는 내 인격이 원만해서 하는 것으로 생각하지만 그렇지 않다. 성경적인 감사는 내 의지로 내 마음으로 선심 쓰듯 베푸는 것이 아니고, 하나님의 명령 사항으로서, 인간이 가져야 할 의무이다. 즉 성경은 숱하게 감사하라고 명령하고 있으니, 예컨대, "범사에 감사하라. 이것이 그리스도 예수 안에서 너희를 향하신 하나님의 뜻이니라."(살전 5:18) 같은 것이다. 하나님께 예배를 드릴 때도 감사하는 마음이 없으면 아무 소용이 없다. "감사로 제사를 드리는 자가 나를 영화롭게 하나니 그의 행위를 옳게 하는 자에게 내가 하나님의 구원을 보이리라."(시 50:23). 즉, 감사함 없이 드리는 예배는 하나님을 영화롭게 하지 못하니 무슨 의미가 있을 것인가. 감사는 실로 절대적인 것이다.

감사의 중요성을 지적하신 예수님의 말씀을 들어 보면 더욱 그러하다. 누가복음에는 예수님께서 나병 환자 열 명을 고쳐주시는 기적이 나온다. 그들은 한결같이 예수님을 만나 멀리 서서 소리를 높여 "예수 선생님이여, 우리를 불쌍히 여기소서!" 외쳐댔다. 예수님은 가서 제사장들에게 너희 몸을 보이라면서 말씀으로 고치시니 그들이 가다가 깨끗함을 받게 되었다. 그러나 그중의 딱 한 명 사마리아 사람만이 자기가 나은 것을 보고 큰 소리로 하나님께 영광을 돌리며 돌아와서는 예수님의 발아래 엎드리어 감사하였다. 예수님께서는 물으신다. "열 사람이 다 깨끗함을 받지 아니하였느냐. 그 아홉은 어디 있느냐?" 그러시면서 "일어나 가라. 네 믿음이 너를 구원하였느니라." 말씀하셨다(눅 17:11~19) 즉, 아홉 명의 나병 환자는 육신적 병 고침만 받았지만, 하나님께 영광을 소리쳐 돌리고 예수님께 돌아와 감사의 말을 올린 사람은 육신적 병 고침 외에 구원이라는 영적인 복을 받은 것이었다. 감사하는 것과 감사하지 않는 건 이처럼 큰 차이가 있다.

인생들은 한평생 살아가면서 온갖 삼라만상의 자연을 통해 먹이시고 입히시고 재우시는 하나님께 감사하여야 한다. 햇빛을 주시고 이른 비와 늦은 비를 주시고 일용할 양식을 주신 분께 감사하여야 한다. 특히 죄의 문제를 해결하시고 독생자의 대속을 통하여 구원의 길을 베풀어 주신 하나님께 감사하여야 한다. 감사함을 통하여 물질적, 신체적, 세상적인 복뿐 아니라, 영적靈的인 복을 받을 수 있다. 하나님은 선하시고 인자하신 분이다. 시편에는 "여호와께 감사하라. 그는 선하시며 그 인자하심이 영원함이로다." 하는 똑같은 말씀이 계속 거듭되고 있다.(시 106:1, 107:1, 118:1, 118:29, 136:1). 시편에는 구구절절 여호와께 감사하라는 구절로 점철되어 있고, 성경 전체에 감사하라는 구절은 숱하게 등장하고 있다.

예수님께서는 삼위일체의 하나님이시다. 그는 근본 하나님의 본체시나, 하나님과 동등됨을 취할 것으로 여기지 아니하시고 자기를 낮추시고 죽기까지 복종하시면서(빌 2:6~8) 성부 하나님께 감사함을 늘 잊지 않았다. 사실은 공생애 이전의 삼십 년 이나 공생애 기간 삼 년을 통해 온갖 수고와 고생을 마다하지 않으셨고, 그 극심한 십자가 고통과 능욕을 당하시기 위해 오신 것이니 철저히 순종하시면 그뿐이지, 논리상으론 별로 감사하지 않아도 되었을는지 모른다. 그러나 예수님은 고난을 섭리하시고 지시하신 성부 하나님께 늘 감사하시고 또 감사하셨다. "천지의 주재이신 아버지여, 이것을 지혜롭고 슬기 있는 자들에게는 숨기시고 어린 아이들에게는 나타내심을 감사하나이다."(마 11:25), "돌을 옮겨 놓으니 예수께서 눈을 들어 우러러 보시고 이르시되 아버지여 내 말을 들으신 것을 감사하나이다."(요 11:41)라고 감사하셨다. 이처럼 감사는 예수님이 본을 보이신 사항이고, 우리에게 끝없이 당부하신 사항이다.

농사의 예를 들자. 일 년 농사를 수확할 때에도 당연히 감사해야 한다. 예로부터 우리나라에서는 추석과 설날을 가장 큰 명절로 지켜왔다. 우리의 추석과 같은 것이 미국 등 많은 기독교 국가에서는 추수감사절이다. 미국의 가장 미국다운 명절은 단연코 추수감사절이다. 부활절, 성탄절과 함께 3대 명절이다. 개인주의가 무르익은 미국에서 추수감사절에는 멀리 떨어진 가족들이 다 함께 모여 하나님께 감사하고 가족 간 즐거움을 나누는데, 추수감사절은 1789년 초대 대통령 조지 워싱턴에 의해 국경일로 선포되었다고 한다.

1620년 9월 영국 국교도의 탄압을 피해 일단의 청교도들이 메이플라워 호를 타고 새로운 땅 신대륙을 찾아 미국에 도착했다. 혹독한 겨울의 시련과 풍토병을 이겨가며 황무지를 개간하고 인디언의 도움을 받아 옥수수를 심고 드디어 수확의 기쁨을 누리게 되자, 제일 먼저 하나님 앞에 감사한 게 바로 추수감사절의 기원임은 누구나 다 아는 일이다. 미국에선 11월 네 번째 목요일에 지키고 있는데, 우리나라에서는 11월 셋째 주일에 지키고 있다는 게 다르다.

이와 비슷한 것으로 구약성서에는 수장절收藏節이라는 게 있다. 수장절은 무교절, 칠칠절과 함께 유대민족 3대 명절의 하나다(신 16:16). 수장절은 한 해 농사를 마무리 짓고 곡식을 저장하면서 지키던 절기인데 유대 종교력으로는 7월 15일부터 1주간 지켰으며 장막절, 초막절이라고도 불린다. "수장절을 지키라. 이는 네가 수고하여 이룬 것을 연종年終에 밭에서 거두어 저장함이라."(출 23:16) 말씀하셨다.

성서의 가르침에서 중요한 건 자신만의 수확의 기쁨이 아니라는 것이다. 자신과 가족에 앞서 우선 제일 먼저 하나님께 감사했다는 것이고, 그 수확물을 가난하고 의지할 데 없는 사람들과 함께 나누었다는 것이다.

"너희 타작마당과 포도주 틀의 소출을 수장한 후에 칠 일 동안 초막절을 지킬 것이요, 절기를 지킬 때에는 너와 네 자녀와 노비와 네 성중에 거하는 레위인과 객과 고아와 과부가 함께 연락宴樂하되 네 하나님 여호와께서 택하신 곳에서 너는 칠 일 동안 네 하나님 여호와 앞에서 절기를 지키고 네 하나님 여호와께서 네 모든 물산과 네 손을 댄 모든 일에 복 주실 것을 인하여 너는 온전히 즐거워할지니라."(신 16:13~16)

풍성할수록 가난하고 외로운 이를 생각하시는 여호와의 자비하심을 읽게 된다. 추수감사절이든 추석이든 수장절이든 한 해 수확의 축제에서 하나님께의 감사와 빈민에의 돌봄이 없다면 다 부질없는 자기 잔치에 불과할 뿐이라는 가르침이다. 그러나 그렇게 추수감사절 의식을 지키던 사람들이 서부개척시대를 열면서는 어느덧 황금과 땅, 곡식과 들소 가죽에 눈이 멀어 수천 수백만 명의 인디언 원주민을 대량 학살하고 노예로 팔아먹은 것을 생각하면 수확물의 양이나 절기를 지키는 의식儀式이 중요하기보다는 가난한 이웃과 나누는 긍휼矜恤의 마음이야말로 진정한 추수감사절의 의미라고 새겨보게 된다.

특별히 신명기에는 이렇게 가난한 이를 돌보라는 말씀이 자주 나오는데 젊은 시절 신명기를 읽으면서 하나님의 인애하심이 너무도 인상적이어서 '아! 신명기의 하나님!'이라고 여러 번 찬탄했던 기억이 새롭다. "네가 밭에서 곡식을 벨 때에 그 한 뭇을 밭에 잊어버렸거든 다시 가서 가져오지 말고 나그네와 고아와 과부를 위하여 남겨두라. 그리하면 네 하나님 여호와께서 네 손으로 하는 모든 일에 복을 내리시리라. 네가 네 감람나무를 떤 후에 그 가지를 다시 살피지 말고 그 남은 것은 객과 고아와 과부를 위하여 남겨두며 네가 네 포도원의 포도를 딴 후에 그 남은 것을 다시 따지 말고 객과 고아와 과부를 위하여 남겨두라."(신 24:19~21). 일 년의 농사를 수확하는 추수감사 때 새겨들어야 할 진정한 추수감사의 정신이라 하겠다.

추수하여 먹을 것이 있다는 건 감사한 일이다. 매일 하루 세끼를 습관적으로 먹지만 사람들과 먹을 것을 같이하는 건 즐거운 일이다. 식구食□라는 말은 밥을 같이 먹는 입이기에 가족이란 말이다. 한국 속담에 밥상에서 인심 난다는 말이 있다. 수확한 것들로 함께 즐기는 일은 감사한 일이거니, 오래전 TV 드라마 '식객食客'에서 최불암이 "맛있는 음식을 앞에 두고 정감 있는 대화를 나누는 게 얼마나 좋은 일이냐. 그것도 하루에 세 번씩이나" 하는 대사를 말한 게 기억난다. 평범한 말이지만 그 속에 따스함이 배어 있다. 예수님께서도 제자들과 무리들과 함께 식사를 많이 하셨고, 부활 후에도 제자들과 식사를 함께 하셨다(요 21:12). 부활한 몸의 상태는 모르겠으나, 이는 부활하신 예수님께서 배가 고프서서 라기보다는 제자들과 함께 식사 자리를 가지시면서 사랑을 나누겠다는 의지의 표현이 아닐까 싶다. 먹을 것을 나누면서 그 가운데 정을 나누고 더불어 살아가는 인생이 되도록 풍성하게 수확을 걷게 하시는 하나님께 감사할 일이다.

교인은 착해야

　예수님 믿는 사람의 제1 덕목은 무엇일까. 어떻게 해야 예수님 믿는 사람 같다고 할까. 주일을 잘 지켜 예배드리고, 봉헌금 잘 바치고, 봉사 잘하고, 길거리 전도 잘하고, 인간관계가 좋으면 믿는 사람다울까. 글쎄다. 교인의 제1 덕목은 착해야 한다고 생각한다. 무엇보다 착해야 한다. 성경의 가르침도 그렇고 신앙생활을 제대로 하신 분이라면 제일 먼저 느끼는 게 '교인은 착해야 한다'는 것일 것이다. "너희 속에 착한 일을 시작하신 이가 그리스도 예수의 날까지 이루실 줄을 우리가 확신하노라."(빌 1:6)라고 하셨다. 죄인들을 위해 구원을 계획하시고 끝까지 이루시는 하나님의 성품을 착하다고 말씀하셨으니 착한 것은 하나님의 속성 중의 하나시다. 그러니 교인은 이를 본받아 착해야 하는 것이다.

　어떤 댓 살짜리 남자 아이를 알고 있다. 그 아이는 아파트 놀이터에서 또래 친구들이 모래 속에 있던 개미를 장난삼아 죽이며 재미있게 놀 때, 그 개미가 불쌍하다고 낙엽으로 덮어 묻어 준 아이였다. 나이 비슷한 여자아이들로부터 얻어맞고도 맞서 때릴 줄을 몰랐고, 봄에 파란 싹이 나고 민들레가 피었을 때는 누나에게 주겠다고 노란 민들레 꽃잎 하나를 꺾어 오던 아이였다. 예수님을 잘 믿던 그 아이는 훗날 장성하여 착하고 믿음이 좋은 훌륭한 사회의 일원이 되었다. 착하다는 건 바로 그런 아이의 마음이다. 어린아이는 착하다. 그래서 예수님은 너희가 어린아이와 같지 아니하면 결단코 천국에 들어가지 못한다고 말씀하셨다(마 18:3).

착하다는 의미를 사전에서 찾아보면 '언행이나 마음씨가 곱고 바르며 상냥하다'로 나와 있다. 어질고 선하다는 것이다. 사악함이 없는 것이요, 간사하지 않은 것이요, 하늘을 우러러 한 점 부끄럼이 없는 참된 것이요, 바보같이 욕심이 없는 것이다. 뭐에 비유해야 적당할까. 옥양목 같은 하늘이라더니 화려하지 않은 무명실로 너비가 넓으면서도 곱게 짠 천으로서 얇고 색깔이 매우 흰 그런 옥양목玉洋木 같은 거라면 어떨까. 착한 것은 귀하고 아름다운 것이다. 하나님이 주신 인간 본질의 순수성이다. 중학교 때 맹자의 성선설性善說과 순자의 성악설性惡說을 들으며, 성선설이 인간 본성은 원래 착하다는 설임을 처음 배웠다. 그런 인간이 어찌 이리도 완악해졌을까. 에덴동산에서의 범죄 이후 이 땅엔 악이 편만하게 된다. 인간이 악하다는 말씀을 노아의 홍수 전에도 하셨고, 홍수 후에도 하셨다. 성악설이 힘을 받게 된다.

"여호와께서 사람의 죄악이 세상에 관영함과 그 마음의 생각의 모든 계획이 항상 악할 뿐임을 보시고"(창 6:5)

"내가 다시는 사람으로 인하여 땅을 저주하지 아니하리니 이는 사람의 마음의 계획하는 바가 어려서부터 악함이라."(창 8:21)

이 악한 세상을 살아갈 때 착하고 어질면 상대적으로 손해 볼 일이 많다. 착하면 가벼이 대하고 함부로들 대한다. 심지어 "가는 말이 험해야 오는 말이 곱다."는 신조어도 생겨났다. 착한 사람은 사기당하기 딱 맞고 이리저리 실컷 이용당한 후 버림당하기도 한다. 착한 사람은 상처도 많이 받는다. 거칠게 대항하지도 않고 속으로 마음이 상해 돌아와선 후회도 하고 힘들어한다. "악화惡貨가 양화良貨를 구축驅逐한다."는 말이 여기서도 통하는 모양이다. 어느 땐 착한 후배나 부하를 보면 걱정이 되어 농담의 말을 건넨다. "그렇게 착해가지고 이 풍진 세상을 어이 살아갈꼬?" 그 말을 하곤 씁쓰레했다. 물론 진짜 선행은 뒤에 숨어서 안 보여서 잘 모르는 것이겠지만 그래도 그렇지, 어쩌다 한국 사회가 왜 이리도 착하지 못한 사회 분위기가 되었을까.

성경은 뭐라고 하고 있을까. 성경은 신앙의 제1 덕목으로 단연코 착한 것을 꼽고 있다고 생각한다. 물론 신령과 진정으로 예배를 드려야 하고, 영적인 산 제사를 드려야 하며, 정의와 경건과 진실과 희생과 전도와 헌금과 봉사와 교제도 중요하다. 그러나 그런 행위를 많이 한다고 하더라도 오늘날 교회와 많은 크리스천들이 욕을 먹는 이유는 착하지 않기 때문이라고 단언한다면 지나친 것일까. 교회를 오래 다녀 보면 열성적인 신자는 아주 많지만, 의외로 착한 신자는 많지 않다는 생각이 든다. 착한 성품이라면 도저히 벌일 수 없는 무례함과 거침과 교만함을 쉽게 만나게 되기 때문이다. 그런 건 교회를 계속 다니는 것과 예배의 공동생활 자체를 갉아먹는 요소다. 어떤 이는 웃으며 "교회 다니니까 그나마 이렇지, 안 다녔으면 어떠했을까?" 하지만, 농담으로 치부할 일이 아니다. 하나님께선 착하지 않은 걸 극히 싫어하시기 때문이다. 오죽하면 인도의 성인聖人으로까지 추앙받는 간디가 "나는 예수를 진심으로 사랑하고 존경하지만, 그러나 크리스천은 싫어한다. 왜냐하면 그들은 전혀 예수를 닮지 않았기 때문이다."라고 말하였을까. 교회에 첫발을 디뎠다가 마음의 상처를 받았던 인도 독립운동의 아버지 간디는 2015년 3월 자신이 투쟁했던 그 나라 영국 런던의 웨스트민스터 사원 앞 영국의회 광장에 링컨 만델라와 함께 동상이 세워지는 존경을 받고 있다. 간디가 교회 문 앞에서 착한 교인 몇 분을 만나 감동을 받으셨다면 인도의 역사가 바뀌어졌을지도 모를 일이다.

착하지 않은 모습은 바로 만날 수 있다. 거만하게 발을 꼬고 예배를 드리는 사람, 찬송 중에도 팔짱을 끼고 있는 사람, 앞에 앉은 사람의 뒤통수에 대고 기침을 하는 사람, 안수기도 먼저 받겠다고 앞뒤 제치고 달려드는 사람, 주차하면서 시비부터 거는 사람, 주차된 차를 찌그려 놓고도 그냥 가 버린 사람, 좁은 통로와 계단에서 조심하지 않고 함부로 부딪치며 가 버리는 사람, 교회 직함이 무슨 높은 벼슬인 양 완장을 찼다고 으스대며 말을 놓는 사람, 새치기하는 사람, 내 자리니까 비키라는 사람, 함부로 툭툭 치는 사람, 모르는 교인한테는 무표정 냉랭한 인상이었다가 아는 얼굴만 만나면 금세 반색하며 엎드러지는 사람, 교회 식당에서 예절도 매너도 없이 제멋대로인 사람 등 거칠고 무례한 사람 만나는 건 일도 아니다. 예배 행위 뒤에 감춰진 민낯이다. 그래도 한때 동방예의지국이었는데 사랑까지는 아니어도 가벼운 목례와 기본 예의 정도도 어려운 걸까.

이런 일은 심령이 착하지 않기 때문에 일어나는 일들이다. 자긴 이미 천국행 티켓을 딴 사람이니 뭘 좀 해도 다 용서받고 남이야 어떻든 하나님은 자기 편이라는 잘못된 신앙관과 교만함에 사로잡혀 있는 것은 아닐까. 과연 천국행 티켓을 그 손에 쥐고 있는 것일까. 예수님께선 "아무든지 나를 따라오려거든 자기를 부인하고 날마다 제 십자가를 지고 나를 좇을 것이니라."(눅 9:23)고 말씀하셨다. 사도 바울도 "나는 날마다 죽노라."(고전 15:31)라고 하였다. '날마다'라는 말이 유난히 눈에 띈다. 그렇다. 날마다 자기를 부인하고 자기 십자가를 져야 한다는 말씀이다. 그렇지 아니하면 자기 속에 있는 완악함과 교만이 언제든 드러날 수 있다는 말씀이다.

착하지 않다는 건 거칠고 무례하고 교만하고 악하다는 말이다. 그런 건 단순한 교양과 상식과 예절의 문제가 아니다. 믿음의 정체성正體性에 대한 문제다. 교인은 착하고 선하고 마음이 연한 순 같아야 한다. 왜냐하면 장차 하늘나라에 들어갈 자녀들이요, 이 땅에서는 그리스도의 제자들이니 그리스도인의 순전한 모습을 닮아야 하기 때문이다. 예수님께선 "그는 주 앞에서 자라나기를 연한 순 같고 마른 땅에서 나온 줄기 같아서 고운 모양도 없고 풍채도 없은즉"(사 53:2)이라는 표현으로 묘사되고 있지 않은가.

선한 사람의 근본은 겸손하다. 선한 목자이신 예수님이 온유하고 겸손하신 것으로 알 수 있다. 공부를 많이 했다는 분들이나 제왕적 목회자들 중에는 교만한 분들도 없지 않은 것 같다. 만약 그렇다면 그건 선하지 않은 모습이다. 교만한 분들은 이미 몸에 배어 있는 것으로 입으로 뭔가를 남에게 가르치려고 드나, 가르치는 건 말이 아닌, 평소의 자기 인품과 생활 모습으로 가르쳐야 하는 법이다. '너나 잘하세요'라는 비꼬는 말도 있지 않은가. 말이 필요 없다. 예수 닮은 모습만 보여주면 된다. 베드로는 가방 끈이 짧으셨으나(행 4:13), 죽은 사람도 살려내고 성령님의 감동으로 베드로전·후서도 쓰셨다. 공부가 많든 적든 겸손하게 그냥 진솔히 사는 게 선한 사람이다.

교만은 선하지 않기 때문에 벌어지는 일이다. 하나님께선 교만한 자를 물리치시고 대적하신다(약 4:6, 벧전 5:5). 세기의 천재이자 수학, 물리학, 철학, 신학에 통달한 파스칼도 자기가 아는 건 불과 백사장의 모래 한 알과 같다고 고백했다는데, 좀 배웠다고 교만할 일이 뭐 있겠는가. 사실 교만한 사람을 만나면 피곤하고 짜증나는 게 인지상정이다. 그래서 시편 기자는 "복 있는 사람은 악인의 꾀를 좇지 아니하며 죄인의 길에 서지 아니하며 오만傲慢한 자의 자리에 앉지 아니하고"(시 1:1)라고 하였나 보다.

착한 사람은 최소한의 기본예절부터 갖춘다. 상대를 함부로 하지 않기 때문이다. 성도들은 합당한 예절을 갖추라고 했다(롬 16:2). 사랑은 무례히 행치 않는 것이니(고전 13:5), 무례히 행치 않아야 사랑이 있는 착한 사람이다. 큰 교회에서 이름도 얼굴도 모르는 사람끼리 강제로 '사랑합니다!'라는 허사虛辭의 인사를 서로 나누게끔 하기보다는 한마디라도 진실을 가르쳐야 한다. 필자가 존경하는 어느 목사님은 주일 강단에 서면 제일 먼저 하는 말이 '안녕하십니까?'였다. 큰 교회 목사님으로서 교인 하나하나 이름도 모르고 얼굴도 모르고 어디 사는지도 모르는 처지에 '사랑합니다!' 하는 겉치레 인사말보다는 솔직히 안녕하시냐고 인사말을 건네고 설교 시작하는 게 인상 깊었다. 그 정직함이 고마웠던 것이다.

정직한 것은 착한 것과도 일맥상통한다. 교회는 끊임없이 정직하고 착한 것을 강조하여야 한다. 상대에게 함부로 대하지 않는 법, 선한 마음을 갖는 법, 선하게 상대를 대하는 법, 선하게 세상을 사는 법, 선으로 악을 이기는 법, 선한 마음으로 하늘의 복을 받는 법, 선한 마음으로 예배 생활을 하는 법, 선한 마음으로 서로 돕고 선한 마음으로 전도하는 법, 선하게 살다 선하게 죽는 법을 가르쳐야 하며, 그래서 그 선함으로 천국은 너희 안에 있느니라(눅 17:21)는 말씀을 이루어야 한다.

교회를 다니면 착해야 한다. 세상 사람보다 선하고 착해야지, 세상 사람보다 더 거칠고 악한 사람이 되어선 곤란하다. 착하고 선한 사람이 되어 선한 일을 하여야 한다. 착한 양심을 가져야 한다. "바나바는 착한 사람이요, 성령과 믿음이 충만한 자라"고 성경은 기록한다(행 11:24). 이는 착한 사람이라는 그 말 한마디가 그의 인격과 믿음을 대표하는 말이 될 수 있음을 보여주는 것이라 하겠다. 오죽 했으면 착한 사람이라는 말이 성령과 믿음이 충만한 자라는 말보다 앞에 나왔을까.

"선한 일을 행하고 선한 사업에 부하고 나눠 주기를 좋아하며 동정 하는 자가 되게 하라."(딤전 6:18)
"믿음과 착한 양심을 가지라."(딤전 1:19)

예수님을 믿는 사람들은 세상의 소금이요 빛이다(마 5:13~14). 예수 님을 믿는 사람들은 빛의 자녀들이요(엡 5:8), 빛의 아들들이다(살전 5:5). 그러니 빛의 열매를 맺어야 하는데, 빛의 열매 중 으뜸은 착한 것이라 말씀하고 있다. "빛의 열매는 모든 착함과 의로움과 진실함 에 있느니라."(엡 5:9) 그러니 예수 믿는 사람은 무엇보다 착해야 하 는 것이다. 착하지 않으면 가짜일 수 있다.

착한 사람은 어떤 사람일까. 예수님께서 공생애를 처음 시작하 시면서 산상수훈을 말씀하셨는데, 첫 가르침이 심령이 가난한 자, 애통하는 자, 온유한 자, 긍휼히 여기는 자, 화평케 하는 자가 복 이 있다고 말씀하셨다. 그런 분들이 착한 분들이다. 그 모두가 마 음 밭이 착하지 않으면 안 되는 사항들이다. 그러면서 이어 말씀하 시길, "이같이 너희 빛을 사람 앞에 비춰게 하여 저희로 너희 착한 행실을 보고 하늘에 계신 너희 아버지께 영광을 돌리게 하라."(마

5:16)라고 말씀하시었다. 미가 선지자도 말씀하시길, "사람아, 주께서 선한 것이 무엇임을 네게 보이셨나니 여호와께서 네게 구하시는 것이 오직 공의를 행하며 인자仁慈를 사랑하며 겸손히 네 하나님과 함께 행하는 것이 아니냐."(미 6:8)라고 했으니 착한 건 공의와 인자와 겸손한 하나님과의 동행이라는 것이다.

착한 사람은 눈물이 많은 법이다. 예수님께서도 공생애를 지내시면 세 번이나 우셨다. 온유하고 겸손하시니 착하시고 눈물이 많으셨고, 정이 많으신 분이니 우실 수밖에 없다. 그 존귀하신 만왕의 왕께서 일개 나사로를 위해 우시다니 얼마나 마음이 여리고 착하신 분인가. 예수님은 스스로 선한 목자라고 말씀하셨다. 착한 목자라는 말씀이다. 목자를 꾸미는 수많은 형용사가 있을 텐데 한마디로 단언하셨으니 그게 곧 '선한 목자'다. 착하다는 건 이와 같이 신앙의 모든 거를 한마디로 포괄할 수 있는 말이다. 강도를 만난 사람을 도와 준 선한 사마리아인도 착해서 칭찬받은 것이다(눅 10:37). 착한 것은 이와 같이 귀하다.

착한 사람은 거짓이 없이 정직하다. 순전하고 순수하기 때문이다. 성경에 "정직한 자에게는 흑암 중에 빛이 일어나나니 그는 어질고 자비하고 의로운 자로다."(시 112:4)라는 말씀이 있다. 이는 정직한 자에게 빛이 일어나는 이유는 그가 어질기 때문이라는 것이다. 빛이 일어나니 빛의 열매인 착함과 의로움과 진실함이 있을 것이다. 착하고 어진 것은 정직한 것과 상통相通한다는 말이다. 또 "네가 공의와 공평과 정직 곧 모든 선한 길을 깨달을 것이라."(잠 2:9)는 말씀이 있다. 이는 정직은 곧 착하고 선한 길이라는 것이다. 여호와께선 의로우사 의로운 일을 좋아하시므로 정직한 자가 그 얼굴을 뵐 것이라고도 말씀하셨다(시 11:7). 정직한 이는 선하신 하나님을 뵐 수 있다는 것이다. 이 모두가 선하고 착한 사람은 곧 거짓이 없이 정직하다는 말이니 교인들은 무엇보다 착한 사람이어야 하고 그래야 정직함을 나타낼 수 있다.

착한 것은 어진 것이다. 어질 인仁이다. 바리새인들을 질책하실 때 "그들이 의義와 인仁과 신信을 버렸도다."라고 말씀하셨다(마 23:23) 바리새인들은 어질지 못했다. 착하지 않았다는 뜻이다. 착한 것은 양선良善으로서, 성령의 아홉 가지의 열매 중의 하나이기도 하다. 빛의 열매에도 착함이 있고 성령의 열매에도 착함이 있으니, 착하지 못한 사람은 빛의 열매도 없고 성령의 열매도 없는 사람으로서, 결국 그리스도인답지 못하다는 말이다. 왜 그럴까. 주님의 씨 뿌리는 자의 비유를 보면 그 이유가 분명하다. 즉, "씨를 뿌리러 가는 자가 씨를 뿌리러 나가서 뿌릴 새 더러는 좋은 땅에 떨어지매 나서 백배의 결실을 하였느니라."라고 가르치시면서 좋은 땅에 있다는 것은 '착하고 좋은 마음'으로 말씀을 듣고 지키어 인내로 결실하는 자라고 설명하셨다(눅 8:15). 그렇다. 착하고 좋은 마음이 비로소 열매와 결실을 맺게 하는 것이니, 착하지 못하면 아무런 열매도 맺을 수 없는 것이다. 그래서 반드시 그리스도인은 착해야 한다. 착하지 않은 사람은 완악한 사람이고 완악한 사람은 의에서 멀리 떠나 있는 사람이요(사 46:12), 목의 힘줄이 무쇠 같은 사람이요 이마는 놋과 같이 굳은 사람이다(사 48:4). 그러니 착하지 않으면 가짜 교인이라고 의심될 수 있는 것이다.

성경의 "서로 인자하게 하며 불쌍히 여기며 서로 용서하기를 하나님이 그리스도 안에서 너희를 용서하심과 같이 하라."는 말씀이나(엡 4:32), "선한 양심을 가지라."는 말씀(벧전 3:16)은 모두 바꿔 말하면 착한 마음을 가지라는 것이다. 선(善)에 대한 성경 말씀을 들어보면 하나님께서 얼마나 우리에게 착하고 선하기를 기대하시는지 알 수 있다. 예수 믿는 사람은 착해야 한다. 열정적으로 교회 일을 하는 것도 좋고, 장로 목사가 되는 것도 좋으나 무엇보다 착해야 한다. 착한 모습은 상대에 대한 예의와 배려에서부터 나타난다. 착하지 않으면 그는 이미 예수의 사람이 아니다. 착한 교인들이 많아져서 하나님께 영광이 되었으면 좋겠고(마 5:16), 착한 지도자들도 많이 나와 착한 목자가 넘쳐 많은 양 떼를 착하게 잘 키워 주는 그런 날이 왔으면 좋겠다.

"오직 선을 행함과 서로 나눠 주기를 잊지 말라. 이 같은 제사는 하나님이 기뻐하시느니라."(히 13:16)

젊은 날의 실수

실수하지 않는 인생이 있을까. 아무도 없을 것이다. 특히 젊은 날 실수해 보지 않은 사람은 드물 것이다. 인생은 실수하기 마련이고 특히 혈기가 왕성한 젊은 시절 누구나 죄와 허물과 흠과 티를 남기는 실수는 할 수밖에 없을 것이다. 성경 욥기에 우스 땅에 사는 욥이란 사람이 있었는데, 그가 순전純全하고 정직하여 하나님을 경외하며 악에서 떠난 자(욥 1:1)라고 했으니 이분 정도나 실수가 없었을까, 거의 모든 사람에게 젊은 날의 실수는 오히려 자연스러운 것이다.

신앙을 가졌다고 하는 사람들도 크게 다르지 않다. 다만 구원을 받은 후에는 삼가고 다스려서 실수를 적게 하려고 노력할 뿐이다. 젊은 날의 실수는 흔한 것이다. 전도서 기자는 "선을 행하고 죄를 범치 아니하는 의인은 세상에 아주 없느니라."고 하였다(전 7:20). 훌륭한 믿음의 선조들 역시 마찬가지였다. 대홍수 이후의 노아는 늙어 포도주를 마시고 취하여 벌거벗은 하체를 자식에게 보여주는 실수를 했으며(창 9:21), 모세는 혈기왕성할 때 동족을 치는 애굽 사람을 쳐 죽여 모래에 감춘 적이 있었으니 살인의 큰 실수를 범했었다(출 2:12). 젊은 왕 다윗은 자신의 충성스러운 장군 우리아의 아내와 사통私通을 하고 자식이 잉태되자 이를 덮으려고 모략했고 그것마저 여의치 않자, 마침내는 그의 아내를 취하려 우리아를 죽이고 아내를 빼앗는 살인과 탈취의 악을 행하였다(삼하 12:9). 그러나 다윗은 밤마다 침상을 적시는 눈물의 회개로 하나님의 사랑을 다시 찾는다.

젊은 날의 실수 중 유명한 비유는 잃어버린 탕자의 비유다. 어떤 사람에게 두 아들이 있었는데 그 둘째가 아버지에게 자기에게 돌아올 유산의 분깃을 먼저 달라고 해서는 이를 받아가지고 먼 나라에 가서 창기娼妓와 함께 먹고 마시며 허랑방탕한 생활을 하다가 주려 죽게 되자 아버지에게 돌아온다. 아들은 하늘과 아버지에게 죄를 지었으니 지금부터는 아들이라 일컬음을 감당치 못하겠다며 품꾼의 하나로 봐 달라고 회개하고 결국 아버지의 용서와 환영을 받는다(눅 15:11~32).

젊은 날의 실수에서 극적으로 반전한 분이 있으니 초대 그리스도 교회가 낳은 위대한 철학자이자 사상가인 성 아우구스티누스(어거스틴)이다. 로마 제국 말기에 활동하였던 그는 어릴 적 어머니 모니카의 눈물 어린 기도에도 불구하고 젊은 날 향락과 혼돈과 이단 종파 마니교에 빠져 심히 타락하고 방탕한 생활을 하였다는데, 정부情婦와 함께 13년을 살면서 아이도 낳았다고 한다. 그러나 384년 밀라노 주교를 만나면서 철저히 회심하고 그리스도인의 삶을 열어

가면서 히포의 주교로 임명받는 등 한 시대의 획을 긋는 인물로 자리 잡는다. 그가 32살 때인 386년, 자기와의 치열한 내면 투쟁 끝에 무화과나무 아래 엎드려 통곡하다가 로마서 13장 말씀을 받은 일은 유명하다.

"밤이 깊고 낮이 가까웠으니 그러므로 우리가 어두움의 일을 벗고 빛의 갑옷을 입자 낮에와 같이 단정히 행하고, 방탕과 술 취하지 말며, 음란과 호색하지 말며, 쟁투와 시기하지 말고, 오직 주 예수 그리스도로 옷 입고 정욕을 위하여 육신의 일을 도모하지 말라."(롬 13:12~14)

젊은 날의 실수 중 가장 위험하고 빠지기 쉬운 것은 호색好色, 음란淫亂이다. 아무래도 혈기방장血氣方壯하니 그럴 수밖에 없을 것이다. 사도 바울은 이를 엄히 경계하였다.

"하나님의 뜻은 이것이니 너희의 거룩함이라. 곧 음란을 버리고 각각 거룩함과 존귀함으로 자기의 아내 취할 줄을 알고 하나님을 모르는 이방인과 같이 색욕을 좇지 말고"(살전 4:3~5)

다윗의 실수도, 잃어버린 탕자의 실수도, 어거스틴의 실수도 다 호색에 있었다. 그만큼 늘 위험하고 가까이 와 있는 것이니, 젊은 날에는 오죽하겠는가. 의인 욥의 위대성은 여기서도 드러난다.

"내가 내 눈과 언약을 세웠나니 어찌 처녀에게 주목하랴. 언제 내 마음이 여인에게 유혹되어 이웃의 문을 엿보아 기다렸던가."(욥 31:1, 9)

과연 동방의 의인 욥이 아니면 말할 수 없는 일이다. 이는 여자를 보고 음욕을 품는 자마다 마음에 이미 간음하였느니라(마 5:28)하는 예수님의 가르침과 상통되는 것이다. 요셉은 보디발의 아내의 유혹을 "내가 어찌 이 큰 악을 행하여 하나님께 득죄하리이까." 하며 단번에 뿌리쳐(창 39:9) 여호와께서 함께하시는 복을 누렸다.

잠언 5장과 6장, 7장에는 탕녀 음녀에 대한 말씀이 많이 나온다. 몇 개만 인용해 보자. "대저 음녀의 입술은 꿀을 떨어뜨리며 그 입은 기름보다 미끄러우나 나중은 쑥같이 쓰고 두 날 가진 칼같이 날카로우며, 그 발은 사지로 내려가며, 그 걸음은 음부로 나아가나니 그는 생명의 평탄한 길을 찾지 못하며 자기 길이 든든치 못하여도 그것을 깨닫지 못하느니라."(잠 5:3~6), "음녀로 인하여 사람이 한 조각 떡만 남게 됨이며 음란한 계집은 귀한 생명을 사냥함이니라."(잠 6:26), "여러 가지 고운 말로 혹하게 하며 입술의 호리는 말로 꾀므로 소년이 곧 그를 따랐으니 소가 푸주로 가는 것 같고 미련한 자가 벌을 받으려고 쇠사슬에 매이러 가는 것과 일반이라 필경은 살이 그 간을 뚫기까지에 이를 것이라. 새가 빨리 그물로 들어가되 그 생명을 잃어버릴 줄을 알지 못함과 일반이니라."(잠 7:21~23)라고 되어 있다.

우리 몸은 성전이다. 성령의 전殿이다. 많은 실수 중, 특히 호색好

色과 음행淫行은 그 죄를 몸 안에 짓는 것이기에 다른 실수와는 큰 차이가 있다. 젊음의 실수 중에서 가장 주목해야 할 대목이다. 모세의 십계명 중에서도 살인죄 다음으로 올라와 있는 게 "간음하지 말라."이다(출 20:14). 소돔과 고모라는 남색男色과 음행으로 도시 전체가 망했다(창 19장). 바울은 고린도교회에 편지를 쓰면서 당시 고린도지방이 옛날 소돔과 고모라와 같이 음란하고 부패한 환경이어서 이를 단단히 경계한 바 있다. 사탄이 꽤 이름 있는 목사님들을 추락시킬 때도 다른 무엇보다도 이 몸에 죄를 짓는 음란의 범죄를 이용한다. 교인이고 목회자고 간에 가장 경계하여야 할 일이 성전인 몸을 더럽게 하는 성범죄의 죄악이다.

"너희 몸이 그리스도의 지체인 줄을 알지 못하느냐 내가 그리스도의 지체를 가지고 창기의 지체를 만들겠느냐 결코 그럴 수 없느니라. 창기와 합하는 자는 저와 한 몸인 줄을 알지 못하느냐 일렀으되 둘이 한 육체가 된다 하셨나니 주와 합하는 자는 한 영이니라. 음행을 피하라. 사람이 범하는 죄마다 몸 밖에 있거니와 음행하는 자는 자기 몸에게 죄를 범하느니라. 너희 몸은 너희가 하나님께로부터 받은바 너희 가운데 계신 성령의 전인 줄을 알지 못하느냐 너희는 너희의 것이 아니라."(고전 6:15~19)

특히 바울은 믿음의 아들인 에베소교회의 젊은 목사 디모데에게는 청년의 정욕을 피하라고 각별히 당부하였다(딤후 2:22). 이와 같이 정욕과 음욕은 청년에게 가까이 와 있는 것이다. 정욕이 남달리 강하다면 이로 인해 고민하지 말고 차라리 결혼을 서두르는 게 좋을 것이다. 성경은 "만일 절제할 수 없거든 혼인하라. 정욕이 불같이 타는 것보다 혼인하는 것이 나으니라."(고전 7:9) 하였고, "음행의 연고로 남자마다 자기 아내를 두고 여자마다 자기 남편을 두라."(고전 7:2)고 권면하고 있다. 그렇게 결혼한 남자들은 "네 샘으로 복되게 하라. 네가 젊어서 취한 아내를 즐거워하라. 그는 사랑스러운 암사슴 같고 아름다운 암노루 같으니 너는 그 품을 항상 족하게 여기며 그 사랑을 항상 연모하라."(잠 5:18~19)라는 말씀을 귀담아 들으면 좋을 것이다.

젊은 날 실수할 수 있다. 이런 분들은 좌절과 포기를 하지 말고 뜨겁게 죄 사함을 구하고 새롭게 다시 나가야 한다. 또 찬송가 246장 '나 가나안 땅 귀한 성에'의 가사처럼 '죄 중에 다시 방황할 일 전혀 없으니'를 반복해 찬송하거나, 찬송가 250장부터 282장(통일찬송가는 330장부터 339장)까지는 회개와 용서를 주제로 하는 찬송들이니 이를 불러 회개하면 성령님이 기꺼이 도와주신다. 그래서 다윗도 시편에서 "내가 이르기를 내 허물을 여호와께 자복하리라 하고 주께 내 죄를 아뢰고 내 죄악을 숨기지 아니하였더니 곧 주께서 내 죄의 악을 사하셨나이다."(시 32:5)라고 고백하여 죄를 용서받은 자는 복이 있다고 간증하였다(시 32:1~2). 이러니 성군聖君이 될 자격이 있었으리라.

"나의 하나님이여, 내가 부끄러워 낯이 뜨뜻하여 감히 나의 하나님을 향하여 얼굴을 들지 못하오니 이는 우리 죄악이 많아 정수리에 넘치고 우리 허물이 커서 하늘에 미침이니이다."(스 9:6)

"여호와여, 내 소시少時의 죄와 허물을 기억치 마시고 주의 인자하심을 따라 나를 기억하시되 주의 선하심을 인하여 하옵소서."(시 25:7)

죄를 자백하고 다시 하나님의 용서와 사랑을 얻으면 한량없으신 하나님의 은혜를 깨닫게 된다. 죄가 더한 곳에 은혜가 넘치는 법이다. 그러나 은혜를 더하려고 죄에 거할 수는 없는 일이다. 바울 선생님은 이 점을 분명히 지적하셨다(롬 5:20~6:2). 죄는 지워졌어도 자국은 남는 법이다. 솔로몬은 전도서 끝 부분에서 청년들에게 충고의 말을 남긴다.

"청년이여, 네 어린 때를 즐거워하며 네 청년의 날을 마음에 기뻐하여 마음에 원하는 길과 네 눈이 보는 대로 좇아 행하라. 그러나 하나님이 이 모든 일로 인하여 너를 심판하실 줄을 알라. 그런즉 근심으로 네 마음에서 떠나게 하며 악으로 네 몸에서 물러가게 하라. 어릴 때와 청년의 때가 다 헛되니라. 너는 청년의 때 곧 곤고한 날이 이르기 전, 나는 아무 낙이 없다고 할 해가 가깝기 전에 너의 창조자를 기억하라."(전 11:9~12:1)

청년의 때는 좋은 것이다. 기상이 넘치고 기고만장氣高萬丈의 기개가 펼쳐지는 나이다. 넓고 높은 청운지지靑雲之志의 뜻을 품고 경세제민經世濟民하여 유방백세流芳百世하겠다는 꿈을 꿀 수 있는 나이다. 헤르만 헷세의 '청춘은 아름다워라'도 좋고, 작가 민태원의 '청춘예찬'의 주인공이 되어도 좋다. 그 예찬처럼 청춘은 사랑의 풀이 돋고 이상의 꽃이 피고 희망의 놀이 뜨고 열락의 새가 울며, 웅대한 관현악이요 미묘한 교향악일 수도 있다. 그러나 정작 중요한 것은 청년의 때에 분명한 신앙을 세워야 한다는 것이다. 마치 다니엘처럼 죽음의 두려움 앞에서도 단호하게 '뜻을 정하여' 나아가야 하는 것이다(단 1:8).

"청년이 무엇으로 그 행실을 깨끗케 하리이까. 주의 말씀을 따라 삼갈 것이니이다."(시 119:9)

요즘 교회에 등록하고 다니는 젊은이들이 가벼운 생각으로 우왕좌왕 신앙을 버리고 있다고 한다. 어느 자료에 의하면 젊은이들이 교회를 떠나는 주된 이유는 흥미가 떨어지고 믿음이 약해지고 신앙에 회의가 들어서라고 한다. 청년의 기개氣槪는 높아야 하니 옛날 젊은 청년 대학생들은 시내버스에 빈 좌석이 있어도 앉지를 않았다. 옆의 할머니가 앉으라고 권하면 '저 젊습니다. 다리 튼튼합니다!'라고 웃으며 손잡이를 붙잡은 채 서서 갔다. 그런 기개로 대한민국을 일으켰다. 또한 청년의 신앙信仰은 기초를 잘 잡아야 하니, 찬란한 젊음의 인생도 다 주님에게서 왔고 인생의 마침도 주님에게로 돌아감을 잊어서는 아니 된다. 사람이 죽으면 '돌아가셨다'하지 않는가. "이는 만물이 주에게서 나오고 주로 말미암고 주에게로 돌아감이라."(롬 11:36). 이것이 인생의 기본 이치이니 젊은 날 가져야 할 한평생의 지혜다. 넘치는 힘과 의욕과 기개를 죄의 병기가 아닌, 하나님께 의의 병기(兵器)로 드림으로서 젊은 날의 실수를 없애야 하겠다.

"너희 지체를 불의의 병기로 죄에게 드리지 말고 오직 너희 자신을 죽은 자 가운데서 다시 산 자같이 하나님께 드리며 너희 지체를 의의 병기로 하나님께 드리라."(롬 6:13)

장애자

　장애자障碍者는 신체의 일부에 장애가 있거나 정신적 결함이 있어서 일상적 사회생활에 제약을 받는 사람을 일컫는다. 우리나라의 장애자는 272만여 명이라고 하는데 이분들은 실업과 고령화와 만성질환과 가난으로 우울증과 자살 생각 등 힘든 분이 많다고 한다. 장애는 신체장애와 정신장애로 구분하는데 신체장애는 지체장애, 시각장애, 청각장애, 언어장애, 척추장애, 성장장애 등 여러 가지로 세분되는 것 같다. 그 외에 학문과 의료의 세계에서는 인격장애(이중인격, 다중인격), 정서장애, 행동장애도 있다고 하니 진짜 장애자는 훨씬 더 많은 것이다.

　국가와 사회는 장애자들을 위하여 많은 배려와 보호 조치를 취하고 있다. 관련 법률의 제정 및 시행은 물론, 많은 시설과 행정규례를 두어 금전적인 부분을 포함하여 다양한 지원을 하고 있으니 다행스럽고도 마땅한 일이라고 하겠다. 장애자들은 우리 사회의 구성원으로서 우리의 이웃이요 약자를 지키고 보호하는 인륜의 도덕과 정의의 개념으로도 배려를 아끼지 말아야 한다. 특히 아이가 장애를 앓을 경우 그 부모는 평생을 노심초사하니 장애자와 그 가족의 어려움과 슬픔은 필설로 다 말할 수 없을 것이다.

의술과 학문의 발달로 많은 장애자들이 치유되고 있다. 여기엔 본인들의 적극적인 재활 의지도 한몫을 하고 있는데, 신체장애를 극복하고 성공한 분들도 너무 많다. 누구나 다 아는 헬렌 켈러의 이야기며, 소아마비 루즈벨트 대통령 이야기며, 루게릭 병을 이겨 낸 세기적 물리학자 스티븐 호킹의 이야기며, 『지선아 사랑해』 책을 쓴 이지선 씨의 하나님께 감사하는 불굴의 인간 승리 이야기며, 두 손가락 피아니스트의 이야기 등 건강한 육신을 가진 사람들보다 훨씬 더 값지게 인생을 사신 분들이 많다. 그러나 이분들의 역경의 극복과 승리 뒤에는 반드시 누군가의 수고와 헌신이라는 사랑의 손길이 있었으니, 이런 것으로 세상은 사랑의 서사시敍事詩를 써내려가고 있는 것이 아닐까. 그런 점에서 모든 장애는 이 메마른 땅에 사랑의 협주곡을 켜기 위한 신의 섭리일지도 모른다.

정신장애는 그보다는 더 불행하여 고치기도 쉽지 않고 본인이나 가족들에게나 더욱 힘이 들 것이라 생각된다. 전폭적인 돌봄이 필요한 장애자가 많을 것이다. 힘들긴 하지만 어찌 보면 돌보는 이와 돌봄을 받는 이 사이는 사랑을 주고 사랑을 받는 존재로 모두 사랑의 통로가 되는 분들이니 이는 마치 굳은 땅에서 피는 꽃향기와도 같다. 모두가 안고 가야 할 이웃들이다.

신체장애身體障碍가 신체의 질병이요 장애라면, 정신장애精神障碍는 정신의 질병이요 장애다. 그러나 그 외의 문제도 있으니 마음의 장애다. 최근 대한신경정신의학회에서 발표한 바에 의하면, 도시의 남녀 1,000명을 상대로 조사한 결과 전체 대상자 중 삼분의 일은 우울, 불안, 분노, 흥미 상실, 수면 장애, 이유 없이 우는 증세 등으로 시달리고 있으며 치료가 필요한 상태라고 하니 이것들도 분명히 장애에 버금가는 증상인 셈이다. 그러나 진짜 큰 문제는 영혼의 영적장애靈的障碍다. 이 영적장애가 안타까워 이 글을 쓰는 것이니, 영혼의 영적장애는 의식조차 관심조차 갖고 있지 않는 분들이 너무 많다.

장애 중의 장애는 신체장애도 아니요 정신장애도 아니요 마음장애도 아닌, 영적인 장애다. 왜냐하면 신체장애나 정신장애나 마음장애는 이 땅을 뜨면 끝이 나는 것들이지만 영적장애는 이 땅을 뜨면서부터 시작되기 때문이요, 또 영구적이요, 나중엔 고칠 방법이 없기 때문이다. 사람에게 이성理性과 지성知性이 있다면 어느 것이 중요한지 성경에 비추어 생각해 보면 된다. 하나님과의 관계가 단절되어 영원히 멸망 받을 수밖에 없는 영혼의 장애, 영적 장애가 훨씬 더 큰 문제라는 말이다. 신체장애, 정신장애, 마음장애를 가진 분들 중에도 영혼장애는 없는 분들이 있으니 얼마나 다행이며 감사한 일인가. 세상은 아담의 범죄 이후 영적인 장애자로 가득 차 있다고 성경은 가르친다. 모든 인생의 영靈이 다 죽어버린 것이다.

"아담으로부터 모세까지 아담의 범죄와 같은 죄를 짓지 아니한 자들 위에도 사망이 왕 노릇하였나니"(롬 5:14, 5:17 同旨)

"모든 사람이 죄를 범하였으매 하나님의 영광에 이르지 못하더니"(롬 3:23)

"너희는 너희 아비 마귀에게서 났으니"(요 8:44)

영의 세계에 있는 문제는 오로지 영적인 해결로만 가능하다. 육으로 난 것은 육이요, 성령으로 난 것은 영이기 때문이고(요 3:6), 영의 문제는 혈통으로나 육정으로나 사람의 뜻으로부터가 아닌, 오직 하나님께로 부터만(요 1:13) 해결할 수 있기 때문이다. 그런데 너무도 감사하게도 하나님께서는 죽은 영을 살릴 수 있는 길을 만들어 놓으셨다. 그래서 이 영적장애를 치유할 수 있게 해 주시고, 그 결과 우리의 몸과 혼과 영의 모든 장애를 완벽하게 치료할 수 있도록 만들어 놓으신 것이다. "나는 너희를 치료하는 여호와임이니라."(출 15:26), "내가 너를 치료하여 네 상처를 낫게 하리라."(렘 30:17) 말씀하셨다.

예수님께서도 수많은 소경과 벙어리, 앉은뱅이, 귀머거리, 혈기 마른 자, 손 마른 자, 중풍병자, 혈루병 환자, 열병 환자, 문둥병 환자, 각색병 환자 같은 신체장애자를 고치셨고, 간질 하는 자와 귀신 들린 자 같은 정신장애자를 고치셨다. 물론 귀신 들린 벙어리와 같이 신체장애와 정신장애를 합병하여 앓는 환자도 많이 고치셨다. 장소를 가리시지 않고 회당에서 산에서 도시와 촌에서 성전에서 해변에서 늘 고치셨으니 예수님께선 장애인 선교구령宣教救靈에 매우 힘쓰신 분이다. 그런데 신체장애자와 정신장애자에 한하지 않으시고 모든 병과 모든 약한 것을 고치셨으니 당연히 제일 중요한 영혼장애자도 고치신 것이다.

"예수께서 온 갈릴리에 두루 다니사 저희 회당에서 가르치시며 천국 복음을 전파하시며 백성 중에 모든 병과 모든 약한 것을 고치시니"(마 4:23)

그런 예수님이 가장 강조하신 것은 영혼장애의 치료요 구원이었다. 그토록 신체장애자를 치료해 주셨으면서도 손이나 발이나 눈이 범죄 하게 하거든 찍어버리고 빼어 버리라는 극한 표현을 쓰시면서 까지 영혼의 장애를 고치시는 것이 우선이라고 강조하셨다.

"만일 네 손이 너를 범죄케 하거든 찍어 버리라. 불구자로 영생에 들어가는 것이 두 손을 가지고 지옥 꺼지지 않은 불에 들어가는 것보다 나으니라. 만일 네 발이 너를 범죄케 하거든 찍어 버리라. 절뚝발이로 영생에 들어가는 것이 두 발을 가지고 지옥에 던지우는 것보다 나으니라. 만일 네 눈이 너를 범죄케 하거든 빼어 버리라. 한 눈으로 하나님의 나라에 들어가는 것이 두 눈을 가지고 지옥에 던지우는 것보다 나으니라."(막 9:43~47)

왜 그러셨을까. 사람의 목숨이 천하보다 귀하기 때문이다(막 8:36~37). 신체장애나 정신장애, 마음장애를 치료하는 데는 많은 비용과 시간과 노력이 들어야 한다. 그러나 영혼장애는 이미 사람마다 찾아오신 성령님을 환영하고 모셔 들이기만 하면 된다. 값도 들지 않고 큰 시간도 들지 않는다. 그럼에도 이를 거부하는 이유는 영적靈的인 마음의 장애가 있기 때문이다. 그 마음의 장애로 영적 교만 상태가 되어 거부하는 것이다. 교만한 자는 하나님이 없다 하며 받아들이지 않으니 하나님은 교만한 자를 물리치시고 겸손한 자에게 은혜를 주시는 것이다(약 4:6).

"또한 저희가 마음에 하나님 두기를 싫어하매 하나님께서 저희를 그 상실한 마음대로 내어 버려 두사"(롬 1:28)

신체장애는 작은 것이다. 신체장애보다 더 불행한 건 마음장애, 인격장애, 정서장애다. 그러나 그보다 더 불행한 건 영적장애다. 마음장애와 인격장애와 정서장애도 극복해야 하지만 영적인 교만에서 오는 영적장애야말로 극복되어야 한다. 영적장애는 전염성이 많다. 즉, 앞뒤 사람, 좌우 옆 사람이 다 하나님을 받아들이지 않으니 나도 받아들이지 않아도 상관없고, 부모님도 아니 믿고 조상 대대로 아니 믿으셨으니 나도 아니 믿어도 상관없다는 식이니 말이다. 그 전염병에서 단호히 벗어나 깨끗하고 정결해져야 한다. 하나님의 치유광선治癒光線을 받아야 한다. 그래야 영적장애를 극복하고 온전穩全한 생을 이룰 수가 있다.

"내 이름을 경외하는 너희에게는 의로운 해가 떠올라서 치료하는 광

선을 발하리니"(말 4:2)

"그러므로 하늘에 계신 너희 아버지의 온전穩全하심과 같이 너희도 온전하라."(마 5:48)

∝

순한 새

필자가 좋아하는 시 가운데 강인한 시인이 쓴 '풀잎에 쓴 시'라는
시가 있다. 전문을 옮겨본다.

내 어린 사랑을 담아 맺히거라

순한 새가 되어
네 어깨에 기대고
하루쯤 난 울고 싶다

바람이 네 고운 몸짓을 틔어주고
들판을 가로질러
가쁜 저녁 햇살과 만나서 반짝일 때

어둠 속에서 가만히 기쁨의 뿌리를 내어
나에게로 올 때

작은 풀잎이여!

이 시를 읽노라면 마음이 차분히 가라앉는다. 어떻게 몇 마디의 글로 이렇게 욕심도 세상도 다 내려놓게 하고 순한 마음으로 만들어 버리는지 모르겠다. 풀잎과 새와 바람, 들판과 저녁 햇살, 내 어린 사랑, 작은 풀잎… 그런 시재詩材 때문일까. 날렵한 시어의 몸놀림 때문일까. 아주 살짝은 비애가 배어 나는 순수함 때문일까. 아니면 고단한 인생의 어깨 위에 사르르 내려앉는 저녁노을, 그 어스름이 가져다 주는 위로 때문일까. 시인 박재삼의 시 '울음이 타는 강' 같은 진한 분위기는 아니지만 이 시 역시 그 바탕에 애잔함이 조용히 깔려 있어 잔잔한 여운을 더해 주고 있고, 눈물과 보석과 별의 시인이라는 김영랑의 시 '끝없는 강물이 흐르네'와 같은 정도의 맑고 투명함은 아니지만 이 시 역시 내 마음의 어딘듯 한편에 흐르는 평화롭고 순수한 서정의 정조情操가 느껴지기에 참으로 나직한 가운데 위로가 스며오는 일품逸品의 시라고 말할 수 있을 것이다.

이 시처럼 가녀린 풀잎에 조심스레 앉는 작은 새의 마음이 되어 살 수 없을까. 한때 '작은 새'라는 노래가 유행하여 사람들의 심금을 위로하기도 했지만, 고단한 세상 누구나 어지신 신의 손길을 그리워하기 마련이다. 세상살이, 믿음살이를 하다 보면 수많은 사람들을 만나게 되고 숱한 사연이 만들어지고 끊임없는 감정의 굴곡을 겪고 갈등으로 고뇌하고 지치고 후회되는 일이 많은 법인데, 이 시를 읽으면 그런 모든 것들을 조용히 쓰다듬어 주고 아주 작게 기쁨까지 내리는, 말없는 신의 손길 같은 것을 느끼게 된다. 착하고 선하게 사는 이만이 갖는 지순至純한 느낌이라고나 할까. 이런 마음으로 한평생 살아가며 신앙생활을 할 수 있다면 얼마나 아름다울까. 성경에도 이와 비슷한 정서를 느끼는 구절이 있다.

"그는 주 앞에서 자라나기를 연한 순 같고 마른 땅에서 나온 줄기 같아서 고운 모양도 없고 풍채도 없은즉 우리의 보기에 흠모할만한 아름다운 것이 없도다."(사 53:2)

예수님의 모습을 그린 말씀이다. 하나님 앞에서 연한 순같이 자라나신 예수님처럼 우리도 예수님 앞에서 고운 순처럼 자랄 수 있다면 얼마나 고울까. 순종해야 그리 자랄 수 있을게다. 연한 순같이 고우신 예수님은 마침내 모진 형벌을 이기시고 끝내 다 이루셨다. 유함은 강함을 이기는 법이다. 연한 순과 고운 새의 유함에서 세상사는 지혜를 읽는다.

노자老子는 귀유사상貴柔思想이라고 하여 유柔를 귀하게 여겼다. 유柔를 지키면 강剛을 이길 수 있다고 했다. 유도柔道는 부드러움으로 상대의 강함을 꺾는 운동이다. 열자列子에는 유함 곧 부드러움을 극찬하는 말이 나온다.

天下有常勝之道　有不常勝之道
常勝之道曰柔　常不勝之道曰彊
二者亦知　而人未之知
故上古之言　彊先不己若者　柔先出於己者

천하에 언제나 이기는 도가 있고 언제나 이기지 못하는 도가 있다.

언제나 이기는 도를 유柔라고 부르고

언제나 이기지 못하는 도를 강彊이라고 부른다.

이 두 가지는 누구나 알기 쉬운 것이나 사람들은 알지 못한다.

그러므로 옛말에 강함은 자기만 못한 자에게 앞서지만,

유함은 자기보다 나은 자에게 앞선다고 하였다.

 자연에는 선이 없으니 그 부드러움과 유함으로 언제나 유구하며 언제나 반기며 언제나 위대하다. 강하면 꺾이게 되어 있는 법이다. 연한 순과 순한 새에서 세상 이기는 법을 배운다. 오늘의 시 옆에는 소리 없이 맑게 흐르는 잔잔한 시냇가가 있고, 그 곁에는 가려린 수선화 한 그루가 피어 있을 것이다. 오늘 퇴근길엔 아파트 잔디밭 연한 순 위에 내려앉는 한 마리 작은 새를 보고 싶다.

금식기도원

기도원祈禱院은 기도나 신앙 수련을 목적으로 주로 도심에서 벗어난 산중이나 깊은 시골에 설립된 개신교 종교 시설이다. 보통은 숙박 설비를 갖추고 하루에도 몇 번씩 예배를 드리거나 기도회 시간을 가지면서 성령 충만을 기원하는데, 실제로 문제점이 해결되고 기상천외奇想天外의 기적이 넘치는 일이 많아 은혜의 동산, 기적의 동산으로도 불린다. 교회를 다녀도 그 갈급함이 충족되지 않고 깊이 기도하고 싶을 때 시간을 내어 기도원을 찾는 것이니, 오로지 성령 충만을 바라며 하나님께 매달리는 것이다.

기도원은 많은 경우 금식을 권유하여 금식기도원으로 이름 붙여진 곳이 많다. 금식기도는 1일, 3일, 7일, 10일, 14일, 21일, 심지어는 40일을 물과 곡기 일체를 끊고 기도하는 것이다. 금식기도를 통해 하나님의 기적과 역사를 체험한 일이 성경에도 자주 나오지만 현실에서도 예언, 신유, 방언, 통역의 은사를 받거나, 가정, 법적소송, 금전 등 일상사의 문제를 해결 받거나, 10일 금식하면 암이 녹는다는 말을 만들어 낸 것처럼 암과 각종 난치병의 완치를 받거나,

영몽靈夢, 환시, 환청, 환촉幻觸, 환상, 불세례 등 특별한 체험을 통해 영적 능력을 받거나, 지혜와 지식의 말씀을 얻는 등 과학과 상식으로는 이해할 수 없는 일이 많이 일어나기도 한다. 이런 현상들은 하나님의 살아 계심을 생생하게 증거 하고 있으니 이는 모두 성령님의 역사하심이 있기 때문에 벌어지는 기적들이다.

금식 기간은 모두 성경에 전례가 있어 이를 따르는 것이다. 1일 금식은 모든 유대인들이 모세율법에 따라 연 1회 대 속죄일에 금식을 한 바 있고(레 16:29), 아이성 공격에 실패한 여호수아가 옷을 찢고 여호와의 궤 앞에서 땅에 엎드려 저물 때까지 1일 금식기도를 한 바 있으며(수 7:6), 3일 금식은 요나가 물고기 뱃속에서 한 것과(욘 1:17), '죽으면 죽으리이다'로 유명한 왕후 에스더가 B.C. 474년경 아하수에로 왕 앞에 나아가기 전에 한 것과(에 4:16), 바울이 다메섹 도상에서 예수님을 만난 후 금식한 것이 있다(행 9:9). 7일 금식은 다윗이 우리아의 처와의 사통私通으로 낳은 아이의 병환 문제로 행하였던 것과(삼하 12:18) 사울의 용사들이 사울의 시신을 수습한 후 금식한 기간이며(대상 10:12), 10일 금식은 다니엘이 바벨론 왕 느부갓네살의 포도주 식음 명령을 거부하는 과정에서 행한 부분 금식이다(단 1:12).

14일 금식은 바울이 로마로 가는 바다 위에서 행한 금식이며(행 27:33), 21일 금식은 B.C. 557년경 다니엘이 힛데겔(티그리스) 강가에서 환상을 보기 전 행하였던 금식이다(단 10:3). 40일 금식은 모세가 시내 산에서 십계명 돌판을 받기 전 행하였던 금식이고(출 34:28), 엘리야가 죽기를 소원했던 광야에서 천사가 가져단 준 숯불 구운 떡과 물을 마신 후 호렙 산에 가기까지 금식했던 기간이며(왕상 19:8), 예수님께서 공생애 시작하기 전 금식하셨던 기간이다(마 4:2). 그 외에도 유대인들은 일주일 중 모세가 시내 산에 올랐다는 주의 제5일 목요일과 하산했다는 주의 제2일 월요일을 기념하여 일주일에 두 번씩 금식하기도 했으니(눅 18:12) 금식의 역사는 길기만 하다.

기도원은 종교 탄압이 심했던 일제강점기에 시작되었다고 하는데 가장 공식적인 최초의 기도원은 1945년 8월 광복 후 유재헌 목사에 의해 강원도 철원에 세워진 대한기독교수도원이며, 이어 그해 10월 나운몽 장로가 경북 금릉군 용문산에 용문산기도원을 세운 것이 효시라고 한다. 기도원은 1960년대와 1970년대에 그 수가 폭발적으로 늘어나는데, 1969년에 세워진 한얼산기도원과 1973년에 세워진 오산리 최자실금식기도원이 유명하였고, 그 후 1984년 세워진 강남금식기도원도 유명하다.

한국의 기도원 운동은 서구의 수도원 운동과는 달리 한국적 영성을 잉태해 내면서 성령 운동의 산 중인이자, 젖줄 같은 역할을 하게 되는데 한때 전국에 2,700여 개가 있었다고 하니 이 같은 사례는 전 세계에서 유래를 찾아볼 수가 없다고 한다. 그러나 1990년대 중반부터 한국 교회가 정체기에 접어들면서 기도원도 함께 침체 현상을 겪게 된다. 이는 신자 감소 내지는 신앙심의 침체, 그리고 기도원의 신학 부재와 상업주의적 운용, 현실도피주의와 신비적 열광주의 및 잘못된 은사관恩賜觀과 예언기도 남발, 이단세력의 침투 등 여러 부정적 이미지가 투영되면서 일어난 일로 지금은 700여 개로 줄어들었다고 한다.

그럼에도 정갈한 마음으로 하나님과 깊이 대화하고 그분을 느끼고 싶으면 단연코 속세를 떠나 깊은 산속 기도원으로 금식기도를 떠나보는 것도 유익한 일이다. 그러면 대부분 하나님이 만나주시고 성령 충만을 받고 위로받고 문제 해결을 받는 일이 많기 때문이다.

"너희는 내게 부르짖으며 와서 내게 기도하면 내가 너희를 들을 것이요, 너희가 전심으로 나를 찾고 찾으면 나를 만나리라."(렘 29:12~13)

필자의 경우도 기도원을 찾는 일이 많았고 그때마다 많은 위로와 은혜를 받았다. 믿음과 신앙이 집중적인 기도와 금식기도를 통해서 부쩍 자라는 것은 체험해 본 사람만이 알 수 있는 일이다. 아이 둘이 아직 어렸을 때인 1986년 정월 초 어느 날, 아내는 3박 4일간의 일정으로 강남금식기도원을 가고 싶어 했고, 그래서 버스 정류장까지 바래다 준 적이 있었다. 그날 아침은 추운 겨울임에도 유난히 비가 내렸다. 초라한 옷가지를 챙기며 하나님에의 사모와 세파의 이런저런 문제를 갖고 기도원으로 떠나는 아내를 보며 감사와 연민이 치밀어 오르는 것을 어쩔 수가 없었다.

빗 속 이른 아침 길
아내는 짐 보따리 들고

기도원으로 떠났다

날은 아직 어둡고

비바람은 세찬데

하나님의 은혜를 사모하여 떠나는 심령이여

아직은 어린

아들 딸 남겨두고 온 것이

마음에 걸려

눈가에 어느덧

이슬이 맺히고

버스에서 내림에

남편을 또다시 먼발치 쳐다보았던

그 순수한 눈길이여

사랑하는 아내여

우리 사이

무슨 할 말이 많으랴

눈으로 이미

모든 말 하였는 것을

바짓가랑이 빗물 튀어

흙투성이 되어도 즐거이

기대와 떨림과 흥분 속에서

결혼 후 처음 떠나보는

기도원 가는 길

죄악이 관영된 세상

재물과 힘이 짓누르는 세태

아내여

인간의 것 훌훌 털고

이제 하늘의 것에 푹 묻히어

삼박사일 동안 흠뻑

오늘 아침 계속 나리는 비처럼

주님 은혜 흠뻑 받고 돌아오시라

-拙詩, '기도원 가는 길' 全文

　하나님을 찾아 하나님께 고도로 집중하는 것은 행복하고 감사
한 일이다. 기도원을 찾는 마음은 어린 마음이요, 버린 마음이요,
순수한 마음이다. 기도원에 거하며 심령을 비우면 그때부터 주님
은 하나하나 손 매듭 끝까지 은혜로 채워 주신다. 때론 성령님이

불같이 임하시기도 하지만, 때론 폭발의 울음으로, 때론 한없는 감사로, 때론 흐느낌으로, 때론 넘치는 감동으로, 때론 안온한 평화로, 때론 지혜와 말씀으로 임하시기도 한다. 속절없는 병아리 같은 믿음을 긍휼히 여기시고 껍질을 깨고 나오는 시내 산의 변화를 체험케 해 주신다. 다신 흔들리지 않고 다신 의심하지 않는 굳건한 반석 베드로의 믿음을 한 조각 성큼 떼어 주신다.

기도원 가는 길은 성령님 가득한 보랏빛 은혜의 길이다. 외롭고 가난하고 곤고하고 문제 있고 슬픈 분들이나, 세상이 험해 두렵고 짝하기엔 힘겨운 분들이나, 살아가면서 멈칫하며 우울하고 자괴심과 방황의 심정으로 한자리에 못 앉아 있는 분들은 모두 기도원을 찾아보면 좋을 것이다. 그분 앞에 정성으로 부복하면 어느샌가 곁에 찾아 오셔서 위로하시고 해결해 주시고 보듬어 주신다. 그래서 뜨거운 감사와 벅찬 주님의 나라에 눈시울이 젖게 될 때 세상 부러울 것 없는 행복을 경험하게 된다. 위로와 따스함, 평안함과 기쁨으로 늘 옷 입혀 주시는 우리 주님을 만나 뵈면 좋을 것 같다.

하권에서 계속